Sun Yat-sen University
Law Review

中山大学法学院 主办

谢进杰 主编

中山大学
法律评论

第17卷

第2辑

中国政法大学出版社

2020 · 北京

图书在版编目（ＣＩＰ）数据

中山大学法律评论. 第17卷. 第2辑/谢进杰主编. —北京：中国政法大学出版社，2020.8
ISBN 978-7-5620-9580-4

Ⅰ.①中…　Ⅱ.①谢…　Ⅲ.①法学—文集　Ⅳ.①D90-53

中国版本图书馆CIP数据核字(2020)第136144号

出　版　者　　中国政法大学出版社

地　　　址　　北京市海淀区西土城路 25 号

邮寄地址　　北京 100088 信箱 8034 分箱　邮编 100088

网　　　址　　http://www.cuplpress.com (网络实名：中国政法大学出版社)

电　　　话　　010-58908437(编辑室)　58908334(邮购部)

承　　　印　　北京九州迅驰传媒文化有限公司

开　　　本　　710mm×1000mm　1/16

印　　　张　　18

字　　　数　　280 千字

版　　　次　　2020 年 8 月第 1 版

印　　　次　　2020 年 8 月第 1 次印刷

定　　　价　　79.00 元

中山大学法律评论

Sun Yat-sen University Law Review

第 17 卷·第 2 辑　Vol. 17, No. 2 (2019)

邮　箱：sysulawreview@ 126. com；lawrev@ mail. sysu. edu. cn

网　址：http：//law. sysu. edu. cn/research/research8/1

地　址：中国广州市新港西路 135 号　邮　编：510275

微　信：SUSYLawReview　微　博：新浪"中山大学法律评论"

博　客：http：//sysulr. fyfz. cn

主　办　中山大学法学院

襄　助　中山大学法学院方圆学术基金

组　编　中山大学法学理论与法律实践研究中心
　　　　中山大学司法体制改革研究中心
　　　　中山大学法学实验教学中心

目　录

003　律师职业伦理的中国之"道"
　　　——基于公共理性与中国文化的探寻（丁建峰）

023　无需律师的正义：中国农村法律服务体系的历史与实证
　　　分析（潘炫明　吴海杰）

047　新"枫桥经验"语境下基层司法参与社会治理的因由
　　　与路径（廖万春）

066　回溯与破局：基层法院法官绩效考评指标体系构建
　　　——以 KPI 为视角的实证分析（郑博涵）

088　政府主导精准扶贫中信息失灵的制度回应（黄军）

108　医改成功离不开法治和善治两种思维
　　　——兼论《基本医疗卫生与健康促进法（草案）》修改（黄清华）

144　人工智能算法的伦理诉求和法律规制
　　　——以算法归责为视角（罗伟玲　梁灯）

论文

179 对行政行为未考虑相关因素的审查思路与方法
——基于 305 份行政裁判文书的实证考察（赵剑文）

评论

221 上诉权滥用的观念
——以日本民事诉讼法第 384 条的两个机能的检证
为中心（佐佐木平伍郎）

争鸣

237 论科斯定理不是侵权法经济分析的理论基础（黄竹鎏）

阅读经典

263 邻保哭啼：从《盟水斋存牍》看晚明社会舆论对地方
司法的影响（谭家齐）

Table of Contents

Symposium

The Issue of the "Uncertified Judges" Under the Background of Judicial Personnel Classification Management Reform

003   The Ethical Way of Lawyers in China: An Inquiry Based on Public Rationality and Chinese Culture

(Ding Jian-Feng)

023   Justice without Lawyers: An Empirical and Historical Assessment of Rural Legal Services in China

(Pan Xuan-Ming / Wu Hai-Jie)

047   Reasons and Paths for Grass-roots Judicial Participation in Social Governance in the Context of the New "Maple Bridge Experience"

(Liao Wan-Chun)

066   Review and Reconstruction: the Construction of Performance Evaluation Index System for Basic Court Judges—An Empirical Analysis from the Perspective of KPI

(Zheng Bo-Han)

088   The Institutional Response to the Information Failure in Government-led Precision Poverty Alleviation

(Huang Jun)

108   Health Reform Success Requires both Thinking of the Rule of Law and Good Governance—also Discussing the Amendment of the Basic Health Care and Health Promotion Law

(Draft)

(Huang Qing-Hua)

144　The Ethical Appeals and Legal Regulation of Artificial Intelligence Algorithm—From the Perspective of Algorithmic Responsibility

(Luo Wei-Ling ╱ Liang Deng)

Articles

179　Thoughts and Methods on Judicial Review of Administrative Acts without Considering Relevant Factors—Based on the Empirical Study of 305 Administrative Judgment Documents

(Zhao Jian-Wen)

Comments

221　The Concept of Abuse of Appeal—Centering on the Verification of Two Functions of Article 384 of the Civil Procedure Law

(Sasaki Heigorou)

Academic Debate

237　A Treatise on the Coase Theorem is not the Theoretical Basis of Economic Analysis of Tort Law

(Huang Zhu-Jun)

Reading of Classic Works

263　Crying for Justice: The impact of Public Opinion on the Local Judiciary in the Light of the Late Ming casebook *Mengshui zhai cundu*

(Tan Jia-Qi)

主题研讨——基层治理的经验、秩序与伦理

Symposium: the Experience, Order and Ethic of Local Governance

律师职业伦理的中国之"道"

——基于公共理性与中国文化的探寻

丁建峰[1]

提　要： 律师职业伦理是律师执业的重要规范，探索符合中国特色法治理念的律师职业伦理，必然涉及各种不同体系与思路的对话与碰撞。罗尔斯发展出的"重叠共识"与"公共理性"的理论框架，可以很好地处理在中国律师职业伦理构建过程中出现的传统与当代、中国与西方、专门化的职业伦理与大众道德的对立。律师职业伦理并不脱离道德推理的一般形式，因此，可通过"公共说理"的方式确立和论证律师职业伦理的基本原则。这些基本原则和中国传统伦理、大众道德在本质上不相违背，但是，在若干方面却应当进行合乎情境的、合理适宜的转换。经过这种转换，当代中国律师职业伦理的建设，可以从中国传统思想、西方律师伦理、中国法治实践中汲取支撑性的资源，以期成就一套适合于中国实际而又符合世界潮流的职业规范，最终形成罗尔斯在讨论多元文化之整合时所提出的"重叠共识"。

关键词： 律师职业伦理；公共理性；重叠共识；中国传统

一、全面建设法治社会蓝图下的律师职业伦理

众所周知，律师在法治进程中的作用不可忽视。法治水准之或进或退，

〔1〕 作者丁建峰，男，中山大学法学副教授，北京大学经济学博士，研究领域为法学理论。代表作为《博弈论视角下的过程偏好与程序正义——一个整合性的解释框架》《本源自然的演化之法——自然法与演化理论的会通与融合》《立法语言的模糊性问题——来自语言经济分析的视角》等。Email：thinkerding@qq.com。
本文系教育部人文社会科学研究青年基金项目"博弈论与社会选择视角下的过程偏好与程序公正"（项目批准号15YJCZH030）的研究成果之一。本项研究也得到国家留学基金资助。

在很大程度上，可从律师职业的盛衰起伏中得到相当的展示，可以说，律师是中国法治进程的"晴雨表"，或如江平教授所说："律师制度是一个国家法治的'橱窗'或者国家民主的'橱窗'"。[1]历经三十多年的经济改革与对外开放，当代中国已经步入了建设"良序社会"的时代，实行法治逐渐成为全社会的共识。十八届四中全会进一步确立了全面依法治国的基本方略，提出推进法治专门队伍的正规化、专业化、职业化，发展法律服务业，建设高素质的法治专门队伍，种种改革举措，给律师职业的发展带来了广阔的新机遇。[2]律师职业伦理，不仅是规范律师执业行为的重要准则，也充当着律师职业生涯的座右铭与指南针。当下，中国的律师行业存在诸多问题，例如，律师事务所的公共责任感与监管意识衰落；律师泄露当事人秘密，参与司法腐败、与法官进行利益交换；等等。这些问题层出不穷，严重影响了律师职业的社会形象，使得律师职业伦理的建构与实施成为一个重要而迫切的问题。

中国的律师职业伦理必须承担提供优质法律服务、维护公民合法权益、增加普通大众对律师行业的信任、与世界法律服务业接轨等多方面的任务。因而，探索符合中国特色法治理念的律师职业伦理，必然涉及各种不同体系与思路的对话与碰撞，例如，中国传统文化与当代法治实践、中国特色与世界潮流，以及专门化的职业伦理与大众道德等。中国律师职业伦理的构建与演进，必须把握"中国特色"，对中国传统和中国经验进行吸纳与整合，同时也必须兼顾世界主要法治国家发展出来的若干基本原则。本文希求采用政治哲学家约翰·罗尔斯发展出的"重叠共识"（overlapping consensus）和"公共理性"（public reason）的框架，对律师职业伦理的中国化进行初步的探索。

本文的基本思路是：首先对罗尔斯的理论框架进行简要介绍，然后进一步论述如下命题：律师职业伦理看似十分特殊，但从本质上看并非绝对的特殊规则，它并不背离一般的道德理性和道德推理。正是因为律师职业伦理不会悖离道德推理的一般形式，因此可以通过"公共说理"的方式确

---

[1]　江平、季卫东："对谈：现代法治的精神"，载《交大法学》2010 年第 1 期。

[2]　《中共中央关于全面推进依法治国若干重大问题的决定》编写组编著：《中共中央关于全面推进依法治国若干重大问题的决定》，人民出版社 2014 年版，第 30—33 页。

立和论证律师职业伦理的基本原则。这些基本原则，和中国传统伦理、大
众道德在本质上不相违背，但是，在若干方面却应当进行合乎情境的、合
理适宜的转换，经过这种转换或"创造性转化"，当代中国律师职业伦理的
建设，可以从中国传统思想、西方律师伦理、中国法治实践中汲取支撑性
的资源，成就适合中国实际而又符合世界潮流的职业规范，最终形成罗尔
斯在讨论多元文化之整合时所提出的"重叠共识"。这种重叠共识未必能解
决律师执业过程中遇到的所有问题或在一切方面说服一切"圈外人"，也不
一定能化解一切"道德两难"的局面，但笔者将论证：它可以涵盖和处理
中国律师职业整体上面临的绝大多数问题，因此其意义仍是重大的。

当代中国学术界对于律师职业伦理已经出现了比较丰富的研究成果，
从中国传统思想角度研究律师职业伦理的文献也已有若干尝试，但通过
罗尔斯的重叠共识与公共理性理念，整合关于律师职业伦理的思想资源，
并进行整体性的探索的文章，尚属鲜见。笔者以为，在关乎现代中国法
律人立身行事之准则的职业伦理上，我们无法忽略中国国情，但也不能
仅仅强调中国传统文化和中国特色，必须以一种合宜而理性的方式，整
合诸种不同的思想资源，罗尔斯的重叠共识和公共理性的理念，可以给
我们在这方面的研究和实践带来有益的启发。

二、公共理性、重叠共识与律师职业伦理

现代社会是一个价值多元的社会，当代中国也存在着不同源流的思
想文化传统。当代政治哲学家罗尔斯在其名著《正义论》发表之后的研
究，围绕着这样一个基本事实而展开：现代社会是由各种在内核上互不
兼容但又是理性的政治、道德、宗教信念上建立起来的。面对这样的
"众声喧哗"之局，罗尔斯提出振聋发聩的一问："自由和平等的公民所
组成的稳定而正义的社会，尽管深深地被这些自有其道理却互不相容的
学说所分割，为什么能够和谐共存于一体？"[1]为了解决此问题，他系统

---

[1] John Rawls, *Political Liberalism*, Columbia University Press, 1993, p. 133. 译文参考顾肃：《自由
主义基本理念》，中央编译出版社 2003 年版，第 471 页。

地提出和论证了"公共理性"的框架——公共理性就是公民所共享的指向公共善（goods）的理性。[1]罗尔斯区分了"合理性"（rationality）和"理性"（reason），在罗尔斯看来，"合理性"是一种个人利益最大化的计算理性，而"理性"是指"心智健全、通情达理"。罗尔斯没有给"理性"一个直接的定义，而是认为理性是一种人与人之间讨论问题的"交互性"，理性的个人具有一种道德敏感性，他们会平等地讨论自己和他人提出的有关社会合作的规范性原则，并且尊重讨论的结果。例如，某人在谈判的时候立场极其强硬，心意坚固，争执不休，那么他可能仍然具有"合理性"——因为此时他的最优化目标（个人利益最大化）并没有产生变化，但他却失去了"理性"，因为理性蕴含着对他人方案的平等尊重。[2]在罗尔斯看来，"合理性"可以仅仅作用于一个人，而"理性"必然是公共的，并且符合若干理想条件，"公共理性蕴含着诸多价值，它不仅包含基本的判断、推论和证据之概念的恰当运用，而且也包含着通情达理、公正深思之美德，它遵循常情常识的标准与程序，并且也尊重科学的结论，如果这些结论并无争议。"[3]对公共问题的理性讨论，是达成社会公平正义原则的不可或缺的条件之一。最终，罗尔斯希望经由公共理性的讨论和对话，达成一种"重叠共识"，亦即，各种不同的"整体性学说"（comprehensive doctrines，又译作"完备性学说"）尽管从根本上"不可公度"或"不相容"，但都可以支持某个理念（尽管是从不同的理由来支持的），那么这个理念就可以称之为"重叠共识"。[4]罗尔斯认为，在现代多元社会，立宪政体的权威就来自于社会各个群体所形成的这种共识。[5]正如佩西·莱宁所指出的，在罗尔斯的思想体系中，重叠共识并不是政治妥协、利益交换或者任何权力的暂时性分配，它不是权宜之计，而是一种具有内在稳定性和自我实现/自我实施功能的社会共识。通过公共理性对话而达成的重叠共识，具有一种充满活力的社会整合功能，正是由于这样的机制，多元共生的价值系统变得生机勃勃而

---

[1]　John Rawls, *Political Liberalism*, Columbia University Press, 1993, p. 212.

[2]　John Rawls, *Political Liberalism*, Columbia University Press, 1993, pp. 48-54.

[3]　John Rawls, *Political Liberalism*, Columbia University Press, 1993, p. 139.

[4]　John Rawls, *Political Liberalism*, Columbia University Press, 1993, p. 136.

[5]　John Rawls, *Political Liberalism*, Columbia University Press, 1993, p. 137.

富于秩序。[1]

在这里必须说明的是，在著名的 "罗尔斯—哈贝马斯" 之争中，尽管笔者认为尤尔根·哈贝马斯的商谈伦理具有重大的理论价值，但在本文中仍然主要采用了罗尔斯的框架。理由主要是：第一，罗尔斯的框架保留了实质性正义的内容，主张实质性与程序性规范的内在统一，而律师职业伦理确实包含着某些重要的实质性的立场（例如委托人忠诚原则），这些立场应当通过对话加以说明和论证，却不容许经由对话而放弃。第二，罗尔斯的框架承认分歧的意义，认为人们可以在承认观点分歧的同时，在态度上存在共识，对于公共议题的讨论可以容许 "理性的分歧"（reasonable disagreement），这一点是为哈贝马斯的框架所拒绝的。就律师职业伦理在当下的进境来看，笔者认为理性容纳分歧与中国改革的 "摸着石头过河" 的思路，具有某种相容性，应当予以接受。当然，哈贝马斯的理想对话思路，对于构建切适合宜的公共对话程序，具有极为重大的意义，也是不可否认的。

对于中国律师职业伦理而言，重叠共识与公共理性的思路大有借鉴意义。尽管罗尔斯论述 "重叠共识" 和 "公共理性" 的时候，是为了论证他的正义理论（两个正义原则），但自从他创立了这一理论框架后，该思路已经超越了正义理论的论域而迅速渗透到公共管理、教育伦理、气候变化等其他领域，而律师职业伦理的规范论证，亦可以作如是观。[2] 律师职业伦理中那些独特的伦理规范，必须通过交互性的商讨与对话来探求其核心内涵在秉持公共理性进行对话以后，最终仍要达成对某些核心规则的重叠共识——在中国的语境下，它应当被看作是来自中国传统文化、律师执业实践、世界律师职业伦理的一般原则等诸种不同思想体系的交互共识。

---

[1] ［荷］佩西·莱宁：《罗尔斯政治哲学导论》，孟伟译，人民出版社 2012 年版，第 142 页。

[2] 参见 Ciarán O'Kelly, "Public Institutions, Overlapping Consensus and Trust", *Critical Review of International Social and Political Philosophy*, Vol. 9, 2006, pp. 559 - 72; John Halliday, "Reason, Education and Liberalism: Family Resemblance within an Overlapping Consensus", *Studies in Philosophy and Education*, Vol. 20, No. 3, 2001, pp. 225-34; Heidi Rapp Nilsen, "Overlapping Consensus Versus Discourse in Climate Change Policy: The Case of Norway's Sovereign Wealth Fund", *Environmental Science & Policy*, Vol. 13, 2010, pp. 123-130. 甚至有专门的网站探讨在各个领域内达成重叠共识的途径，见 http://overlappngconsensus.com。

三、律师职业伦理中的道德推理

律师职业伦理是否是一种从根本上异于一般伦理的规则体系？律师职业伦理是否有着一种特殊的道德推理方式？如果这两个问题的答案是肯定的，那么，通过公共理性的对话来构建关于律师职业伦理的共识就是不可能的。诚然，律师职业伦理有着"法律人的内部伦理"的特点，从而在某些具体伦理规则上有别于大众伦理。高度的专业化分工以及法律职业共同体的运行逻辑，导致了现代律师职业伦理出现了"非道德化"的趋势。[1]比如，律师会为道德上有瑕疵甚至有罪的当事人努力辩护，以减轻甚至免除其罪责，这就是著名的"委托人忠诚"原则。正如美国著名法学家及律师艾伦·德肖维茨所言，"辩护律师几乎要为通常有罪的当事人做纯粹的、一边倒的辩护，当事人有罪时，辩护律师的职责就是运用法律和道德允许的一切手段，防止真相全部暴露"。[2]同时，出于为委托人保密的目的，律师会向法庭隐瞒被告人未被揭发的犯罪信息，这似乎也难免有与罪犯同流合污之嫌。

但是，这仅仅是说在具体的"道德条目"或"义务清单"上，律师职业伦理会给出与一般道德要求不同的答案，但并不意味着道德推理的基础发生了变化。从这个层面看，笔者否认法律职业伦理与一般意义上的道德存在根本的背离——假如是这样，那么整个律师职业所遵循的准则就与一般道德相分离，其根本不能称为一种"伦理"。而且，由"非道德性"也可推知，律师职业只具有工具性的价值而不具有道德上的价值，这显然不符合我们对律师在法治中的作用的期待。当然，如果律师职业伦理仅仅是一个对律师加以惩罚的根据或是一组外在的执行规则，那么它是否与大众伦理相异，原非一个重要问题。但是，如果律师职业伦理同时又是一个约束律师自觉行为的内在规则，律师职业伦理和一般伦理的关系就是一个不能回避的问题。固然，我们可以认为，法律职业共同体内部的高

---

[1]　李学尧："非道德性：现代法律职业伦理的困境"，载《中国法学》2010年第1期。

[2]　[美]艾伦·德肖维茨：《致年轻律师的信》，单波译，法律出版社2014年版，第151页。

度认同，足以使律师不再顾及大众伦理而一心秉持职业伦理的"铁律"，但法律共同体是否需要社会的认同？如果我们对此的答案是肯定的，那么就不得不认真处理法律职业伦理与一般伦理相分离的问题。

具体到律师职业伦理的细目，在中华全国律师协会颁布并修订的《律师执业行为规范》第二章中，规定了律师职业道德的基本准则，在十条准则中，可能引起道德困境的仅有保密义务一项（第8条"律师应当保守在执业活动中知悉的国家秘密、商业秘密，不得泄露当事人的隐私"），其余的各条，如律师应当遵守宪法和法律、律师应努力提高业务水平、律师应自觉履行法律援助义务等，都符合我们基本的道德直觉。再如，美国律师协会修订的《法律职业行为规则范本》中所列举的"勤勉尽责""积极辩护""公平对待非委托人""从事公益活动"等绝大多数条款，均与一般意义上的伦理规则并无冲突。[1]

那么，如何看待那些和大众的道德直觉相冲突的律师职业伦理准则呢？其实，如果相信人是理性的并且是可以被说服的，那么律师职业伦理与大众伦理之分野，也许并不像学者所划定的那样泾渭分明。"大众伦理"或"一般伦理"本身也并不那么明显，我们无法列出一个清单枚举出大众相信的规条。如果大众伦理是一种关于道德选择的"说理"，那么我们没有理由相信大众会拒绝律师关于自己行业伦理的说理——只要这种说理足够清晰。例如，朗·L.富勒曾论证过为什么律师会为他明知有罪的人辩护："假如被告所请的每一位律师都因为他看上去有罪而拒绝接受办理该案件，那么被告就犹如在法庭之外被判有罪，因而得不着法律所赋给他的受到正式审判的权利……假如他因为认为一个诉讼委托人有罪而拒绝替他辩护，那么他便错误地侵占了法官和陪审员的职权。"[2]

如果仔细分析，富勒的推理是基于如下几个环节：第一，通过反设进行归谬——如果律师不为有罪的人辩护，基于合理的逻辑推断，那些看上去有罪的当事人将不会得到辩护。第二，看上去有罪的当事人由于

〔1〕 参阅美国律师协会网站：《法律职业行为规则范本》（Model Rules of Professional Conduct），载 http://www.americanbar.org/groups/professional_responsibility/publications/model_rules_of_professional_conduct.html。
〔2〕 ［法］朗·L.富勒："相对制度"，载［美］哈罗德·伯曼编：《美国法律讲话》，陈若桓译，生活·读书·新知三联书店1988年版，第26页。

无法得到公正审判而被宣布有罪。第三，这个结果既违反了无罪推定原则，又侵犯了法官和陪审员的职权。因而结论是：律师应当为有罪的当事人提供辩护。很显然，这个推理模式与伊曼努尔·康德论证道德义务时的"可普遍化原则"一脉相承，康德认为，"定言命令只有唯一的一个，这就是：你要仅仅按照你同时也能够愿意它成为一条普遍法则的那个准则去行动"。[1]反过来说，如某些准则不可能"被无矛盾地设想为普遍的自然法则"，那么我们就会希望"这些准则的反面应当普遍地保持为一条法则"。[2]事实上，大众的道德推理也极为经常地采用这种模式，例如肯·宾默尔就认为，康德的这个思路其实与母亲教育小孩"不要撒谎"、老师教育小学生"不许作弊"时所采取的论证方式别无二致。[3]律师"为坏人辩护"的伦理要求，看上去是那样不符合大众的直觉判断，但它背后的道德推理并不是特异的，也不会很难为外行所理解——尽管也许不能被所有圈外人心悦诚服，但至少经过解释之后，可以很清楚地表明其含义。

我们固然应当承认律师职业具有某些在表面上不同于大众道德的特殊规范，但它绝非来自某种"职业逻辑"或"专门逻辑"。恰恰相反，人同此心，心同此理，基本的逻辑规律和常识，是全人类所共同秉具之"天则"。律师职业伦理的推理过程，必须遵守普遍的常识与逻辑规则。例如，"律师—委托人特免权"规定律师可以就职业过程中知悉的秘密事项享有拒绝作证的权利。对于这种权利的论证，无论是基于对法律职业的荣誉的捍卫，还是对"无罪推定"原则的维护，抑或是维持委托人与律师的信赖关系，都没有在本质上异于"损益权衡""通过保守秘密来稳固社会关系"的常识逻辑，否则就难以解释为什么"律师—委托人特免权"或"律师保密义务"会有各式各样的例外条件。例如，当委托人向律师透露了即将实施的犯罪信息，或律师手里的信息可以证明另一个受起诉的嫌疑人无辜时，为了避免未来的犯罪或当下的无辜定罪，律师披

---

[1]　[德] 伊曼努尔·康德：《道德形而上学奠基》，杨云飞译，人民出版社 2013 年版，第 52 页。

[2]　[德] 伊曼努尔·康德：《道德形而上学奠基》，杨云飞译，人民出版社 2013 年版，第 56—57 页。

[3]　Ken Binmore, *Natural Justice*, Oxford University Press, 2005, p. 12.

露信息不受特免权的限制。[1]显然，这种对特免权的突破，仍然是律师职业团体进行了损益权衡的结果，并没有脱离常识推理。故而，"律师——委托人特免权"并不是一个先验的教条，它的订立以及例外规定，背后的逻辑并不神秘。当我们追溯律师伦理规则订立的"理由"时，在其看似"不近人情"的规定背后的"常识、常理、常情"的内核就会浮出水面。

综上所述，既然律师职业伦理在道德推理和道德思维的模式上并不是特异的，这就意味着我们可以通过理性对话的方式达成某种形式的重叠共识，下面笔者将要论证，这种重叠共识不仅是可能达成的，而且其范围是比较宽广的，基本可以涵盖律师职业伦理的重要方面。

四、构建中国律师职业伦理的重叠共识

如何在多元社会建构价值共识，在哲学上是一个比较困难的问题，罗尔斯的基本思路，就是不再争论全面共识的建立，但笔者认为，具体到法律职业伦理的领域，只要我们本着务实和理性的态度进行努力，在多数情形下，共识的建立并非不可能。下面，笔者从中国思想传统、国际规则和中国法治实践三个角度，来论证这一看法。

(一) 律师职业伦理与中国思想传统

探讨律师职业伦理与中国思想传统，似乎是一种"不急之务"。然而，中国思想传统具有"根源性"，如果律师伦理与中国思想传统凿枘不入，那么无论我们如何宣扬，律师在中国将始终是一个异质的存在，它之所以被引入仅仅因为其特定的社会功能，不附加任何价值层面的因素。众所周知，传统中国并不存在律师这种职业，讼师属于非法从事"地下活动"的民间法律群体，而且是国家法律和官员所要取缔和打压的对象。同时，中国传统法律思想始终有"息讼""厌讼"的一面，对挑起诉讼的

---

[1] R v. Ataou [1988] QB 798; [1988] 2 All ER 321. 转引自吴丹红:《特免权制度研究》，北京大学出版社 2008 年版，第 129 页。

"讼师""讼棍"给予相当多的负面评价，职是之故，直接在中国思想传统中寻找律师职业伦理的具体内容，是不可能的。[1]但是，这仅仅是问题的一个方面，从深层次来看，中国传统伦理具有非常浓厚的角色伦理的特点，例如，"在其位，谋其政""各为其主"均带有角色伦理的特点，古代儒家主张"君君、臣臣、父父、子子"（《论语·颜渊》）和"父慈、子孝、兄良、弟悌、夫义、妇听、长惠、幼顺、君仁、臣忠"（《礼记·礼运》），为各种社会角色指定了必须承当的义务，因此，安乐哲将古代儒家伦理界定为"角色伦理学"是十分恰切与适当的。[2]

儒家对践行角色之要求，特别重视的是"忠"与"顺"，如伯夷、叔齐、比干等人，为昏乱之主尽忠而受到后世儒者的称颂，再如历代颂扬的关公、杨家将、岳飞等人，他们所效命的朝廷或君主，本身也并非道德楷模。尽管现代人纪念他们是出于爱国主义，但古人崇仰这些人却主要是因为其忠义之心。宋代大儒张载在《西铭》最后列举他最崇敬的道德典范，其中的舜、申生、伯奇都是恪尽孝顺之道的楷模，这些人的"顺"在今天看来似很难理解，如申生的父亲晋献公听信谗言要杀死他，申生却"无所逃而待烹"，伯奇也是因为继母的谗言而被赶出家门，他则并不为自己辩解，而是"勇于从而顺令"。这些"忠"与"孝"的行为，在今天看来确有迂腐执着的成分，但正是因其践行了其角色（忠臣、孝子）之最大恭敬，顺天之命，所以得到了最高的赞颂。然而世易时移，今天我们再来强调"忠"之一德，就必须进行"创造性转化"。[3]事实上，

---

[1]　李栋："讼师在明清时期的评价及解析"，载《中国法学》2013 年第 2 期。

[2]　Roger T. Ames, *Confucian Role Ethics*, Hawaii University Press, 2011. 此外，王凌皞也提出了"儒家角色美德伦理学"的说法。参阅王凌皞："应对道德两难的挑战：儒学对现代法律职业伦理的超越"，载《中外法学》2010 年第 5 期。

[3]　中国传统的"创造性转化"（creative transformation）是林毓生先生提出的一个概念，其意指："使用多元的思想模式将一些（而非全部）中国传统中的符号、思想、价值与行为模式加以重组与/或改造，是经过重组与/或改造的符号、思想、价值与行为模式变成有利于变革的资源，同时在变革中继续保持文化的认同。"如对"孝"这个中国文化的核心价值，我们既无须像五四运动的激进派那样鼓吹"家庭是万恶之源"，也不能继续保持传统社会中的男权主义和家长至上，而是应当将儒家的"亲亲之德"转化成现代家庭中的亲情观念，并且将"絜矩之道"转化成家庭成员之间的平等相处之道。引自林毓生著，朱学勤编：《热烈与冷静》，上海文艺出版社 1998 年版，第 26—31 页。本文对"忠"的处理，亦可作如是观，正如纯正的亲情反映了人生中的最高贵境界，尽己之诚而忠人之事的境界也是极为高尚的。

这种 "转化" 也并非一味迎合现代价值, 在某种程度上有回归原始儒学本源的意义——《论语》中之 "忠" 字凡十八次出现, 皆有 "尽心竭力" 的意思, 如《学而》篇中曾子言: "为人谋而不忠乎", 刘宝楠《论语正义》云: "诚心以为人谋, 谓之忠", [1]《八佾》篇孔子言: "君使臣以礼, 臣事君以忠", 这体现了角色伦理的相互性。然而, "忠" 未必仅仅体现于对某个人的尽忠, 它还体现于发自内心的真诚德性, "考中度衷, 忠也" "言忠必及意" (《国语·周语》) 即是此意。所以《论语》中多次提到 "主忠信", 对于个体所承担之事务与职责的 "忠信", 和现代的职业伦理、责任伦理是相通的。欧文·戈夫曼论角色伦理 (role-based ethics), 着重强调的就是与角色相关联的期待与义务。[2]至少从这一角度来看, 古代儒家与现代的责任伦理相距并不十分遥远。律师与委托人之间的关系就是 "为人谋而尽忠" 的关系, 这种 "尽忠", 既体现于对委托人个人的 "竭智尽力", 亦体现在对事业的忠诚勤勉。在当前的律师宣誓誓词之中, 有 "忠于宪法, 忠于祖国, 忠于人民, 维护当事人合法权益, 维护法律正确实施, 维护社会公平正义, 恪尽职责, 勤勉敬业" 的表达, 体现的也是现代意义上的 "忠信" 原则, 而将 "维护当事人合法权益" 放在其他看上去更为 "崇高" 的使命之前, 这一次序体现了律师职业的特色。委托人本人可能会有各种各样的缺点, 其合法诉求也许并不符合道德的要求, 但律师如能 "受人之托, 忠人之事", 在角色伦理上是无可指责的, 甚或是值得称颂的。

然而, 基于角色的行为与角色之外的评价可能会出现极为严重的背离, 如士兵受命展开军事行动是角色伦理所要求的, 但士兵是否可以因此而为杀人心安理得? 必须注意, 儒家这种对角色伦理的强调并不是绝对的。在儒家那里, 角色伦理是一种 "曲成之德", 儒家追求的最高境界是包容含覆、深广无限、生生不息的 "天地境界", 它的理想是对所有人的普遍理解与关爱, 亦即 "尽人之性" "尽物之性" "赞天地之化育" ……作为生活在 "一曲" 之中的普通人, 无从体验天地境界, 他们只能从种种

---

[1]　(清) 刘宝楠:《论语正义》, 载国学整理社编:《诸子集成》(第1册), 中华书局 2006 年版, 第 6 页。

[2]　Erving Goffman, *The Presentation of Self in Everyday Life*, University of Edinburgh, 1959, p. 61.

具体而微的事务操作中体验和培养"忠""敬""诚"等德性，成为一个领域内的有德者，这被称为"致曲"。郑玄在解释"致曲"这一概念时说，"致，至也。曲，犹小小之事也。不能尽性，而有至诚。"[1]程颐的阐发则是："人具有天地之德，自当遍复包含，无所不尽。然而禀于天，不能无少偏曲，则其所存所发，在偏曲处必多，此谓致曲。虽曰致曲，如专一于是，未有不成。"[2]这种专注于某一事务的"致曲"，与现代的职业伦理有一定的相通之处。律师本人在具体执业的时候主要应考虑的仍是自己的身份角色，这并非仅仅为了自己的执业利益，而是需要在执业过程中磨炼自己的品性与美德，通过"致曲"的不断修为而成为高尚的有德君子。[3]

笔者认为，个人如想达到天地之境界，是殊为不易的，但律师职业团体必须担负起这样一种"圆成之德"，即在制定和修改基本规范时，需要同时考虑委托人、律师个人、律师行业和社会利益，进行综合权衡。在律师职业团体对规则制定和修改的讨论中，律师作为律师协会的成员，应跳出"律师"角色的框架，考虑更深更广的问题。从律师职业伦理的发展历程来看，它与律师职业群体的道德自律有着不可分割的联系。正如美国著名法官罗伯特·N. 威尔金的总结——法律职业伦理来自执业人员数量的增加和职业态度的扩张，它的基本目的是满足社会对于标准和原则的内在需求，对"利己主义和自我膨胀"进行自我约束。[4]对威尔金而言，一个遵循职业伦理的法律人"能够在遵守职业准则最高标准的同时过着有益、光辉而又愉快的生活"。如孙笑侠教授所论，法律系统通过法律职业伦理来"保障其职业技术理性中的道义性成分发挥到最高程

〔1〕 李学勤主编：《十三经注疏·礼记正义》卷五十三《中庸第三十一》，北京大学出版社 1999 年版，第 1448 页。

〔2〕 （宋）程颢、程颐：《二程集》（第 4 册），中华书局 1931 年版，第 1159 页。

〔3〕 要求律师具有高尚的君子人格，并非一种脱离职业需要的肤浅议论。日本 2005 年修订的《律师履职基本规程》里同样写明："律师仅仅精通法律知识和法律事务是不够的，还应具有足以为国民信任的高洁的人格并为此不懈努力"。我国台湾地区的所谓"律师职业伦理规范"同样要求"律师以保障人权、实现社会正义及促进民主法治为使命，并应基于伦理自觉，实践律师自治，维护律师职业尊严与荣誉"。对律师的道德要求，必须成为律师职业伦理不可或缺的组成部分。

〔4〕 ［美］罗伯特·N. 威尔金：《法律职业的精神》，王俊峰译，北京大学出版社 2013 年版，第 140—141 页。

度……抑制其职业技术理性中的非道德性成分。"〔1〕律师协会的职业自律，可以规制过度的商业化，避免使律师完全成为富人的工具，遏止物欲横流而带来的律师职业形象受损。

(二) 律师职业伦理：国际规则与中国现实

当今世界各国的交流日益频繁，各种制度之间的相互借鉴、取长补短也是发展的必然趋势。各国均结合自己的国情订立了自己的律师职业伦理规则，这些规则虽然各有特色，但总体而言大同小异。如果我们相信社会是通过漫长时段的"演化"而发展成现代形态的，那么，经历了漫长演化而形成的社会规则必定有其合理性，并且会形成如同"百川汇海"一样的内在一致性，例如，当代大陆法系和英美法系在审判方式、证据规则、法条与案例的运用上，展现出逐渐融合的趋势。对于律师职业伦理规范的趋同与相似，也可以作如是观。

中华全国律师协会颁布的《律师执业行为规范》共有9章，合计108条。一方面，它基本上符合国际规则，在条目设置和安排上大致与其他法治国家相似。但另一方面，在规则的细化和可操作化方面，原则性的条目过多，细致性的规定时有不足，一些条目缺乏可操作性。〔2〕尽管如此，仍然应当承认，在律师执业行为的基本原则方面，中国与美国并没有巨大的歧异，均分为"律师—委托人关系""律师与律所的关系""律师的非诉业务""律师的公共服务""对职业的忠诚义务"等部分，在每

---

〔1〕 孙笑侠："法律家的技能与伦理"，载《法学研究》2001年第4期。

〔2〕 例如，《律师执业行为规范》第8条规定了律师的保密义务："律师应当保守在执业活动中知悉的国家秘密、商业秘密，不得泄露当事人的隐私。律师对在执业活动中知悉的委托人和其他人不愿泄露的情况和信息，应当予以保密。但是，委托人或者其他人准备或者正在实施的危害国家安全、公共安全以及其他严重危害他人人身、财产安全的犯罪事实和信息除外。"对照2012年美国律师协会修订的《法律职业行为规则范本》（Model Rules of Professional Conduct）就可以知道，这个规定还是相当笼统的，该规则第1、6条规定的是"信息的保密的内容"，分为3个二级条目。a条目非常简单：除非委托人允许或者涉及b条目之规定，否则委托人透露给律师的信息一律保密；b条目分为7个三级条目，详细列举了律师可以披露信息的诸多例外情形；c条目是"律师应该通过合理的方式防止不经意或在未经委托人授权的情况下，泄露与代理委托人有关的信息"，这把律师保密义务从消极义务提升到了积极义务。对照而言，中国《律师执业行为规范》中的规定对可保密信息的分类太细，实无必要，而对例外情形的列举则过于粗疏。

一部分的细目上也基本上是同构的。尽管中国对律师的惩戒制度、风险代理费、惩戒程序等具体制度上的规定与美国不同，但这是因为中国更多地借鉴了大陆法系国家的制度安排，而并非伦理原则上的歧异。

律师职业伦理的构建，除了从中国传统和国际规则中吸收有益经验，在另一方面，必须贴近和尊重中国现实。但这种贴近与尊重，并非对于现实情形的盲目顺从。律师制度本身并非中国法律体系自发演化的产物，普通公众限于自己的视野，对于律师工作的性质缺乏了解，甚至有一部分人认为律师是打击犯罪的障碍，在某一段时期里，确实如江平教授所言，律师的社会形象是在下降而非上升。[1]但恰因有此问题，所以，以对话和说理的方式普及律师职业伦理的基本原则才显得尤为迫切和必要。

律师职业必须在法律人团体的"职业自主性"和大众对律师职业的认同中，取得一个比较完善的平衡状态，中国若想实现法治，就必须改变民众对"法律人"的观感。这就要求职业伦理与大众对律师的观感之间，不能存在较大的偏移。但必须注意的是，在中国，随着互联网的普及，现代律师职业伦理的观念也逐渐得到了更大范围的传播，并且已经被越来越多的普通人理解。[2]例如，笔者在"找法网""华律网"均看到有关律师为委托人保密的专题咨询，相关的解答律师均做出了准确的解释与说明。[3]在网民交互解答问题的网站如"百度知道"中，有关律师保密义务的提问共 33 问，其中除一次不太标准的回答（"跟律师谈话，不该说的不要多说"）之外，其余答复均与律师保密原则相吻合。那些看上去很"特殊"，被某些专家学者认为是"无法被大众理解"的律师职业伦理，并不会被中国的普通大众所拒斥。恰恰相反，在问题的回答和讨论中，回答者关心的是另一个问题——中国的正式制度不能容纳律师职业伦理。例如，我国《律师法》和《刑事诉讼法》中规定了律师的保

〔1〕　江平："中国律师的形象问题"，载《中国律师》1997 年第 8 期。

〔2〕　要想具体了解中国民众对于律师职业伦理的认同程度，最合适的方法当然是进行广泛的、跨阶层的问卷调查。笔者在文中所列举的论据，仅对进一步的研究具有提示作用。

〔3〕　例如，一个匿名提问的女士询问，她现在因挪用资金而被取保候审，之前还有偷逃税款的问题，可否寻求律师的帮助。律师回答：如果法律要求受托律师利用委托人的信任和执业中的机会来揭发犯罪，则律师也就失去了存在社会的社会根基，法治将无从谈起。载 http://www.66law.cn/topic2010/xxbhlstwtrbm/6720.shtml，访问日期：2018 年 12 月 18 日。

密义务，[1]却没有相应地明确赋予律师以拒证权，这使得律师处于一种尴尬的境地之中——一方面，律师无法拒绝作证，导致忠诚义务的违反。另一方面，如要坚守忠诚义务，可能会面临拒绝作证甚至伪证的责罚。事实上，有关方面更需要做的是修改相互冲突的法律规定，借鉴法治发达国家的成熟经验，解决律师保密义务和律师作证义务的冲突，而不必过于担心律师职业伦理规范能否得到大众的理解。我们可以预计，随着中国互联网的进一步发展和网速的迅猛提升，以及国民生活水准、教育水准的进一步提高，国人的理性对话能力势必再上一个台阶，而律师职业伦理中的基本规范，将得到更多国人的理解和赞同。

（三）构建中国律师职业伦理的重叠共识

在构建符合中国国情的律师职业伦理的过程中，建立共识是必要且关键的一步。经过上文的考察，我们可以比较乐观地判断，在中国当前建设法治社会的大背景下，这样的"重叠共识"在绝大部分情形中是可以建立起来的。因为，无论是从中国传统文化的角度，还是从国际惯例的角度，抑或是从中国法治实践的角度，律师职业伦理的大框架——律师的保密义务、忠诚义务、尊重法律、勤勉敬业等伦理规则，均可以得到有效的支持和论证——虽然这些支撑的力量来源不同、理路相异，但均可为基本的律师伦理规则提供支持。故而，笔者将中国律师职业伦理可能建立的重叠共识的不同层次，图示如下：

---

[1] 《中华人民共和国律师法》第38条第1款规定："律师应当保守在执业活动中知悉的国家秘密、商业秘密，不得泄露当事人的隐私。" 2012年《中华人民共和国刑事诉讼法》第46条规定："辩护律师对在执业活动中知悉的委托人的有关情况和信息，有权予以保密。但是，辩护律师在执业活动中知悉委托人或者其他人，准备或者正在实施危害国家安全、公共安全以及严重危害他人人身安全的犯罪的，应当及时告知司法机关。"

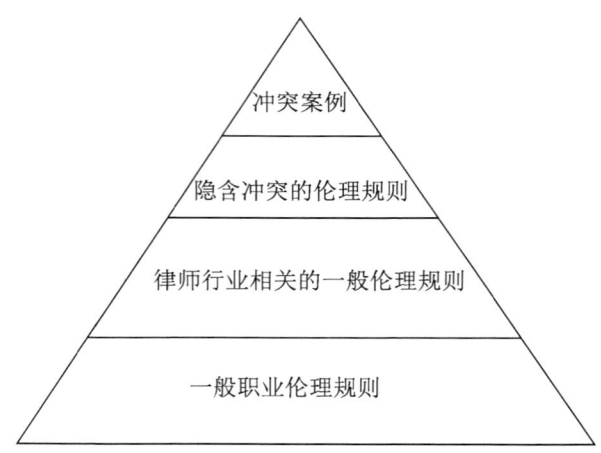

图 1　律师职业伦理重叠共识的诸层次

图 1 描绘了中国律师职业伦理可能达到的重叠共识的几个层次，其构成了一个"共识金字塔"。塔基部分是"一般职业伦理规则"，亦即不仅仅是律师要遵守，其他各种职业也必须遵守的伦理规则，例如，"忠于宪法和法律""诚实守信，勤勉尽责""积极参与社会公益活动"等。这些规则的共识度最高，无论是从中国传统文化、西方法治文明、执政党的意识形态出发还是从大众道德直觉的角度来看，这些伦理规范都应当得到恪守和发扬。比这类伦理规则更特殊的部分是"律师行业相关的一般伦理规则"，例如"律师应依法取证，不得伪造证据""律师不得行贿执法人员""律师不得挪用或者侵占代委托人保管的财物"等，这些伦理规则并非一般职业伦理所具有，而是律师行业所特有，但它仍然属于"一般职业伦理规则"的层面。原因在于，这些伦理规则仍然是由常识性的伦理规则所推演而出的，其推演的过程十分直接，并不需要经过特别的思维转换或利益权衡过程。

在其上一层，称为"隐含冲突的伦理规则"，它包括与"委托人中心原则""保密原则""利益冲突原则"等相关的一系列规则，这类规则并不一定会带来严重的伦理冲突，例如，一般而言律师以委托人为中心、忠实完成委托人交付的辩护任务，不会带来严重的伦理困境。但如果委托人的目的是不道德的，或者委托人的目标非常不切实际，那么律师在贯彻委托人中心原则时，就会陷入道德上的两难处境，保密原则亦然。

一般情形下，保密原则不会带来道德两难，但当委托人告知律师关于其违法行为的秘密，而且该秘密关涉到案件侦破时，律师坚守保密义务才会带来道德难题。对于"隐含冲突的伦理规则"，由于其必然涉及两种或更多种不同义务的考量，所以需要经过反复权衡才能得到相对满意的折中答案。罗尔斯曾经用"反思平衡"的概念来说明这一过程，即首先确定自己内心的原则（信念），但这些信念只是暂时的固定点，在反思中，人们将这些信念与现实状态和社会流行的观念相比较，在这种比较和权衡的过程中，要么修改自己原先持有的规则，要么修改自己对社会现实的判断，最终达到理想和现实的某种一致和平衡。[1]基于公共理性的对话，实际上可以看作是反思平衡在公共领域的实现。关于委托人中心原则、保密原则等带有伦理冲突的原则，必须在长期的实践与公共理性对话中确定它们的范围和边界，既不能将其当作先验的教条而固守不变，更不能通过行政命令或准行政命令的方式强制性地侵犯其边界。目前律师界正在争论的对律师在网上发表司法评论的限制，可以看作是这种公共对话的一个例子，如果各方都能坚持理性交流，相信最终可以确定一个较为合理的言论边界。

最顶层的"塔尖"是那些带来严重的伦理冲突的案例，实际上，这才是最不容易达成共识的一种情形。"隐含冲突的伦理规则"仅仅是隐含着冲突，在大多数情况下，冲突并不会爆发，而在"冲突案例"之中，"道德两难"已经凸显出来，并形成棘手的挑战。如著名的"快乐湖尸案"，[2]即可以看作是保密原则和诚实披露案件情况的一个典型冲突。尽管美国律师协会支持律师不向法庭公布委托人信息的决定，但负责该案的两位律师长期受到良心的折磨，陷入深深的歉疚之中。由此也可以知道，尽管律师职业伦理在道德困境面前提供了一种简易的解决建议，这在表面上似乎可以为律师规避良心谴责提供借口，但律师职业伦理是否

---

[1] John Rawls, *A Theory of Justice*, Belknap Press, 1971, p. 20.

[2] 快乐湖尸案发生于1973年，纽约州的两位律师阿玛尔尼和贝尔格拒绝向检方透露其委托人强奸并杀死两名受害者的信息，致使该案件关键证据缺失，后来被告于1974年在法庭上公开承认了杀人事实，引起舆论哗然，纷纷指责律师包庇了犯罪，经办该案的两位律师，一位最终退出了律师界，一位在案件宣判时心脏病发作，后来才逐渐恢复。关于这一案件的细节，可参考 Lawrence Tibbles, "The Case of the Buried Bodies: Legal Ethics and What it Means to be a Lawyer", *Columbus Bar Lawyers Quarterly*, Summer 2008, pp. 10-11.

可以彻底解决在律师执业生涯中出现的"道德两难"困境呢？或者，对这种道德两难还有另外的解决方法吗？尽管有不少论文给出了各式各样的解决方案，但笔者对此表示相当怀疑，实际上，冷冰冰的伦理规则解决不了情感上的严重冲突，在道德两难面前理论的力量也非常有限，应当把道德选择的最终决定权交给律师自己，让法律职业伦理只提供指导性的建议。

必须强调的是，在日常生活中，道德两难发生的概率是比较低的，人们对律师职业最迫切的关注并非来自道德两难，而是来自律师能否持躬谨饬，奉守那些与一般职业伦理相关的基本原则。近年来被社会所关注的几个关乎律师职业伦理的重大案例，除"李庄案"涉及两难性的伦理冲突外，其他如"黄松有案""郭京毅案""刘涌案"等涉及律师腐败的案件，再如"李某某涉嫌嫖娼案"等有关律师泄密的案例，均不存在任何道德上的两难困境。由是可知，如果我们能够贯彻那些已经形成"重叠共识"的伦理原则，完全可以解决律师执业过程中的大部分问题，化解影响律师职业形象的诸多不利因素。

五、结语与进一步的展望

关于律师，胡乔木同志曾有过如是充满激情的文字："你戴着荆棘的王冠而来，你握着正义的宝剑而来。律师之门，是神圣之门，又是地狱之门，但你视一切险阻诱惑为无物。你的格言是：法律面前，人人平等，唯有客观事实是最高权威。"目前我国法治国家的建设过程中，律师应当成为一支建设性的力量，律师职业的整体社会形象也应得到进一步的提升。奉行极端的法律职业主义、把律师视作"枪手"、认为律师只要奉命行事，保持对委托人的"党派性忠诚"就足以成为好的代理人而丝毫无须关心社会正义的实现，这种极端思路，非但不适合中国目前的情形，而且也给西方法治国家带来了严重的"职业危机"——当职业道德脱离了公众道德，"非道德"的、唯利是图的执业行为必然会殃及这一职业本身。[1]中国律师的法律实践丰富多彩，其所秉持的职业信念与理想，与律师职业伦理的构建息息相关。当我们阅读中国优秀律师的办案手记，会发现这些律师将职业伦理和专业精神贯穿于其从业的始终，并且展现出一种朴素而崇高的特质，感人至深。[2]事实上，如果我们能够更加注重律师职业伦理的构建，并且将获得社会普遍共识的那些伦理原则切实贯彻于律师执业的始终，则普通民众对律师的观感将会得到改善，律师行业本身也会因此而受益。

总结前文的论述，笔者认为可以这样概括法律职业伦理构建的原则：以中国传统伦理建其常，以西方职业伦理济其变，以中国法治实践为其归。中国传统伦理在中国人心中植根最深，总是不知不觉地在中国人行为的方方面面表现出来，成为中国人立身行事的"背景色调"。但另一方面，中国伦理具有比较模糊、不精确的缺点，在面临道德困局时往往无能为力。西方职业伦理具有精细化、可操作化的特点，随着法治进程的不断发展而变成一套"准司法化"的体系，在构建成文的职业伦理规条时，最应予以借鉴。但它的缺点是高度的职业主义，以致有与道德思考相分离的倾向。中国法治实践是建设中国特色社会主义法治体系的根基所在，也是中国律师职业伦理所服务的对象。我们既要考虑和适应中国特色，又必须在一定程度上引领现实实践，使之不断进步与提升。一套比较完善的、可实施的中国法律职业伦理，应当结合中国传统伦理、西方职业伦理和中国法治实践。

在通过公共理性建立重叠共识的过程中，理性对话的作用不可替代。本文仅是论述了基于不同的思想体系观念的"重叠共识"何以可能的问题。但更为重要的是现实社会中秉持这些观念的人如何达成共识的问题：

---

[1] 可参见［美］安索尼·T. 克罗曼：《迷失的律师：法律职业理想的衰落》，周战超、石新中译，法律出版社 2002 年版。

[2] 例如，在易胜华律师、王永杰律师所出版的著作中，我们看到的是律师克服种种艰难险阻，在辛勤调查事实，正确运用法律的前提下，充分适应我国国情，灵活应变，锲而不舍，以维护代理人的合法权益，而并未出现曲解法条含义，滥用诉讼技巧等"异化"手段。这说明我国的优秀律师，在坚持道德立场与职业立场的统一方面，有着自觉的追求，而非秉持一种非道德化的专业立场。可参考易胜华：《别在异乡哭泣：一个律师的成长手记》，北京大学出版社 2013 年版；王永杰编著：《刑事辩护的艺术——无罪辩护经验谈》，中国法制出版社 2015 年版。

一方面是执业律师、律师协会、司法行政部门之间的群体共识，其中，最重要的是建立有利于律师群体参与的公平说理的环境，让广大职业律师真心实意地投入《律师执业行为规范》的修订过程中。另一方面是以律师为主的"法律人"职业群体、当事人群体与普通大众之间就律师职业的相关伦理问题而进行的对话，经由这种对话达成的共识，可以使职业伦理与大众伦理之间的隔阂不再难以消解。这两种共识如果能建立起来，不仅意味着中国律师职业伦理的构建取得了成功，更意味着中国民众整体的法治意识、法治观念取得了较大的突破。当然，在律师职业的各个方面都达成共识，是一个理想化的目标，实现起来有极大的难度，但我们应当相信，理性对话是无穷无尽、没有止息之一日的。只要我们相信理性的力量，相信对话的力量，比较从容地展开讨论，在社会各个群体间彼此激发深入的反思，则中国律师职业伦理的明天，将会更加灿烂辉煌！

无需律师的正义：
中国农村法律服务体系的历史与实证分析

潘炫明　吴海杰[1]

提　要： 本文对西方学术界关于当代中国法律制度发展的传统观点进行了修正。通过勾勒近现代中国农村"非职业化"法律服务的历史演进，本文为理解中国的律师职业、法律服务和司法救济途径提出了新的理论框架。现有的研究坚持"城市中心论"，强调非职业化的乡村法律服务提供者在历史进程中终将被受过专业培训和资格认证的城市律师群体所替代。这种以城市为导向的意见淡化了一个历史事实，即居住在中国农村的基层民众自过去几个世纪以来一直依靠非职业化的法律服务提供者作为他们的代理人。尽管职业律师群体多次试图垄断法律市场，农村的基层民众对于非职业化法律服务提供者的需求无论在清朝、民国还是新中国成立以后都没有根本改变。因此，本文提出对中国法律职业化的研究进路进行重新定位，跳出基于专业知识和市场准入的传统分析框架。从近现代历史的发展规律来看，非职业化的法律服务提供者可以在不同程度上满足中国广大农村的法律需求，弥补城市化进程中社会精英律师在农村或其他基层地区的缺位，有助于形成具有中国特色的

---

[1]　作者潘炫明，男，中山大学司法体制改革研究中心研究员、助理教授，Email：panxm5@mail.sysu.edu.cn。

作者吴海杰，男，香港大学法律学院中国法研究中心主任、副教授，Email：michaeln@hku.hk。本文的构思源于对西方学术界主流理论的修正，部分内容已经发表于英文学术期刊，参见 Michael Ng and Xuanming Pan, "Non-Professional Access to Justice in Rural China: A History of Atypical Legal Development and Legal Service Provision", *The China Review*, Vol. 17, No. 3, 2017, pp. 59–86. 香港大学中国法研究中心于 2018 年 3 月举办"社会变迁中的司法审判、法律知识与法律职业：从明清到民国"学术研讨会，徐忠明、陈同、孙慧敏、杜金、尤陈俊等学术界前辈与同仁为本文提供了重要的修改意见和参考材料。为方便中文读者的批评指正，作者对英文论文的翻译稿进行重新修改并最终形成本文。香港中文大学历史系的戴铭志同学、中山大学法学院的张玄璇同学为本文提供了翻译服务，在此一并致谢。

"双轨"法律服务体系。

关键词：法律职业；律师职业；司法救济；基层法律服务；农村法律服务

　　回顾中国近现代法律发展史的研究文献，农村基层的"法律体系"一直未被予以足够重视，尤其在不少研究者的印象中，农村地区的经济发展相对落后，对于法律的需求也相对较少。然而，这种传统印象淡化了一个重要的常识：无论是城市还是农村，"纠纷解决"的需求长期存在，而规则和服务的供给也必然以某种特定的制度形式出现。因此，有关中国法律职业和法律服务的传统研究范式都忽视了一个重要的理论前提，即法律服务的供给方式可以多样化，可能是西方传统意义上的"职业化"发展模式，也可能是"非职业化"发展模式，或者是两种模式共存的本土特色道路。

　　为了验证这一理论假设，本文追溯了近现代以来（从封建帝王时代到新中国成立以后）不同历史时期的中国农村法律服务体系演变，集中呈现了不同时代的"非职业化"法律服务群体，并对这些法律服务提供者的生存和发展进行了深入分析。通过描绘近现代历史上中国非职业化法律服务的制度变迁，本文提出了一个新的分析框架，帮助学术界重新理解中国的近现代律师职业、农村法律服务和司法救济途径，同时也为近现代中国法律发展史的传统观点提供了一种修正思路。

　　现有文献对中国法律服务的研究主要集中于不同的法律服务提供者（包括官方机构、律师和其他法律工作者）之间的竞争、谈判与妥协，重点在于分析"职业化"和"非职业化"制度供给在特定历史时期或权力结构下的共存现象。[1] 这种研究思路以城市为中心，突出了非职业化

---

[1] 相关文献参见 Benjamin Liebman, "Lawyers, Legal Aid and Legitimacy in China", in William P. Alford eds., *Raising the Bar: The Emerging Legal Profession in East Asia*, Harvard University Press, 2007, pp. 311–356; Fu Hualing, "Access to Justice in China: Potentials, Limits, and Alternatives", in John Gillespie and Albert Chen eds., *Legal Reforms in China and Vietnam: A Comparison of Asian Communist Regimes*, Routledge, 2010, pp. 163–187; Sida Liu, "Lawyers, State Officials and Significant Others: Symbiotic Exchange in the Chinese Legal Services Market", *The China Quarterly*, Vol. 206, 2011, pp. 276–293; William Alford, "Second Lawyers, First Principles: Lawyers, Rice-Roots Legal Workers, and the Battle over Legal Professionalism in China", in William P. Alford, Kenneth Winston and William C. Kirby eds., *Prospects for the Professions in China*, Routledge, 2011, pp. 48–77.

（并主要在中国农村工作）的法律服务提供者的"历史过渡性"，即他们与受过专业培训和资格认证（并主要在中国城市开展业务）的职业律师相比较所存在的落后与不足。这种以城市为导向的观点淡化了一个历史事实——中国大部分农村地区的民众在过去几个世纪以来一直依靠"非职业化"的法律工作者作为他们在纠纷解决和文书处理等事务的主要协助者或代理人。尽管在不同时期里中国引进了外国的法律体系，职业化的律师群体也多次试图垄断法律服务市场，但基层民众对"非职业化"法律服务的需求并没有彻底被改变，而这种需求在新中国成立以后甚至有增无减。[1]

本文从现有的学术成果和历史档案资料出发，探讨了封建时期至新中国成立以后农村民众对于"非职业化"法律服务的持续需求，并主张同时以"需求端"和"供给端"的不同角度重新理解中国的法律职业化进程。现有的研究大多是以"供给端"为分析框架，以制度移植为单一变量，集中关注从西方引进的关于专业知识（如法律学位和律师考试）和准入资格（如律师协会）等制度。[2]本文试图从"需求端"寻求更加完整的历史图景，而这种努力源于一系列尚未得到解决的问题：在西方的法律职业模式出现之前，中国农村的法律服务需求是如何被满足的？尤其在引入西方法律体系以后，律师的供给是否符合中国基层民众的需求？如果职业化是法律服务专业分工的必然结构，为什么中国农村直到今天仍然依赖那些没有律师资格的法律工作者所提供的法律服务？

本文首先介绍清代县级讼师为诉讼当事人提供服务的方式，然后延伸到民国时期职业律师和非职业化法律服务提供者之间的争议，进一步探讨为何职业律师在二十世纪初期无法取缔"非律师"或"黑律师"的业务。新中国成立以后，国家对于农村予以前所未有的重视，非职业化的法律服务成为正式的制度供给，本文首先将目光投向"人民律师"的制度试点，逐渐转向后来更具生命力的"乡镇法律服务工作者"或者

---

[1] 关于中国农村法律服务工作者的新近研究，参见 Fu Hualing, "Away from Grass-Roots? The Irony of Rural Legal Services in China", *Diogenes*, Vol. 60, 2015, pp. 116–132.

[2] 关于中国律师与法律职业化的分析，参见 Carolos Lo and Ed Snape, "Lawyers in the People's Republic of China: A Study of Commitment and Professionalization", *American Journal of Comparative Law*, Vol. 53, 2005, pp. 433–456.

"基层法律服务工作者"。如果从二十世纪以后的发展来看,非职业化的法律服务提供者不仅和职业律师共存于各个历史时期,在特定的时期甚至还取代了律师,成为法律服务的主要供给者。文章最后的分析指出,非职业化的法律服务提供者无论在过去、现在和未来都一直存在,并且在不同程度上满足了中国广大农村群众的法律需求,弥补了城市化进程中社会精英律师在农村地区的缺位,形成具有中国特色的"双轨制"法律服务体系。

一、无需律师的中华帝国司法体系

有一种观点认为,以孔儒学说为代表的中国传统观念在普通百姓寻求正当的法律程序即追求司法公正的过程中起到了阻碍作用。这一观点在战后的中国法律史学界中非常流行,它主要强调了西方法律体系在促进落后亚洲国家司法公正的进程中所起到的重要作用。但过去三十年产生的一种新的观点挑战了这一理论的权威,而且这种观点是有历史档案材料作为支撑的。[1] 虽然孔子的学说反对通过打官司的方式来解决纠纷,但这种观点并不代表帝国时期中国社会普遍的法律观念,可能仅仅只是一个帝国时代官僚所推崇的道德模范罢了。最新的历史研究表明,"在清朝,通过法律途径解决纠纷的人比今天通过民事诉讼方式解决问题的日本人还要多"。[2] 为了回答司法机制在当时的中国到底有多么开放,以及通过法律解决问题在中国老百姓的生活中到底有多么普遍这两个问题,笔者引用了下表,它是一张关于清朝县级政府收到的诉讼案件的统计,统计人是日本的社会历史学家夫马进。这张统计表为我们提供了很多有用的信息:

---

[1] William P. Alford, "Of Arsenic and Old Laws: Looking Anew at Criminal Justice in Late Imperial China", *California Law Review*, Vol. 72, 1984, pp. 1180–1256.

[2] Susumu Fuma, "Litigation Masters and the Litigation System of Ming and Qing China", *International Journal of Asian Studies*, Vol. 4, 2007, pp. 81–82.

表 1   清朝县级政府所收诉讼案件统计表

县政府	时间	县令接到的诉讼
会稽县（浙江）	清雍正年间 （公元 1723 年—公元 1735 年）	八个月约 7200 件
宁远县（湖南）	清乾隆年间 （公元 1736 年—公元 1795 年）	每年约 10 000 件
章丘县（山东）	清道光年间 （公元 1821 年—公元 1850 年）	一个月约 2000 件
湘乡县（湖南）	清乾隆年间 （公元 1736 年—公元 1795 年）	每年约 14 000 件

　　夫马进研究中国清朝的讼师以及法律文化 20 多年了，他总结道："如果一个行政单位每年收到一万张到两万张甚至更多的诉状，那就不得不承认这里的居民是很健讼的了……[1]，我们可以估计，在几乎所有的县级行政单位中，每年有多过一千人加入诉讼人这个行列中来。"此外，他还令人信服地说道："不可否认的是，人们喜欢打官司而且还对此非常执着。此外，个人或他的家庭成员在他们的一生中至少有一次或两次要被卷入官司纠纷中。曾经有一个被人们广为接受的观点是：在明清时期的农业社会，普通百姓很少有机会和诉讼案件扯上关系。人们倾向于通过村庄会议、宗族会议或者是类似于行业协会一样的机构来调停人与人之间的纠纷，而不是到县衙去解决问题。然而，我们必须抛弃这些陈旧的观念和偏见，因为事实恰好相反，普通民众似乎都很愿意通过打官司的方式解决相互之间的纠纷。"[2]

　　另一个历史学家梅利莎·麦柯丽认为，清朝年间之所以出现大量打官司的需求主要是因为经济关系和财产权归属问题的复杂化、人口的大量增长以及在商业交易中政府职能的弱化等原因。诉讼人不仅仅愿意去县级衙门打官司，如果他们对于判决不满意，他们将会上诉到省级政府。这样的趋势给当时的县政府和省政府的财政施加了很大的压力，案件积

〔1〕 Susumu Fuma, "Litigation Masters and the Litigation System of Ming and Qing China", *International Journal of Asian Studies*, Vol. 4, 2007, pp. 81–82.

〔2〕 Susumu Fuma, "Litigation Masters and the Litigation System of Ming and Qing China", *International Journal of Asian Studies*, Vol. 4, 2007, pp. 82–83.

压的问题在清朝是一个很普遍的现象。[1]

　　美国法学家安守廉针对中国法律史的研究以及后续提出的学说告诉我们，在帝国时代，中国的司法机制以及诉讼程序要比那些西方中心论学者描述的开放、发达、复杂得多。[2]在帝国时代的中国打官司，必须要遵循一些非常烦琐的规定。以民事纠纷为例（这里采用西方法学的分类方法），诉讼人要将状纸提交到他或她居住所在地的衙门。诉讼人要依照严格的规定填写状纸，要不然就会有被县令拒绝受理的风险。[3]在清朝，诉讼表格上是印有指引说明的，有空白的专栏是留给原告、被告以及目击证人填写案件细节。诉状中的格子足够诉讼人填 300 多个字描述案情。夫马进写道："由于衙门每个放告日要受理一百或数百个数目不等的诉状，诉讼人要带着他们的诉状在衙门排队，当轮到他们的时候，他们会被带到一个大厅，那里坐着那个县官，他会将诉讼人手里的诉状一一收走。"[4]一旦诉讼人的告状受理了，他们就要跟衙门里的差役交涉，内容主要是关于一些相关的费用以及有关事项，例如审理日期、证据陈述，以及原告和被告的权利义务等。听讼之后，如果诉讼人对审判结果不满意，且若他们拥有足够的资源及精力来启动上诉（这种情况和现如今的上诉过程不可谓不相似），他们就会上诉到府级衙门和省级衙门，甚至到天子脚下的北京告御状。通过研究这些被衙门所受理的案件，我们可以得知，诉讼程序并不是虚有其表的，而是诉讼制度和司法机构之中不可分割的重要部分。[5]

---

[1]　尤陈俊："'厌讼'幻象之下的'健讼'实相? 重思明清中国的诉讼与社会"，载《中外法学》2012 年第 4 期；Melissa Macauley, *Social Power and Legal Culture*: *Litigation Masters in Late Imperial China*, Stanford University Press, 1998, p. 67.

[2]　William P. Alford, "Of Arsenic and Old Laws: Looking Anew at Criminal Justice in Late Imperial China", *California Law Review*, Vol. 72, 1984, pp. 1180–1256.

[3]　Susumu Fuma, "Litigation Masters and the Litigation System of Ming and Qing China", *International Journal of Asian Studies*, Vol. 4, 2007, p. 85.

[4]　Susumu Fuma, "Litigation Masters and the Litigation System of Ming and Qing China", *International Journal of Asian Studies*, Vol. 4, 2007, pp. 84–85.

[5]　Susumu Fuma, "Litigation Masters and the Litigation System of Ming and Qing China", *International Journal of Asian Studies*, Vol. 4, 2007, p. 89.

二、历史上的讼师与司法救济渠道

在中国农村，读写能力低下是普遍存在的问题。我们可以想象一个目不识丁的农民，在诉讼时所面临的困难。首先，他或她需要填写指定的诉讼表格，要和法院里的差役了解相关的费用、文件交换步骤以及听证的具体安排。此外，还要知道在哪里可以提交诉讼申请，以及向谁提出诉讼申请，更不用说还要考虑在诉讼中所使用的策略了。在中国的帝国时代，是庞大的讼师网络帮助了普通老百姓保持司法渠道的畅通以及了解相关信息。尽管有的时候，讼师的有些行为会很大程度上给地方官，甚至是更高级别的帝国官员制造麻烦。因此，讼师成了官员眼中的坏人。[1]讼师在他们眼里是一群会煽动诉讼、无理控告和伪造证据的人，总而言之，他们就是制造不必要的纠纷，以及破坏社会和谐的罪魁祸首。更重要的是，讼师的活跃使得待处理的案件数量增加了，这无疑增加了地方长官的工作量。地方官员们总是想以大清律例中包揽教唆词讼的罪名惩罚或者把讼师抓起来。[2]当省级和县级地方长官被指责说疏于解决案件积压问题时，讼师通常都是他们的替罪羊。[3]然而，尽管讼师会被官员定罪，也会被道德楷模所唾弃，但他们依然坚持不懈地在各行各业的客户那里接案件。服务范围从农民和寡妇的继承权和土地所有权的纠纷到当地民众抵制政府征收不合法的课税以及关税的纠纷。[4]讼师当然不会在地方官员受理官司之前就公开露面。但是他们的一些知识会被印成诉讼秘本出售，普通民众在需要他们的建议以及服务时，也知道怎么在当

---

[1] 官方的两个常用词是"包揽词讼"和"教唆词讼"，参见 Susumu Fuma, "Litigation Masters and the Litigation System of Ming and Qing China", *International Journal of Asian Studies*, Vol. 4, 2007, p. 90.

[2] Melissa Macauley, *Social Power and Legal Culture: Litigation Masters in Late Imperial China*, Stanford University Press, 1998, pp. 36-42.

[3] Melissa Macauley, *Social Power and Legal Culture: Litigation Masters in Late Imperial China*, Stanford University Press, 1998, pp. 60-69.

[4] Melissa Macauley, *Social Power and Legal Culture: Litigation Masters in Late Imperial China*, Stanford University Press, 1998.

地的村子里找到他们。[1] 与此同时，值得注意的是，虽然讼师的服务是被官方明令禁止的，但地方长官在读状词时依然会假定状词的起草者是讼师。[2] 举个例子，夫马进的研究中曾经提到一个姓吴的县官，在他阅读状词时，就做了类似的假设："（状词的作者）想通过毫无意义的陈腔滥调欺骗衙门，一定是那些毫无经验的讼师所写的自以为是的文稿。写的东西一文不值，却从贫穷的老百姓那里收取巨额的润笔费。让田宗万把那个讼师带到衙门来，他应该被掌掴，本官要制止他继续荼毒百姓。"[3]

事实上，古代讼师的社会网络既有宽度，也有深度。一般来说，那些诉状的写手本来就居住在村庄，为村民提供服务，收取几文钱的代书费用。而为了接待"高端"客户，一些成名的讼师或代书人士会待在靠近县衙或省衙的客栈或茶房之中。他们从那些接见了村里"初级"讼师推介然后千里迢迢来到省会上诉的当事人那里赚取几十元的代书或诉讼费用。麦柯丽对清朝的讼师做了大量的研究，他告诉我们：讼师这个职业几乎遍布全中国，不管是在穷人区还是富人区都有讼师，而且他们大多分布在衙门附近。[4] 尽管他们会被政府官员训斥，但讼师群体的非正式网络迎合了老百姓的司法诉求，直到清朝灭亡、现代法律制度引进中国之前，他们仍然不间断地为普通百姓提供法律服务。

三、西方法律职业模式的移植：以北京和上海为例

在结束治外法权和通过改革维护帝国统治的重压之下，清朝末年，

---

[1] Melissa Macauley, *Social Power and Legal Culture: Litigation Masters in Late Imperial China*, Stanford University Press, 1998, pp. 42-46；尤陈俊：《法律知识的文字传播：明清日用类书与社会日常生活》，上海人民出版社 2013 年版，第 86—98 页。

[2] Susumu Fuma, "Litigation Masters and the Litigation System of Ming and Qing China", *International Journal of Asian Studies*, Vol. 4, 2007, p. 93.

[3] Susumu Fuma, "Litigation Masters and the Litigation System of Ming and Qing China", *International Journal of Asian Studies*, Vol. 4, 2007, p. 93.

[4] Melissa Macauley, *Social Power and Legal Culture: Litigation Masters in Late Imperial China*, Stanford University Press, 1998, pp. 42-46；尤陈俊：《法律知识的文字传播：明清日用类书与社会日常生活》，上海人民出版社 2013 年版，第 104 页。

两位大清帝国的法学家沈家本和伍廷芳倡导了一项改革，呼吁建立西式法庭，意图引进西方的法律体系。由于新法律体系的引进，中华民国于1912年1月建立后不久，许多新兴的职业和机构都陆续引入和建立起来。紧接着，各地的法律机构、法律学校以及法院都如雨后春笋般地出现了。专门针对律师行业的法律——《律师暂行章程》于1912年9月颁布了，这标志着法律行业在中国的合法化。这些法律的颁布同时也意味着相比于中国大众世世代代依靠且熟悉的讼师，那些背景资历不被中国民众所了解的人开始垄断律师这一行业。由有执照的律师提供的法律服务是否能够满足日常客户的需求呢？用历史地理信息系统（GIS）所提供的中华民国时期，北京和上海两地的律师事务所分布图或许能够给我们答案。

　　如下图所示，北京的律师（以圆点标记）似乎非常关注城市中心附近的区域，尽管这一职业团体最终向北京城的北边和东边扩散。我们可以看到，律师事务所的集中地主要是在三个区域。这三个区域主要集中在前门大街附近，包括北京城的三个城门：宣武门、正阳门和崇文门。这里是城市的工业和商业中心，因此城市的会馆和商店都主要集中在这个地方。会馆是来自同一个地方的商人在北京的聚脚地，也是他们雇佣工人、进行重要商业谈判、见证商业交易，甚至解决商业纠纷的重要场所。当我们通过GIS将律师事务所的分布图和会馆（以三角形标记）的分布重叠在一起之后发现：它们的空间分布形态非常相似。这表明在民国时期北京城中，法律行业的兴起离不开商业上的发展。这一时期的律师协会档案显示，北京律师甚至会将自己的律师事务所开在会馆里。[1]

---

[1]　Michael H. K. Ng, *Legal Transplantation in Early Twentieth-Century China: Practicing Law in Republican Beijing* (1910s–1930s), Routledge, 2014, p. 71.

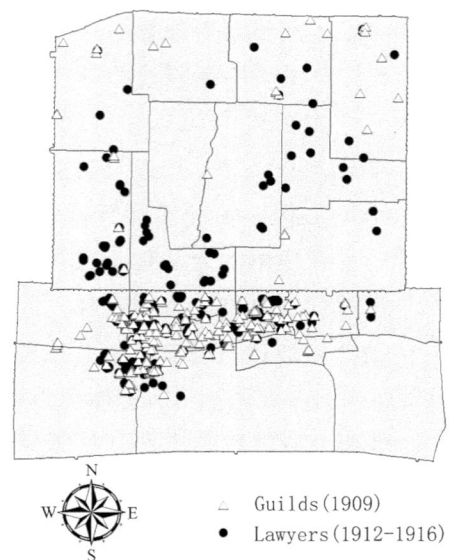

△ Guilds(1909)
● Lawyers(1912-1916)

图 1　1910 年前后北京的律师事务所和会馆分布

　　在北京城外，那些居住在县里和乡里的百姓却仍旧很享受那些与当地社区和官府保持着良好的关系，且居住在偏僻小镇和乡村的非律师们的法律服务。吴海杰用档案文献证明：从前的讼师在民国时期仍旧会在北京的偏远区县继续营业。举个例子，1915 年北京市的警察档案提到了一个姓李的"非律师"。[1] 侦查队的马队长填写的调查报告显示，李先生在清代一个卖装饰品的假货摊的掩护下，靠帮别人写诉状为生。另外，根据历史学家邱志红的考证，有"非律师"在小四眼井营业，[2] 这是一个距离北京城 80 公里的农村地区。过去人们称这些长期的非法从业者为讼师或者讼棍，而现在他们有了一个新的名字，即所谓的"非律师"。尽管非律师们在真正的律师出现之前，已经存在了几个世纪之久，但这个名字似乎是在暗示：有执照的律师才是货真价实的律师。当然，尽管律师协会强烈要求政府取缔那些无照营业的非律师，但他们依然为北京郊区的民众提供服务。到民国时期，一些著名的非律师们甚至可以离开农

─────────────────────

〔1〕　Michael H. K. Ng, *Legal Transplantation in Early Twentieth-Century China*：Practicing Law in Republican Beijing（1910s-1930s），Routledge，2014，p. 82.

〔2〕　邱志红：《现代律师的生成与境遇：以民国时期北京律师群体为中心的研究》，社会科学文献出版社 2012 年版，第 149—151 页。

村来到市中心，这就对有执照的律师们形成了直接的挑战。例如，一个姓刘的非律师在接近北京王府井的市中心开事务所。在开业当天，还点鞭炮庆祝，其他有执照的律师暴跳如雷，逼得他们多次提交书面抗议给律师协会并向当地政府求助。[1]

　　上海在 19 世纪 20 年代中期超越了北京成为拥有律师事务所最多的城市。[2] 这主要是因为上海是中华民国的商业中心。因此，大多数的律师事务所都坐落在靠近外国租界和法院的商业区。孙慧敏和陈同对民国时期上海律师的研究表明，对于律师而言，最抢手的区域是位于外国租界和华界之间的区域，这使得他们能够左右逢源，既能从领事裁判法庭中获得业务，也能从中国法庭中获得业务。除此之外，商业区也非常受欢迎。最受律师们欢迎的街区有静安寺街、南京街、西藏街和北京街。[3] 虽然在 20 世纪 20 年代到 20 世纪 30 年代，随着行业的发展，律师事务所逐渐地发展到了其他地区，但他们主要都还是集中在上海的城市地区，上海的郊区地带却很少见，如图 2 所示。

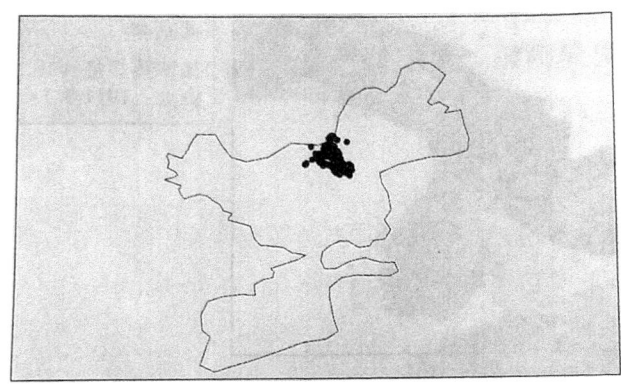

图 2　20 年代上海的律师事务所分布（以圆点标记）

---

〔1〕　Michael H. K. Ng, "Attorney on Trial: When Lawyers Met Phony Lawyers in Republican Beijing", *International Journal of Asian Studies*, Vol. 8, 2011, pp. 29-30.

〔2〕　Michael H. K. Ng, *Legal Transplantation in Early Twentieth-Century China: Practicing Law in Republican Beijing* (1910s-1930s), Routledge, 2014, p. 66; Also see Michael H. K. Ng, Michael H. K. Ng, "Attorney on Trial: When Lawyers Met Phony Lawyers in Republican Beijing", *International Journal of Asian Studies*, Vol. 8, 2011, pp. 54-56.

〔3〕　孙慧敏：《制度移植——民初上海的中国律师（1912—1937）》，中央研究院近代史研究所 2012 年版；陈同：《近代社会变迁中的上海律师》，上海辞书出版社 2008 年版。

当上海的农村地区出现法律纠纷时，是谁为他们服务的呢？徐小群在关于江苏农村的研究中提到，在 20 世纪 20 年代到 30 年代这个时间段里，江苏省的县级地方长官和前清的县太爷一样，忙着抓捕讼师。因为他们认为讼师是在平民百姓之中煽动官司纠纷的罪魁祸首。[1] 1927 年，江苏的陈省长下达了一道抓捕讼师的命令，因为在他眼里，讼师会在百姓中间煽动官司纠纷，并从中获利，这是非常卑劣的行为，而且他还认为，讼师要对堆积如山的积压案件负责。[2] 虽然如此，但讼师一如既往地在穷人、文盲和弱势群体之中很受欢迎，这些人都希望讼师能够帮他们在法律规则游戏中取胜。[3] 有时候，讼师也能得到官府的同情，某些地方官员甚至称讼师为"大众书记"。[4] 根据上述研究我们可以得出一个清晰的结论：尽管政府一直在打击甚至试图消灭讼师群体，但由于当地人民的需求以及获得法律服务的便利性等原因，清理整顿法律服务市场的措施难以真正奏效。不管在清朝还是在民国时期，不管这些非职业化法律服务群体的称呼是讼师、讼棍或非律师，新的法律体系都不可能将他们彻底在农村中消灭。

四、旧时代的黄昏：新中国的基层法律服务体系建设

新中国成立以后，在旧政府体系下获得资格许可的律师还在向他们所在地的民众提供着法律服务。但是，由于旧有的监管体系和行政许可都已经失效，这些律师随即被定义为"黑律师"，新政府也开始对这些"黑律师"的活动采取公开谴责的态度。例如，1950 年司法部曾经发表的一份公告指出："有一伙黑律师在北京市及其周边地区从事着非法的活动"。这些

[1] Xiaoqun Xu, *Trial of Modernity*: *Judicial Reform in Early Twentieth-Century China*, *1901–1937*, Stanford University Press, 2008.

[2] Xiaoqun Xu, *Trial of Modernity*: *Judicial Reform in Early Twentieth-Century China*, *1901–1937*, Stanford University Press, p. 235.

[3] Xiaoqun Xu, *Trial of Modernity*: *Judicial Reform in Early Twentieth-Century China*, *1901–1937*, Stanford University Press, p. 237.

[4] Xiaoqun Xu, *Trial of Modernity*: *Judicial Reform in Early Twentieth-Century China*, *1901–1937*, Stanford University Press, p. 238.

非法活动包括"利用职业之便为诉讼当事人提供非法的法律委托和代理工作"以及"通过为诉讼当事人编写和伪造文件的方式来敲诈钱财"等。[1]当然，为了争取新的职业资格，居住在北京、上海等大城市的专业法律服务提供者也十分积极地接受新政府的"改造"工作，期待有朝一日可以名正言顺地延续旧有的职业待遇。[2]但是，后来的历史发展轨迹表明，这些城市精英律师的"小愿望"与当时新中国社会结构转型的"大趋势"有着本质上的冲突。

为了构建新中国的法律服务体系，自1955年开始，司法部提出构建具有社会主义特色的"人民律师"体系，并率先在北京、上海和武汉等大城市进行试点，所有"人民律师"由上述城市的人民政府进行重新登记和统一管理，以彻底取代民国时期的旧有律师体系。值得注意的是，部分人民律师的日常工作是担任当地的中小学教师，他们每年只会在政府下设的法律顾问部门值班一段时间，而不是全职处理法律事务。[3]事实上，当时各地的试点制度有所不同，新中国成立初期曾经布置试点的制度还包括"公职律师"和"诉讼辅助人"等。[4]而人民律师的制度设计更加强调"平民化"的特点，整个人民律师队伍相对松散，并未建立全国性的资格认证制度。

总体而言，"职业化"的律师制度在新中国成立初期受到了多重因素的制约。一方面，新中国成立初期的经济重心放在了重工业的发展上，培养了很多优秀的工程师和军事家，但对专业法律人才的培养却相对滞后。[5]在多数省份，法律人才短缺的局面在短期内难以改变。根据1957年的政府工作报告，全国共有人民律师约3000人，其中2572人是全职的人民律师。这样的律师人数和中国当年超过七个亿的庞大人口相比，显

---

[1] Melissa Macauley, *Social Power and Legal Culture: Litigation Masters in Late Imperial China*, Stanford University Press, 1998, p. 325.

[2] 陈同："20世纪50年代我国实行律师制度的短暂过程及其历史思考"，载《史林》2009年第4期。

[3] Edgar Snow, *Red China Today: The Other Side of the River*, Random House, 1971, p. 354.

[4] 参见1950年9月时任中华人民共和国司法部部长史良在第一届全国司法工作会议上的讲话《关于目前司法行政工作报告》，转引自陈同："20世纪50年代我国实行律师制度的短暂过程及其历史思考"，载《史林》2009年第4期。

[5] Willian P. Alford, Kenneth Winston and William C. Kirby eds., *Prospects for Professionalism in China*, Routledge, 2011, pp. 283-314.

然微不足道。[1] 另一方面，当时司法部提出的人民律师制度仍然主要着眼于对城市律师的改造，忽略了广大农村地区的实际法律服务需求。随着司法部在 1959 年 4 月被正式裁撤，大部分律师被打压，曾经兴起一时的人民律师制度试验也走向了历史终结。[2]

从 1960 年开始，新中国的法律职业发展逐渐处于停滞状态，而政治运动开始走向另一个极端。[3] 政治运动对原有的公检法体系产生了根本影响，律师被认为是为资产阶级服务的"残余分子"，整个法律职业都遭到清算。[4] 换言之，自 1959 年司法部被裁撤，中国近 20 年的时间处于一种"无需律师"的政治秩序之中。有学者认为，在这一特殊的历史时期，法院和律师的职能已经被整合到具有政治功能的"人民调解"制度之中，而大部分地区的纠纷都只需要通过"非职业化"的调解机制予以解决。[5] 随着 1978 年第十一届三中全会的召开，政治经济局面开始出现转变。中央政府提出了"改革开放"的新政策，"发展"成为中心任务，法制建设也重新进入各级政府的议事日程。[6] 在随后的改革中，中央政府决定正式恢复司法部的建制，并且要求尽快重建司法体系与法律职业。[7]

五、基层法律服务工作者：带有官方背景的农村试点改革

如前文所述，至 1970 年中期，律师行业在多次政治运动中被清算和

---

[1] Shaochuan Leng, *Justice in Communist China : A Survey of the Judicial System of the Chinese People's Republic*, Ocean Publications, 1967, p. 136.

[2] 陈同："20 世纪 50 年代我国实行律师制度的短暂过程及其历史思考"，载《史林》2009 年第 4 期。

[3] Shaochuan Leng, *Justice in Communist China : A Survey of the Judicial System of the Chinese People's Republic*, Ocean Publications, 1967, p. 135.

[4] Albert H. Y. Chen, *An Introduction to the Legal System of the People's Republic of China*, 4th ed., LexisNexis, 2011, pp. 217-218.

[5] Stanley B. Lubman, *Bird in a Cage : Legal Reform in China after Mao*, Stanford University Press, 1999, pp. 44-69.

[6] Stanley B. Lubman, *Bird in a Cage : Legal Reform in China after Mao*, Stanford University Press, 1999, p. 122.

[7] 有关恢复司法部建制的背景可参见陈重伊：《国务院 24 部委组建实录》，中共党史出版社 2009 年版，第 61—65 页。

整顿，整个职业的发展处于停滞状态。当时全国只留有少数几间法学院维持教学，也只有少数大城市的党政机构维持有限的法律服务，如在北京和上海，个别行政机关以及部分国有企业或事业单位的干部继续从事一些法律事务。[1]因此，大城市首先开启了重建法律体系的工作。司法部也认为，必须尽快在主要城市恢复法院的建制，并且加快复办培养法律人才的各类院校。[2]

但是，直到1985年，全国只有一万多名从事法律服务的工作人员（并且大部分是兼职），这样的人数显然无法适应正在增长的法律需求。为了弥补这一空缺，中央政府便要求各地方政府和国有企业提供一些可供调剂的干部名额，让他们进行法律培训并到法律顾问部门开展工作，以尽快弥补人手的短缺。但这样的措施也仅限于主要城市，而这些城市实际上只覆盖了全国5%的人口。[3]

国民经济1980年仍在缓慢恢复过程中，由于农村地区的税收非常有限，地方政府在农村法制建设方面显得捉襟见肘。[4]不过，乡镇的资源短缺却催生了一系列的试点改革。[5]在缺乏上级财政支持的情况下，广东省、辽宁省和福建省的个别乡镇允许当地的干部群众自行组织"法律服务机构"，以法律事务部或法律咨询处等为名，在这些机构工作的干部可以获得额外收入或其他形式的报酬。[6]由于机制灵活，这些机构发展得非常快。广东省和辽宁省的制度创新获得了司法部的赞扬，随后作为优秀典型向全国推广。[7]根据政府工作报告，在80年代中期，全国大约

---

[1] Randall Peerenboom, *China's Long March toward Rule of Law*, Cambridge University Press, 2002, p. 9.

[2] 司法部《有关律师工作的通知》，1979年12月19日。

[3] 人事部《人事工作文件选编》，中国人事出版社1988年版，第461、463页。

[4] Thomas P. Bernstein, Xiaobo B. Lü, *Taxation without Representation in Contemporary Rural China*, Cambridge University Press, 2003, p. 2.

[5] Fu Hualing, "Shifting Landscape of Dispute Resolution in Rural China", in Jianfu Chen, Yuwen Li and Jan Michiel Otto eds., *Implementation of Law in the People's Republic of China*, Kluwer Law, 2002, p. 188.

[6] 余少祥："我国基层法律服务所转型问题研究"，载傅郁林主编：《农村基层法律服务研究》，中国政法大学出版社2006年版，第65页。

[7] 余少祥："我国基层法律服务所转型问题研究"，载傅郁林主编：《农村基层法律服务研究》，中国政法大学出版社2006年版，第65页。

22%的乡镇建立了类似的法律服务机构。[1]

　　1987 年，这些法律服务机构被正式命名为"乡镇法律服务所"，工作人员被称为"乡镇法律工作者"。[2] 依照司法部的规定，一个法律服务所至少有 3 位员工，包括 1 位负责人。[3] 事实上，当年不少省份的乡镇司法所都出现财政困难，这些基层政法单位的办公经费部分来源于当地法律服务所的"创收"。[4] 有鉴于此，中共中央和国务院在 1991 年发布了新的政策文件，要求加强各地的法律服务所建设，使之成为政府重要的"基层组织"，足以证明中央政府对乡镇法律服务所的高度赞扬和支持态度。[5]

　　乡镇法律服务所的服务范围渐渐扩大到了城市的基层社区，由于服务地点已经不限于农村，乡镇法律服务工作者也被称作"基层法律服务工作者"。[6] 他们逐渐在城市扩大业务范围，服务方式和服务种类与职业律师十分接近。除了刑事辩护和公证业务之外，基层法律服务工作者几乎被允许处理所有民商事法律事务，尤其是起草合同和民事法律文件，以及在民事和行政诉讼中担任代理人等。[7] 由于获得地方政府的支持，他们也积极承担地方政府指派的法律援助和民事行政调解任务等工作以作为回报。[8]

　　在司法行政部门的大力支持下，基层法律服务体系在 20 世纪 90 年代迅速发展壮大。1990 年，将近三万个法律服务所雇用了九万名基层法律服务工作者，这个人数是同年执业律师的两倍。[9] 根据司法部的统计，

[1]　《中国法制报》1985 年 11 月 27 日，第 1 版。
[2]　1987 年司法部《关于乡镇法律服务所的暂行规定》（已失效）第 5 条。
[3]　1987 年司法部《关于乡镇法律服务所的暂行规定》（已失效）第 5 条。
[4]　Fu Hualing, "Shifting Landscape of Dispute Resolution in Rural China", in Jianfu Chen, Yuwen Li and Jan Michiel Otto eds., *Implementation of Law in the People's Republic of China*, Kluwer Law, 2002, pp. 182-183.
[5]　1991 年《全国人民代表大会常务委员会关于加强社会治安综合治理的决定》。
[6]　2000 年司法部《基层法律服务工作者管理办法》。
[7]　1987 年司法部《关于乡镇法律服务所的暂行规定》（已失效）第 4 条；2000 年司法部《基层法律服务所管理办法》第 3 条及第 4 条；2000 年司法部《基层法律服务工作者管理办法》第 3 条。
[8]　Fu Hualing, "Away from Grass-Roots? The Irony of Rural Legal Services in China", *Diogenes*, Vol. 60, 2015, pp. 117-118.
[9]　Albert H. Y. Chen, *An Introduction to the Legal System of the People's Republic of China*, 4th ed., LexisNexis, 2011, p. 219.

在 1990 年初期，基层法律服务工作者的业务总量竟然超过了律师的业务总量。[1] 因此，司法部在 1993 年提出了一个雄心勃勃的计划：基层法律服务工作者人数到 2000 年将增加至 20 万人。然而，按照官方规划，律师的人数则只是增加到 15 万人，仅仅是基层法律服务工作者人数的四分之三。[2] 司法部的政策无疑促进了基层法律服务体系的发展，但却使其逐渐走向了律师职业的对立面。

六、纷争再起："律师资格"与"非律师资格"的双轨制

与民国时期的情况非常类似，"非律师"法律服务工作者的快速增加侵犯了专业律师们的利益，造成了他们的怨恨和不满。首先，律师们认为"非律师"与地方政府存在生态同盟关系，造成不正当竞争。尽管法律服务工作者是"非律师"，但他们与政府关系密切，甚至获得了"准官方"的地位，这种特殊身份会使得法律服务工作者占据垄断性地位。[3] 其次，律师们反对基层法律服务工作者的另一个原因是定价的问题。在律师眼里，法律服务工作者的准入门槛较低而且监管宽松，还可以利用政府资源与律师进行低价竞争，破坏了法律服务的公平市场环境。[4] 此外，与民国时期的情况有所不同，法律服务工作者已经将其据点和业务扩张至城市，部分还与司法局官员建立了合作关系，直接造成律师服务市场的混乱。[5] 更糟糕的是，他们还在办公场所外使用"法律事务所"的招牌，甚至伪装成律师事务所，直接或间接误导当事人。[6] 司法部的

---

[1] 朱景文主编：《中国法律发展报告：数据库和指标体系》，中国人民大学出版社 2007 年版。

[2] 肖扬："深化改革求实创新为社会主义市场体系作出新贡献"（1993 年 6 月 28 日全国司法厅局长座谈会讲话）。

[3] Fu Hualing, "Away from Grass-Roots? The Irony of Rural Legal Services in China", *Diogenes*, Vol. 60, 2015, pp. 6-7, 10-11, 16-20.

[4] 刘思达：《割据的逻辑：中国法律服务市场的生态分析》，上海三联书店 2011 年版，第 87—88 页。

[5] 刘思达：《割据的逻辑：中国法律服务市场的生态分析》，上海三联书店 2011 年版，第 76—79 页。

[6] Sida Liu, "Lawyers, State Officials and Significant Others: Symbiotic Exchange in the Chinese Legal Services Market", *The China Quarterly*, Vol. 206, 2011, p. 283.

内部调研报告也指出基层法律服务体系在城市发展过快，并承认这样的扩张式发展已经违背建立这一法律服务体系的初衷。[1]

律师们的持续抗议最终获得了立法者的支持。全国人民代表大会常务委员会在 1996 年通过第一部《中华人民共和国律师法》，这部法律禁止"非律师"通过提供法律服务获得经营性报酬，这显然对基层法律服务工作者开展业务产生了不利影响。1996 年《中华人民共和国律师法》第 14 条原文："没有取得律师执业证书的人员，不得以律师名义执业，不得为牟取经济利益从事诉讼代理或者辩护业务。"

根据这一禁止性条款，"非律师"不能通过提供法律服务"牟取经济利益"。当然，由于条文表述和相关定义不清晰，如何实施这一规定依然存疑。在实践过程中，"牟取经济利益"和"报销部分费用"的界限非常模糊。此外，严格监控合同双方在服务费用上的执行也是一件很难完成的工作。

这一规定在起草阶段就引起了很多的争论。在初步讨论和商议的过程中，司法部有些同志提议，基于中国的国情，删除《中华人民共和国律师法》第 14 条。之所以有这样的建议，据说是考虑到在广大的农村地区还有为数众多的基层法律服务工作者，他们在这些欠发达地区提供着有限的法律服务，扮演着重要的角色。[2]但立法者没有采纳这一建议，坚持保留第 14 条。[3]

在此之后，在各方压力之下，司法部采取了相对低调的策略，提倡缩减基层法律服务工作者的人数。到 2003 年，基层法律服务工作者的人数下降到 10 万人以下，法律服务所的数量也被减少到了 25 836 个。部分基层法律服务工作者考到律师执照并搬到了城市，但仍有一部分人继续无照经营。[4]值得一提的是，2003 年之后，由司法部出版的《中国司法

---

[1]　司法部司法研究所："关于律师事务所与法律服务所设置及业务范围划分的专题调研报告"，载傅郁林主编：《农村基层法律服务研究》，中国政法大学出版社 2006 年版，第 56—64 页。

[2]　张耕主编：《中国律师制度发展的里程碑——〈中华人民共和国律师法〉立法过程回顾》，法律出版社 1997 年版，第 166 页。

[3]　张耕主编：《中国律师制度发展的里程碑——〈中华人民共和国律师法〉立法过程回顾》，法律出版社 1997 年版，第 166 页。

[4]　Peng Wu, "The Good, the Bad and the Legal: Lawyering in China's Wild West", *Columbia Journal of Asian Law*, Vol. 21, No. 2, 2008, pp. 201-203.

行政年鉴》不再统计基层法律服务工作者和基层法律服务所的数量。

　　然而，司法部并未准备放弃发展基层法律服务体系。事实上，基层法律服务体系的运作一直得到各地司法行政部门的支持。2000 年，基层法律服务工作者的人数飙升到了 121 904 人，而同年的律师人数仅有 117 260 人。[1]除此之外，在其后的十年间，司法部依然在争取修改法律。经过长年累月的立法讨论之后，《中华人民共和国律师法》修正案在 2007 年 10 月 28 日通过。司法部与其他中央机构达成共识，2007 年《中华人民共和国律师法》第 13 条允许"非律师"在特定的情况之下从事法律业务和诉讼代理，原文表述如下："没有取得律师执业证书的人员，不得以律师名义从事法律服务业务；除法律另有规定外，不得从事诉讼代理或者辩护业务。"

　　根据第 13 条的规定，不管是否收费，"非律师"在两种情况之下，可以"从事诉讼代理或者辩护业务"：一是不以律师的名义，二是法律另有规定。从条文设计来看，立法者似乎故意回避了非律师法律服务的收费问题。这一条更多的是为了平衡各方面的利益，包括基层法律服务工作者和地方政府。该条的措辞似乎也说明立法者打算将这个问题搁置起来，留待"其他法律"解决并且允许其他的妥协方案出现。

七、地方试点与中央支持：基层法律服务体系的合法化

　　尽管司法部在 2007 年立法修改的过程中未能让基层法律服务体系获得合法化地位，但这一体系并没有因此而出现衰退和消失的迹象。即使无法获得合法的身份，不少基层法律服务工作者依然以不同的名义和形式从事着法律工作。当然，这些冒险的非法经营行为会使他们背上"黑律师"的骂名。[2]除此之外，一些地方政府依然想通过制定地方政策的

---

[1]　中国法学会主管主办：《中国法律年鉴（2000 年）》，中国法律年鉴社 2001 年版，第 230、1272 页。

[2]　Fu Hualing, "Away from Grass-Roots? The Irony of Rural Legal Services in China", *Diogenes*, Vol. 60, 2015, p. 124；刘思达：《割据的逻辑：中国法律服务市场的生态分析》，上海三联书店 2011 年版，第 79—81 页。

方式来发展基层法律服务体系。以湖南省和河南省等地为例，政府单位鼓励聘请基层法律服务工作者或者委派法律工作给基层法律服务所。湖南省洪江市政府招聘的基层法律服务工作者直接安排在法律援助中心工作；河南省焦作市则于 2011 年 2 月举办了第一届基层法律服务工作者资格考试；[1] 广东省东莞市虽然一直禁止"非律师"的经营活动，但市政府却破格允许基层法律服务工作者从事一些特定的法律业务（如劳动争议解决）。[2]

重庆市人民政府在支持基层法律服务体系方面最为高调。重庆市人民代表大会于 2011 年 11 月 25 日通过了《重庆市基层法律服务条例》，将基层法律服务工作者定义为具有特许执业资格的个人。[3] 同时，重庆也建立了基层法律服务工作者协会，该组织的目的是进行内部评审，以及对基层法律服务工作者进行训练。[4] 根据地方立法，在重庆的基层法律服务工作者可以代理民事或行政诉讼。[5]

地方政府不间断的试点改革和各地客户持续支持终于让基层法律服务体系获得了合法化承认。2012 年《中华人民共和国民事诉讼法》修正案对诉讼代理的规定进行了修改。尽管饱受争议，2012 年新修订的《中华人民共和国民事诉讼法》第 58 条规定了以下几类诉讼代理人：①律师、基层法律服务工作者；②当事人的近亲属或者工作人员；③当事人所在社区、单位以及有关社会团体推荐的公民。

这是中国历史上第一次以国家法律的形式对农村法律服务工作者的法律地位进行确认。在民国时期，中国法律职业化进程完全是参照西方的模式，采取专业律师垄断法律服务的方式。律师们也保留了相当一部分自治权，可以自主决定应该为谁服务，或根据市场变化决定自己应该在哪里开展工作。为了维持和推广职业化的改革成果，民国政府对此没有任何限制，他们致力于与职业律师联合以完全消灭农村的"非律师"，

---

〔1〕 参见"我市基层法律服务工作者，考试不合格停止执业"，载 http://www.jzrb.com/news/bendi/201102/443098.shtml。

〔2〕 广东省东莞市人民政府办公室：《关于印发〈东莞市法律服务市场管理联席会议实施方案〉的通知》第五章（第五节及第六节）。

〔3〕 2011 年《重庆市基层法律服务条例》第 3 条。

〔4〕 2011 年《重庆市基层法律服务条例》第 37 条及第 40 条。

〔5〕 2011 年《重庆市基层法律服务条例》第 15 条第 3 项。

虽然最终并不成功。中国共产党的政策则恰恰与之相反，其采取了更为务实的态度，不断地加强和改善基层法律服务体系，并最终以法律形式将这一职业最终确定下来。新中国成立以来，政府认识到了农民的习惯以及农村法律服务的需求。2012 年《中华人民共和国民事诉讼法》将基层法律服务工作者和普通的"公民代理人"区别开来，无疑是立法上的突破。与此同时，基层法律服务工作者的人数尽管在 2000 年以后有所下降，但在最近几年已经回升到约 7 万人。[1]

八、变化的法律政策和不变的法律需求

从持续不断的地方支持，到最终获得了国家法律层面上的认可，这说明基层法律服务工作者体系本身强大的韧性和持续不断的民众需求。除了上文提到的历史原因之外，"非职业化"法律机制的发展也是由当代中国各区域的社会经济情况导致的，尤其是中国各地区间不平衡的发展和民族多样性。中国庞大的人口中，包含了各个省份的大量低收入人群，且各地的文化和地理环境都是大相径庭的。尽管中国的中东部地区占了整个中国 90% 的领土，包括了 60% 的中国人口，但相比于东部沿海地区，它们的发展相对落后，且所能得到的资源更少。

中国不均衡的发展状态造成了各区域间法律发展的不同步。[2] 根据 2007 年的调查，东部地区的人口虽然只占中国人口总数的 37.9%，但却吸引了 54% 的中国律师到该地工作。与之相反，大约只有 24 000 个律师在中国 12 个西部省份工作，这个数量大约只相当于广东、北京两省律师数量的总和。[3] 以四川省为例，该地区有 1 亿人口，比法国或德国的人

---

〔1〕 由于司法部未公布具体数字，相关数据转引自官方采访报道，参见李万祥："全国基层法律服务工作者 7.3 万多人 执业准入门槛将提高"，载《经济日报》2018 年 1 月 4 日，https://baijiahao.baidu.com/s？id=1588653518266482313&wfr=spider&for=pc。

〔2〕 Yongshun Cai and Songcai Yang，"State Power and Unbalanced Legal Development in China"，*Journal of Contemporary China*，Vol. 14，2005，pp. 117—134.

〔3〕 冉井富："律师地区分布的非均衡性：一个描述和解释"，载郑永流主编：《法哲学与法社会学论丛》（2007 年第 1 期），中国政法大学出版社 2007 年版，第 62—64 页。

口数量还要多，但却只有不到 6000 个律师。[1]

除了东西部地区法律发展的不平衡之外，中国的农村和城市地区的法律发展也是不均衡的。根据一些非官方的统计，城市容纳了全国 80% 的律师。[2] 当下中国城市的律师事务所数量仍在快速增长，然而还有将近 200 多个农村是完全没有律师的，而北京、上海这些大城市的人口尽管只占总人口的 3.35%，却占据着全中国 15.37% 的律师资源（详情见下表）。[3]

表 2　中国律师与人口数量占比

	律师人数	人口数量
北京	24 467	21 520 000
上海	16 900	24 260 000
全国总人数	269 132	1 367 820 000
比例	15.37%	3.35%

综上所述，在过去一百年间，尽管国家的社会、政治和法律都在同时发生着巨大的变化，但经济发展和律师地区分布的关联性最为明显。一个拥有着更加发达的市场需要更多的法律服务（如企业咨询和并购业务等），有更多商业机会，也能吸引更多律师。不平衡的区域经济发展解释了为什么很多中国律师不情愿到农村和西部地区去。另一个原因可能是不发达地区的司法系统不健全，也很难进行证据收集，律师开展工作的难度较大。[4]正是由于上述的这些原因，导致了律师们极不情愿接手农村法律援助的案子。现有的实证研究也已经指出，尽管只有律师享有刑事辩护的特权，但部分地区的刑事案件被告仍然依靠"非职业化"的法律服务提供者（包括基层法律服务工作者）提供协助。[5]

----

[1] 张冠梓主编：《2004 国情调研》（中），山东人民出版社 2006 年版。

[2] 朱景文主编：《中国法律发展报告：数据库和指标体系》，中国人民大学出版社 2007 年版。

[3] 张福森："努力建设一支坚持信念精通法律维护正义恪守诚信的高素质律师队伍"，载《中国司法》2004 年第 4 期。

[4] Xuanming Pan, "Non-lawyers as Legal Resources for the State: Issues, Institutions and Implications for China's Legal Reform", PhD diss., The Chinese University of Hong Kong, 2013, pp. 59-64.

[5] 刘思达：《割据的逻辑：中国法律服务市场的生态分析》，上海三联书店 2011 年版，第 77 页。

九、结论：从大历史看中国的"双轨制"法律职业

本文对中国农村法律服务体系的百年历史进行梳理，是为了修正学术界对于中国传统律师行业、法律市场和寻求正义手段的一些偏见。首先，传统理论认为，受孔孟之道的影响，古人不愿意或不喜欢采用"打官司"的方式解决争端，但如今有证据表明，明清时期的人们都热衷于诉讼。其次，西方法律体系的拥护者普遍认为，在 20 世纪初的大变局以前，中国人缺乏诉诸司法的途径、缺少法律意识和独立的法律职业等，这些观点也被证明是不完全正确的。事实上刚好相反，通过研究历史我们可以发现，封建时期的地方官员常常被诉讼问题弄得身心俱疲，百姓们时不时就到衙门去打官司的现象让他们大为恼火。他们谴责讼师的代理行为，因为讼师让司法渠道太过便利，导致"案多人少"的工作压力。在中国农村，到处流传着各种宣传法律常识和诉讼策略的印刷品。

这一解释挑战了西方学界早已形成的认知，即法律职业化是法律移植的一种附属品，若不是在世纪之交传入了中国，那中国人将不会对法律服务之类的东西产生任何兴趣。笔者并不否认，对于居住在城市或处于城市化进程地区的居民，这样的认知也许依然是正确的。然而，对于农民而言，他们的法律需求一直被那些"（在当时的西方人眼中）没有专业资格"的法律服务提供者所满足。纵观百年历史，尽管上层政治结构不断变化，从清政府到北洋政府再到民国政府最后到社会主义新时代，农村法律服务者的名称从"讼师"变到"非律师"再到"基层法律服务工作者"，其本质似乎没什么变化。

过去的研究为了解释农村法律服务体系为何存在于当代中国，焦点集中于"律师"和"非律师"的竞争，或者司法部与其他官僚机构之间的争论。这样的分析架构将探究的视角聚焦于法律服务的提供者，却忽视了消费者，特别是工农阶层。如果中国农村的消费者不需要法律服务，那么基层法律服务工作者将不复存在。在过去的一百多年间，有执照的律师为了反对那些无执照的法律服务者做出了锲而不舍的抗争。但是，

无执照的法律服务者们不管是被妖魔化成了"黑律师""讼师"还是"基层法律服务工作者",那些有执照的律师们都无法彻底消灭他们。深究其中原因,正如本文所论述,律师们无法消除或改变农村对便捷法律服务的主流需求,更重要的是,那些有执照的律师们也不愿意为那些居住在农村地区的居民服务。农村法律服务消费者和无执照法律服务提供者的关系是一种客观存在,既取决于法制环境,也取决于民众所长期习惯的纠纷解决方式,但他们存在的根本原因在于中国是一个幅员辽阔,并且文化差异和收入差异巨大的国家。

从上述角度来看,过去探究中国律师行业职业化的方式应该进行重新定位。如果我们仍旧沿用西方的法学理念(以法学学位和司法考试为基准)和研究方法(律师协会——有执照的从业者)继续我们的研究,那么基层法律服务工作者就只能是业余的、处于过渡时期并终将被边缘化的群体,这样的研究范式无疑忽略了这一群体所具有的韧性以及其符合民众需求的特点(包括从收费到与民众的心理距离、物理距离等方面)。事实上,这些无执照的法律服务提供者无论是在哪一个历史时期,都获得了居住在乡村的老百姓们的欢迎。在此,特别引用一段安守廉、肯尼斯·温斯顿和柯伟林在进行中国职业化研究时写下的一段话:"我们相信,我们在评价中国专业团体的历史演变时,不能按照它是否以西方模式演进来评价,而是应该以这一个现代社会本身的需求作为评判标准,并应接受每个社会得出的答案都不会一样。只有将现代化与西方化剥离,我们才可以思考现代性其他可能。"[1]

为了以恰当的方式促进中国律师行业的职业化,笔者认为,我们不但需要培训更多专业律师来满足城市以及全国的需求,而且需要将基层法律服务视作是促进司法正义的独立元素。此外,还要提高"非职业化"法律服务工作者的地位,有条件地支持他们的工作以满足广大农村地区的法律需求,而不是试图全盘否定,随意打压他们的活动。纵观过去数百年之历史发展,这种"双轨制"的法律服务模式不仅仅是"自上而下"权力分配的结果,也是中国独特的历史、社会和文化等各种因素"自下而上"的结果。

---

[1] William P. Alford, Kenneth Winston and William C. Kirby eds., *Prospects for the Proffessions in China*, Routledge, 2011, p. 8.

新"枫桥经验"语境下基层司法参与社会治理的因由与路径

廖万春[1]

提　要：基层人民法庭作为我国审判制度的地基和主体，至今依然采用一种实用主义或者说机会主义的价值导向，这不仅体现在社会公众面对的依然是类法治化的"两不是"的运作形态，还体现在法官在稀缺的审判资源、严格的制度规范、紧凑的程序运行等因素制约下面临着办案的诸多两难境遇。基于此，本文以优化基层人民法庭的审判职权与强化社会治理创新目标的视角，以正义与宪治原则、经济原则与人性化司法、调解与程序简便、政治导向与管理创新作为基层人民法庭职权优化的研究路径。

关键词：人民法庭；职权优化；社会治理；理想愿景

中国近代以来，以陈炯明、费孝通等为代表的知识分子对我国基层司法及基层社会治理问题进行了大量的卓有成效的研究。如陈炯明在保障基层社会治理方面主张一切权力归诸人民，全民共有共治共享，提出了要严格军纪，限制军队扰民，严禁军警涉赌涉毒，限制军警越权受理诉讼案件，表明了其重视保障公民权利、防止武装力量过度参与基层社会治理的理念；颁布大量政令，试图通过法律手段禁赌禁毒、取缔娼妓等社会丑恶现象，以净化社会风气，保障域内民众在相对良好的社会秩序中谋生发展，表明其运用法治方式维护社会秩序的理念；废除就地正法之刑，宽待罪犯，建立游民教养和乞讨人员收容制度，表明其注重通过

---

[1]　作者廖万春，男，中山大学法学院博士研究生。

法治方式，落实人权基本保障的理念。而自 20 世纪 90 年代以来，基层司法及基层社会治理真正作为一个法学命题并为学界所广泛关注，主要得益于苏力教授在 20 世纪 90 年代中后期所做的研究。[1]我们可以从这些研究看出，在当时，基层司法主要采用实用主义或者说机会主义的价值导向[2]，推崇"庭院式审判""行走式法庭"等方式的审判模式，却忽视了庭审程序的规制。令人惋惜的是，作为构成我国审判制度地基和主体的基层人民法庭，至今依然采用这一价值导向，这不仅体现在社会公众所面对的依然是类法治化的"两不是"的运作形态[3]，还体现在法官在稀缺的审判资源、严格的制度规范、紧凑的程序运行等因素制约下面临着办案的诸多两难境遇[4]。而这种境遇需要我们深入探索：怎样将法治思维和法治方式在基层推广？怎样使基层人民法庭的职权获得更充分的发挥？怎样将基层人民法庭的审判职权与强化社会治理创新的目标相互融合？

一、人民法庭参与基层社会治理创新的因由

（一）基层村居纠纷是亟需解决的问题

据相关资料统计，2011 年我国共有基层人民法院 3115 个，人民法庭

---

[1] 张青："转变中的乡村人民法庭：以鄂西南锦镇人民法庭为中心"，载《中国农业大学学报（社会科学版）》2012 年第 4 期。

[2] 胡玉霞："人民法庭在司法实践中的实用主义倾向——'后乡土社会'转型背景下的分析"，载《武汉理工大学学报（社会科学版）》2015 年第 1 期。

[3] 基层司法的社会变迁过程并不是真正的法治化过程，而是如黄宗智教授所认为的处于"两不是"的运作形态，即法庭在司法过程中既没有旧式的实质性调查和劝解工作，也没有实现真正的程序化审理，结果是草率的判决和近乎"和稀泥"的调解。参见黄宗智：《过去和现在：中国民事法律实践的探索》，法律出版社 2009 年版，第 142 页。

[4] 如在事实认定过程中，偏爱言辞证据，并依据自身的经验对案件事实进行"加工"的实用的经验方法；在调查取证方面，采取的"主动为常态，被动为例外"策略；在庭审方式上，选取的"法官+庭下"为中心的模式等，受到大多职业律师、素质较高当事人的质疑。参见孙怀君、袁勇："城市化进程中人民法庭建设的思考——基于陈家桥人民法庭工作现状的调查及分析"，载《人民司法》2011 年第 7 期。

9880 个,基层法院法官 148 003 人。[1]2016 年全国法院共受理案件 2300 多万件,审结、执结 1900 多万件,其中 85% 以上的案件在基层人民法院[2],而这 85% 的案件中又有 40% 的案件由基层人民法庭处理[3]。从受理案件数量、配备法官人数、法庭设置量值等方面考量,基层人民法庭事实上已成为法院化解社会矛盾纷争的中坚力量。据统计,2016 年我国户籍人口城镇化率已达到 41.2%[4],这意味着我国基层社会依然居住着大量的农业人口,推进基层社会现代化、法治化进程仍然任重道远。因而,一项真正关怀人性、撼动人心的制度改革就不能回避社会最底层人群的衣食住行等问题。而基层人民法庭作为司法审判权力体系中的最基层单位,位居公正司法的最前沿和化纷止争的第一线,其在基层政治治理和社会治理中有着无可替代的制度优势。基层人民法庭工作成效如何直接影响到人民法院工作全局、优化基层人民法庭的职权定位是稳步推进我国审判权运行机制改革的关键环节。当前,人民法庭面临的最迫切问题是怎样更有效地化解基层村居生发的各种纷争。

事实上,基层"民主政治应当以人民自治为极则,人民不能自治,或不予自治机会,专靠官僚为之代治,并且为之教训,此种官僚政治、文告政治,中国行之数千年,而未有长足之进步"。[5]现代法律制度在乡土社会也难以自发形成,在推进法治村居过程中必须充分融合乡土资源,以传统法律文化和基层村居现实为原点和归宿。然而传统法律文化、乡土资源与现代法律制度的紧张和裂痕在基层村居中得到了更为鲜明、生动和直观的映射。确实,社会结构变动、经济双重转轨时期的基层司法,道德礼仪制约效力在下降,无讼村居建设几乎难以实现。以笔者多年的基层审判经历来看,民间习惯传统与现代法律制度之间的紧张和裂痕在基层人民法庭几乎每天都在交集上演,甚至有着趋于激化的态势。因此,要有效地融合基层人民法庭的审判职权与强化基层社会治理创新的目标,

---

[1] 张艳玲:"全国基层人民法院共审结案件 9337669 件",载 http://news.163.com/11/0216/08/6T0HOH2L00014JB6.html,访问日期:2018 年 8 月 18 日。

[2] 王茜:"我国85%以上案件在基层法院审理",载《山西法制报》2017 年 2 月 23 日,第 6 版。

[3] 亓宗宝:"司法改革背景下人民法庭功能的理性思考",载《山东审判》2015 年第 2 期。

[4] 何源:"2016 年中国户籍人口城镇化率已达到 41.2%",载《黄河时报》2017 年 2 月 13 日,第 16 版。

[5] 段云章、倪俊明编:《陈炯明集》(下卷),中山大学出版社 2007 年版,第 1141 页。

就必须着重于优化基层人民法庭职权这一最佳视角和突出场域。当中因由，主要在于当前我国司法实践中最具现实意义和理论意义及挑战性的一些难题均产生于基层人民法庭。根植于公民社会的实践价值理性及源自西方的现代法律制度，在陌生人社会、工业社会、城市社会获得了广泛推行，但在熟人社会、农业社会、封闭社会却是寸步难移。实际上，中国社会转型是从封闭半封闭的、乡村的、农业的传统社会向开放的、城镇的、工业的现代社会的发展转型，从计划经济向社会主义市场经济的体制转型[1]，但在转型过程中，基层村居司法问题却缺乏足够的研究和关注，甚至依然将基层人民法庭法官看作"游离于基层社会与精英法官的边缘人"[2]。基层村居司法应随着社会变迁和经济发展不断调整，而作为"社会公平正义最后一道防线"的法院应全面考虑在社会结构变动、经济双重转轨时期应如何司法、审判什么、怎样参与基层社会治理等问题。虽然因为管辖区域及审级限制致使一些重大疑难案件几乎由中级以上法院审理，但关涉到基层村居群众切身利益的案件则大部分由基层人民法庭管辖。所以说，基层人民法庭虽然位居法院体系的最基层，但它的职权行使却是我国审判职权发挥的重要体现，是构成我国审判权运行体系的关键环节。

（二）　基层审判经验提供鲜活的实践资源

在基层人民法庭，法官化解纷争的过程并非是将案件事实与具体法律条文进行简单叠加的结果，而是采取了一种"或附和或创新或隐退或反抗"的态度[3]，并建立在从法律适用预判到社会效果检测到纷争疏导调解（运用政策、法规、道德等诸多载体）到调解协议达成或法院裁判并实现预测的社会效果的一种繁复的思维模式的基础上。基层法官以这种方式处理纷争，主要原因在于人民法庭受理的纷争大部分与老百姓的日常生活密切相关，法官处理案件时常发生乡土风俗、习惯、道德、情

---

[1] 赵欢春："论社会转型风险中国家治理能力现代化的建构逻辑"，载《南京师大学报（社会科学版）》2014 年第 4 期。

[2] 杨力："新农民阶层与乡村司法理论的反证"，载《中国法学》2007 年第 6 期。

[3] 高其才、周伟平、姜振业："人民法庭的乡土司法特性"，载《昆明理工大学学报（社会科学版）》2009 年第 1 期。

理与法律间的断裂和紧张。例如，从工作主体来看，司法改革价值预设是法官的精英化和职业化，但对于人民法庭的法官而言，在纷争化解时可能更需要大众化和非职业化，这是因为其处理纷争的方式、效果要与老百姓的期望相契合，并为老百姓所接受与支持；从工作原则来看，实现实体正义、程序正义与形象正义为正式司法制度所确立和强调，其核心在于遵循程序、不偏不倚、公正裁判，但基层人民法庭中却是以纷争处理的实体正义和结果为考量，不过于强调办案程序和纷争处理过程，其所侧重的是案结事了的非正式司法制度价值，若严格遵循法律程序则难以达至案结事了人和的效果，如"若辈行为不检，致罗法网，咎由应得，夫复何尤。惟当此天气严寒，囚徒殊苦，如有情罪较轻，刑期过半，而在场尚安分守法者，应即酌予矜宥"[1]；从纷争类型来看，基层人民法庭面对的是关涉老百姓日常生活、家长里短的纷争，很难处理到正式司法制度所涵射到的各种类型的纷争；从社会功能来看，正式司法制度关注的是权利维护、纷争解决、社会稳定等各种社会价值，但于基层人民法庭而言，其追求的价值是纷争的和谐处理，并熨平老百姓间凸起的"褶皱"，让生活归于平和，也即达至法律效果与社会效果的统一及情理法的融合。[2]可以说，由于当前的基层村居仍长期维系以宗族尊长为纽带，或者以乡绅名门影响力为基础的基层治理形式[3]，基层人民法庭的法官在基层司法实践中，为了实现纷争化解的目的，必须兼具扎实的法律知识与丰富的社会阅历，有时候甚至要懂得借力用力，充分调动和运用自身的人际网络和资源参与调解，以便更彻底地化解纷争。

因而，提炼和总结基层司法"两难"境况中的审判工作经验，并将之作为开展法学实务研究的源泉和富矿，尤其是在基层人民法庭这一特殊界面和场域，以人民法庭法官化解群众日常纷争的审判技巧、经验、习惯和智慧作为法学实务研究的样本，将基层实践探索与理论研究深化高度融合起来，实务地探究经验，经验地探究司法实务，应当成为当前我国法学实务研究的关注点，也应当成为化解当前学术研究与司法实践

---

〔1〕 段云章、倪俊明编：《陈炯明集》（上卷），中山大学出版社2007年版，第512页。

〔2〕 参见刘以军："试论基层法院与人民法庭的分离"，载贺荣主编：《深化司法改革与行政审判实践研究——全国法院第28届学术讨论会获奖论文集》，人民法院出版社2017年版，第140页。

〔3〕 参见段云章、倪俊明编：《陈炯明集》（下卷），中山大学出版社2007年版，第1085页。

"两张皮"现象的主要路径。[1]本文选择以司法体系改革背景下基层人民法庭审判职权优化与强化基层社会治理创新目标相融合作为切入点，主要目的在于通过实证研究的方法找寻基层人民法庭实践中存在的各种难题及出路，以法治思维和法治方式来指导基层人民法庭优化各项职权，从而有效化解基层人民法庭转型期根存的两难困境。

（三）司法为民理念是参与社会治理创新的价值依据

司法为民理念是我国现代司法理念中最系统、最全面并最具有时代特色的理念[2]，它的重点在"司法"，本质在"为民"，[3]它要求法官以现行法律为基本遵循来维护各个合法法律主体的正义、公平、平等等原则，并让审判服务于社会治理的需要。而我们今天所要建设的法治中国，应当是一个"五位一体"协调发展的中国，是一个最大限度地尊重人权和保障人权的中国，是一个务实为民清廉的中国，是一个有着完善的多元化纷争化解机制的中国，它的目的是"通过科学立法、严格执法、公正司法、全民守法的法治体系保护公民的合法权益、约束政府违法行为、严惩为己私利行为，保障公民之间、当代人和后代人公平享有良好的法治环境"。[4]从这一点看，司法为民理念和法治中国建设在价值追求和法治理想高度上是一致的。从历史和文化的角度考量，我们所践行的司法为民理念既是对中国优秀传统文化的沉淀和接续，又是法治理想与传统文化的融合和创新。[5]沉淀和接续为我们的改革和发展提供鲜活的

---

〔1〕当前，学术界对基层司法的研究主要表现为"问题——策略""国家——社会"和"理论——实践"三种模式。但由于"问题——策略"与"理论——实践"模式有着很大的亲和性，即均缺乏对中国社会实际的关怀，因此整个基层司法的研究实际表现为"国家——社会"与"理论——实践"之间的二元对立。为了克服当前乡村司法研究中游走于理论和实践两个极端的现状，有必要迈向一种"实践——理论"的模式。参见张青："迈向'实践——理论'的研究范式——对乡村司法理论的回顾与反思"，载《云南行政学院学报》2013 年第 1 期。

〔2〕参见互动百科，http://www.baike.com/wiki/，访问日期：2018 年 8 月 17 日。

〔3〕范登峰："中国法官的司法为民价值观解读"，载《法律适用》2012 年第 3 期。

〔4〕邓博："实现美丽中国梦的法治路径"，载《生态经济》2015 年第 5 期。

〔5〕这正如习近平总书记所言，要治理好今天的中国，需要对我国历史和传统文化有深入了解，也需要对我国古代治国理政的探索和智慧进行积极总结。参见贾世江："多读史以知'治'"，载《人民日报》2016 年 4 月 22 日，第 4 版。

参照和样本；融合和创新使我们的制度、理念和思想与时俱进，保持活力。

　　费孝通先生通过田野调查和分析认为，"中国社会的基层是乡土性的，乡土社会的生活是富于地方性的"[1]。基层人民法庭作为我国基层法治社会建设、践行司法为民原则的基本单位，如何充分发挥基层人民法庭司法审判职权和法官"自觉的能动性"，积极参与基层社会治理创新是当前我国基层人民法庭工作面临的最迫切、最现实的问题。从当前基层村居社会的"结构混乱"状况、纷争化解充斥着"力"的因素、传统纷争解决机制弱化等现实情况来看，当前中国基层村居有着很高的司法需求。[2]确实，人民法庭扎根于基层，处于法院的最底层，是法院化解社会纷争、促进社会和谐的前沿阵地，在建设法治中国中起到中流砥柱的作用。基层老百姓体验审判正义和公正主要是以亲历或听闻基层审判过程来获取相关信息和形成价值判断的。人民法庭法官工作态度好、审理案件质效高，就能在法院与社会公众间架设起亲密顺畅的沟通信任桥梁，就能取得社会公众对审判工作的普遍认可和支持。从基层村居诉讼来看，当事人往往重风俗人情、轻诉讼结果，因而人民法庭的法官一言一行将影响到案件处理的效果，甚至在潜移默化中逐渐影响到基层社会法治建设的历程。当前，基层村居群众对审判化解纷争有着较高的自觉，但基层人民法庭现行的审判制度及职权配置却难以与司法体制的改革要求、群众的现实需要相适应，这急需我们强化司法公正、司法为民理念，将顶层设计与基层探索紧密结合，重构人民法庭各项职权，以真正契合基层社会治理创新的新形势、新要求和新期待。

二、人民法庭参与基层社会治理的理想愿景及路径

（一）路径一：以正义与宪治原则为职权优化的根本遵循

在当今处于社会结构变动、经济双重转轨时期的中国，人民群众对

[1]　高其才："乡土社会中的人民法庭"，载《法律适用》2015年第6期。
[2]　陈柏峰："当代中国乡村司法的功能与现状"，载《学习与探索》2012年第11期。

审判机构化解纷争的信任度有了明显的提升，但人民法庭旧的审判制度及职权配置却与社会发展需求相脱节。因而，我们极有必要对人民法庭原有的审判制度及职权配置模式进行重新审视，且基于司法体系改革新要求与社会新需求重新定位和重构人民法庭的各项职权。而怎样更加有效地促使人民法庭职能获得充分发挥，就必须以宪法为基本遵循来重设和定位。当前，司法体制改革蹄疾步稳，建构一个以法官为中心、以法律为至上的正义体系不可一蹴而就。然而，我们却可以借助社会多元化纷争解决体系搭建起一个多元化的法治社会治理体系，并将人民法庭制度作为搭建多元化的法治社会治理体系的一个链接或纽带。这样既能通过正式制度形式使基层社会风土人情与人民法庭的审判功能相互融合，又可以人民法庭为平台向基层社会输送和培养法治思维。毕竟，现代的审判制度在其形式要件和实质要件上均与传统社会有着极大的差异，而这一差异显著地展现于审判职权作用上[1]。因而，要重新审视审判作用就必须建立在其职权变迁层面，这因为审判并不单单意味着或者说局限于"打官司"的狭隘范畴，它也应该是一个由相关制度、职权、角色、组织、文化等因素构成的与社会进行利益、价值输送的整体。

按照最高人民法院有关人民法庭工作的相关规定[2]，基层人民法庭的职权涵摄了审理基层人民法院确定的一审民商事案件、刑事自诉案件，开展法庭审结案件的执行工作，支持和指导人民调解委员会的工作，参与社会治安综合治理及办理基层人民法院交办的其他事项等内容。[3]从这些内容可以看出，基层人民法庭的职权并不单指案件审判，还包含了纷争调处、法制宣传教育、政策指导、社会治理等多项职权。但在对 A 市 24 个基层人民法庭的职权范围调研后发现，基层人民法庭的职权组成

---

〔1〕　一些学者认为，城市化进程中，乡土司法与现代法治的二元冲突首先表现在，人民法庭以往为应对农村地区司法的现实需求，在司法过程中也因地制宜地规避的一些制度约束，采取的相应变通方式受到素质提高的当事人的合理怀疑，程序正义和司法公正受到挑战。参见孙怀君、袁勇："城市化进程中人民法庭建设的思考——基于陈家桥人民法庭工作现状的调查及分析"，载《人民司法》2011 年第 7 期。

〔2〕　这集中体现于《最高人民法院关于人民法庭若干问题的规定》《最高人民法院关于全面加强人民法庭工作的决定》《最高人民法院关于进一步加强新形势下人民法庭工作的若干意见》《最高人民法院关于人民法院执行工作若干问题的规定（试行）》《最高人民法院关于切实践行司法为民大力加强公正司法不断提高司法公信力的若干意见》等。

〔3〕　陈思贤："群众观语境下的人民法庭功能审视与再定位"，载《山东审判》2015 年第 1 期。

远远大于最高人民法院相关规定赋予的职权范围，其实际是由众多的审判与综合职权构成。

表 1　基层人民法庭职权结构表〔1〕

基层人民法庭职权结构	审判职权	审理民商事纷争（小额速裁）
		审理刑事自诉附带民事纷争
		开展法庭审结案件的执行工作
	综合职权	支持和指导人民调解委员会的工作
		参与基层社会治安综合治理
		参加基层村居管理
		法制宣传教育
		诉前联调（司法确认）
		发送司法建议
		信访接待工作
		为基层政权机关及企事业单位提供法律咨询
		参加村居文明建设、卫生建设、生态建设
		参与村居扶贫工作
		办理基层人民法院交办的其他事项

由上表可知，基层人民法庭职权实质上属于政治学范畴，它兼具了立法权、行政权和司法权的部分秉性〔2〕，同时它又是基层人民法庭在"摸着石头过河"过程中形成的一套极具针对性和实用性的涵盖了价值理念、心理判断、行为取向以及司法技术在内的外在形态〔3〕，要全面、充分理解它就必须立足于社会正义或宪治层面。原因在于，现代法律制度突破了传统的权力调整范围，挤进了本应由社会自治自足的结构中。〔4〕因而，人民法庭的职权配置和制度重构必须充分考虑到民主政治的需要，

---

〔1〕　表格内容根据 A 市 24 个基层人民法庭职权范围调研获取。
〔2〕　参见陈柏峰："当代中国乡村司法的功能与现状"，载《学习与探索》2012 年第 11 期。
〔3〕　参见高其才："乡土社会中的人民法庭"，载《法律适用》2015 年第 6 期。
〔4〕　参见陈鲁宁："中国社会结构变迁与现代法律制度生长"，载《法律科学（西北政法学院学报）》1997 年第 6 期。

也即应将基层人民法庭纳入基层政权与国家政治文明建设范围进行职权优化及制度安排。唯有如此，基层人民法庭的职权和工作制度才能与社会治理和国家治理需求相互匹配，充分发挥其审判职权促进社会和谐和政治稳定。在国家权力结构层面，基层人民法庭审判职权的定位必须以社会转型和政治体系的实际需要为依循。在社会结构变动、经济双重转型时期，基层人民法庭的各项职权和工作制度不仅仅是制度接续的传承问题，更是一个积极回应社会治理创新需求的发展问题。基层人民法庭兼备审判和政治的双重价值，它直面社会最底层，直接触摸社会神经末梢的基层村居，在国家基层政权体系中以法的强制力发挥着审判和政治的双重职权价值。鉴于此，对基层人民法庭的工作制度和各项职权的设计与重构必须置于依法治国和依法裁判的高度，也必须立足于巩固党的执政基础，提高党的执政能力，决胜全面小康实现中国梦的高度，充分认识到在社会变迁过程中全面发挥基层人民法庭职权作用的紧迫性和重要性，在强化社会治理创新工作中有效弥合基层人民法庭各项职权与社会需求、审判制度、政治体系四者间不融洽的关系。

（二）路径二：以经济原则与人性化司法为职权优化的基本目标

中西文化侧重点各有差异，中国文化关注的是实践理性，而西方文化专长于工具理性。在工具理性方面，中国比不上域外国家；在实践理性上，域外国家比不上中国。[1]抗日战争时期在陕甘宁边区创造的"马锡五审判方式"至今依然盛行于中国基层村居，其根源是这一贯穿群众路线的审判方式承继和发展了我国优秀的乡土法律理念。在当前社会结构变动、经济双重转型阶段，传统司法理念的影响力在逐渐下降，但并没有完全消失[2]。由于基层村居对这一审判方式的认可程度依然比较高，因而基层人民法庭法官要学会巧妙活用审判模式及群众工作的方式方法，在充分考虑基层人情世故、风俗习惯的基础上主动调和各类纷争，

---

[1]　正如学者所说，西洋人多向外作理会而发达了工具，中国人多向里作理会而涵养了生命。论工具，中国不如西洋，论生命，西洋又不如中国。参见梁漱溟：《中国文化要义》，学林出版社 1987 年版，第 326 页。

[2]　参见张青："迈向'实践——理论'的研究范式——对乡村司法理论的回顾与反思"，载《云南行政学院学报》2013 年第 1 期。

苗族地区"打花猫"的司法个案就是典例。当前,在我国基层社会,传统思想及儒家亚文化依然起主导作用,基层人民法庭要充分发挥审判职权作用自然不能不顾及传统文化的影响。从经济学层面衡量,地区分化和城乡分化在中国社会是一个较为显著的特征,且农业社会及半工业化社会的标签,使中国基层村居对低成本高效率的审判工作需求度更大。从 2012 年至 2016 年最高人民法院工作报告涉及基层人民法庭的表述中可看出,能动司法及人性化的审判模式是基层人民法庭工作的主线,当中所贯穿的经济和便利原则更体现出乡土中国社会所孕育的深厚文化内涵,其推崇的是基层人民法庭以"两便"原则的落地生根来推进法庭职权的有效释放。

表 2   2012 年至 2016 年最高人民法院工作报告涉及基层人民法庭的表述内容比对情况表[1]

年份	近五年最高人民法院工作报告涉及基层人民法庭的表述内容
2012 年	加强边远或交通不便地区人民法庭建设,推行网上预约立案、送达、庭审等方式,开展巡回审判,为群众诉讼提供便利
2013 年	加强立案信访窗口标准化建设,努力从立案、审判、执行、信访各环节消除群众诉讼障碍。推进人民法庭建设,方便群众就近诉讼
2014 年	加强人民法庭工作,方便群众就近诉讼。积极推广远程视频庭审,通过"车载法庭"等方式开展巡回审判,深入社区乡村、田间地头,让司法走进群众、贴近群众
2015 年	为当事人提供线上线下、方便快捷的诉讼服务。推行网上立案、巡回立案,加强人民法庭工作,打通司法服务群众"最后一公里"
2016 年	在村居社区设立法官工作室,把矛盾化解在诉前。针对当事人不同需求,及时提供咨询、调解、法律援助等个性化服务。建立电子法院、网络法庭,实行网上立案、网上审理、网上送达,让群众少跑腿

从 2012 年至 2016 年近五年最高人民法院"加强边远或交通不便地区人民法庭建设,推行网上预约立案、送达、庭审等方式,开展巡回审判,为群众诉讼提供便利"[2]等有关人民法庭便民工作措施来看,经济司法及人性化司法的价值已获得普遍落实。采用纠问式的审判方式固然有其优越性,当事人主义的审判方式因诉讼经济成本过高而凸显出其最大的

---

[1]   表格内容系根据 2012 年至 2016 年最高人民法院工作报告整理而得。

[2]   参见《2012 年最高人民法院工作报告》。

弊端。事实上，当前基层村居的司法需求主要取决于受理纷争的人民法庭及调处纷争的法官两个因素，基层人民法庭和法官怎样为村居民众供给符合消费预期的诉讼服务具有重要的现实意义。[1] 由此，有着亲近群众、乡土性质的马锡五审判方式既可以快速有效地化解纷争、恢复社会和谐，又可以让审判权的触角延展至社会神经末梢，使社会的每一处毛细血孔都沐浴到法治的思维和法治的方式中。现在人们对基层村居自治的认识有了进步，自治内涵得到扩充，参与村居自治的工作从过去的受托发展到职业性、自主性，从过去的管理公益事务扩展到管理生活方面。[2] 因而，在当前社会转型境遇和传统思想及儒家亚文化主导的社会底层中，马锡五审判方式依然是特殊国情下基层村居群众喜闻乐见的审判方式，依然是传统法律文化及风土人情与现代审判方式聚焦的节点，它既体现出传统文化思想与新时期社会需求的兼容并蓄，又与当前社会经济发展阶段性特征及供给侧结构性改革要求相契合。基层人民法庭必须全面落实便民原则，这是因为基层人民法庭存在理论遵循。便民原则强调基层人民法庭要通过"效益—成本"的控制实现诉讼效率最优状态。马锡五审判方式实质上就是走群众路线式的司法，其活力根源在于坚持便民原则，其基本特点是程序简化、调解优先、亲民司法及快速审判、化纷止争。所以，基层人民法庭处理纷争的司法模式必须与基层人民法院普通程序相区别，更与中高级人民法院的司法模式相区别。

在独任制审判中，基层人民法庭法官行使审判职权应当发挥主观能动性，且应以职权主义、纠问式审判方式为主，以当事人主义、质辩式审判方式为辅，甚至要理性平衡法律刚性与人情事理的软性，在不违反法律效力性强制性规定的前提下，在现有的法律框架内将符合社会公序良俗的乡土习惯、道德准则等纳入案件裁判处理结果中，使裁判结果更加契合社会公众的普遍价值观念。[3] 调解方式的推行虽然在一定程度上

---

[1]　黄琨、卢明威："论农村社会转型时期基层人民法庭小额诉讼的适用"，载《理论与改革》2012 年第 6 期。

[2]　这是陈炯明的观点，自治观念不断发展进步，过去对于自治的认识，一般认为自治具有地域属性，是受委托管理公益事务的性质。参见段云章、倪俊明编：《陈炯明集》（下卷），中山大学出版社 2007 年版，第 1084 页。

[3]　王爱新、齐崇刚："乡土环境下民俗习惯司法运用机制之构建——以人民法庭司法裁判情理法统一为视角展开"，载《山东审判》2015 年第 3 期。

因程序精简致使审判权威下降，甚或因法的现代化在基层村居的交集中出现弱化，但是，国家权力实际上并未全面地停止对基层村居这一领域的渗透，相反，它借助调解方式以新的外在形式进入基层村居，并在审判职权未能涉足的领域发挥填补功能。在公正处理纷争的情境下，想当事人所想，急当事人所急，通过良性的协商互动彰显司法平等，更体现出司法的人性一面。在基层人民法庭推广充满人情且温和的处理模式，将纷争化解过程中当事人面对面的质辩方式转变为圆桌形式或平行对话形式，更能营造良好的调处氛围。另外，优化基层人民法庭审判职权和审判单元配置，必须落实"让审理者裁判，由裁判者负责"的要求，赋予合议庭成员及独任法官完整的审判权，以防止司法行政化和司法干预。此外，还要将法庭庭长的案件审批权转化为监督权，更能使法庭司法审判工作便民、亲民和利民。

（三）路径三：以调解与程序简便为职权优化的努力方向

就法社会学层面而言，基层人民法庭应当准确定位调解结案与裁判结案间的辩证关系。诚然，调解与裁判系基层人民法庭处理纷争的基本模式，不过，在如何认识与理顺调解与裁判之间的关系这一问题上，我们在理念认知及价值判断上是走过岔道的。20世纪50年代至70年代，"就地解决、调解为主"曾是基层司法工作的主调[1]，而后随着民诉法（试行）颁布，重裁判轻调解的认知和理念又占据着重要地位，但无论是调解为主还是裁判为主，这两种方向都是极端的且存在较大弊端的。基层人民法庭特别要防范出现调解为主或裁判为主的问题，在处理各类纷争时要秉持"调解优先、调判结合"的价值理念。基层人民法庭处理的纷争大部分是日常生活的琐碎案件，诉讼标的较小、案情简单，当事人大多是邻里乡亲。不过，在基层村居中，一个人的价值尊严和身份地位并不单单取决于社会角色扮演、政治身份标签、经济状况层次，更注重于来自乡土社会中的道德和声誉的评断。基层村居群众间的冲突或者说博弈状态并非总是处于零和的情形，所以在处理这些纷争时，必须充分

---

[1] 姜霞、袁文峰："论民事诉讼调解与判决的关系"，载《萍乡高等专科学校学报》2002年第1期。

利用调解方式稀释争议和弥合当事人间的裂痕，用朴素的乡土人情、纯洁的风俗习惯、接地气的话语及细致入微的态度，在法理情上与当事人发生同频共振，从而实现纷争化解，化戾气为祥和。

　　以最高人民法院先后施行的四个五年改革纲要为样本进行深入剖析，可以看出简易程序、多元化纠纷解决规则、调解制度、普法宣传、社会治理日趋成为法庭职权改革的主线。具体来说，第一个五年改革纲要缺乏对多元化纠纷解决规则、普法宣传、社会治理功能的关注，但第二个五年改革纲要则强化社会参与及诉讼与非诉讼的衔接问题，尤其是多元化纠纷解决机制的建立健全。第三个五年改革纲要凸显了法庭的"两便"原则，聚焦于基层群众亲历司法及构建全方位、立体化的诉讼调解制度等内容。而第四个五年改革纲要则进一步优化法庭布局及审判单元的配置，完善人民法庭诉讼服务中心建设，推进诉讼调解与非诉调解的衔接。同时，注重普法宣传职权与裁判职权的统一，包括庭审公开、文书说理、案例发布等改革事项。

表 3　1999 年至 2014 年最高人民法院颁布的四个五年改革纲要样本分析情况表[1]

四个五年改革纲要	四个五年改革纲要关涉基层人民法庭工作的内容
第一个五年改革纲要（1999 年—2003 年）	在法律规定范围内，多适用简易程序审理案件
	根据便于当事人进行诉讼、便于人民法院审判案件的原则，按照规范化、规模化的要求合理设置人民法庭
	2000 年底前，撤销城市市辖区内的人民法庭
第二个五年改革纲要（2004 年—2008 年）	改革和完善人民法庭工作机制，落实人民法庭直接受理案件、进行诉讼调解、适用简易程序、执行简单案件等方面的制度，密切人民法庭与社会的联系，加强人民法庭的管理和物质保障，提高人民法庭的司法水平
	继续探索民事诉讼程序的简化形式，在民事简易程序的基础上建立速裁程序制度，规范审理小额债务案件的组织机构、运行程序、审判方式、裁判文书样式等
	加强和完善诉讼调解制度，重视对人民调解的指导工作，依法支持和监督仲裁活动。与其他部门和组织共同探索新的纠纷解决方法，促进建立健全多元化的纠纷解决机制

[1]　表格内容根据最高人民法院颁布的四个改革纲要获取。

续表

四个五年改革纲要	四个五年改革纲要关涉基层人民法庭工作的内容
第三个五年改革纲要 （2009 年—2013 年）	完善民事诉讼简易程序，明确适用简易程序的案件范围，制定简易程序审理规则
	加强诉前调解与诉讼调解之间的有效衔接，完善多元纠纷解决方式之间的协调机制，健全诉讼与非诉讼相衔接的矛盾纠纷调处机制
	探索推行远程立案、网上立案查询、巡回审判、速裁法庭、远程审理等便民利民措施
	建立健全基层司法服务网络，推行基层人民法院及人民法庭聘请乡村、社区一些德高望重、热心服务、能力较强的人民群众担任司法调解员，或邀请人民调解员、司法行政部门、行业组织等协助化解社会矛盾纠纷
第四个五年改革纲要 （2014 年—2018 年）	优化人民法庭的区域布局和人员比例。积极推进以中心法庭为主、社区法庭和巡回审判点为辅的法庭布局形式。根据辖区实际情况，完善人民法庭便民立案机制。优化人民法庭人员构成。有序推进人民法庭之间、人民法庭和基层人民法院其他庭室之间的人员交流
	继续推进调解、仲裁、行政裁决、行政复议等纠纷解决机制与诉讼的有机衔接、相互协调，引导当事人选择适当的纠纷解决方式
	强化普法意识，充分发挥庭审公开、文书说理、案例发布的普法功能，推进审判职能与普法责任的高度统一

在基层审判实践中，以传统思想及儒家亚文化为主导的习惯思维与审判过程中的非逻辑的逆向思维是并存的，这就赋予了基层人民法庭居中协调的地位，又要求基层人民法庭通过法定程序与裁判职权行使来改造这种并存状态。基层人民法庭在依法处理纷争的同时，还需要强化对人民调解委员会的指导责任。当前，基层村居的纷争错综复杂，若仅由人民法庭单打独斗，则难以有效、及时地化解纷争，所以，基层人民法庭必须强化对人民调解组织的指导，大力提升其业务技能，促进纷争彻底化解。可通过集中授课坐堂讲解、就地调解以案代训、诉调对接定点结对、庭审观摩邀请评查等形式〔1〕，增强人民调解组织对基层纠纷调解

---
〔1〕 洪泉寿："湛江市赤坎区人民法院房地产案件审理情况的调研报告"，载《法庭》2013 年第 4 期。

程序的掌控和一对多调解技巧和方法的掌握，真正发挥人民调解组织对纠纷的过滤疏导作用，从而使各类纷争化解在村居、化解在萌芽状态，促进基层村居和谐、群众和睦。另外，基层人民法庭的调解和裁判方式必须强化与社会多元纷争解决机制的互动与联合。裁判是不可调和的，而调解是双赢自愿的。通过健全纷争调处与疏导过滤机制，健全诉调对接的司法确认机制，健全契合立法目的的可操作实施的诉讼时效中断制度，健全仲裁、公证债权执行与诉讼衔接制度，健全非讼和解等多元纷争化解机制，据此在基层村居建构起全方位、立体化、多渠道的纷争化解路径，使基层村居各类纷争在正式制度与非正式制度内获得有效化解。换言之，当前我国基层社会法治化进路必须聚焦于渐进性的实践层面，且必须重视地域层面的基层化视角，尤其是基层村居法治思维与法治方式的提炼及普及。

基层人民法庭处理纷争程序必须简化，因为基层人民法庭处理的大多纷争均为事实清楚、标的较小的民事纷争，若审理程序过于强调形式主义，则与基层村居群众的需求不符，也阻隔了司法与群众的亲近感。在农村社会，抬头不见低头见的民众更迫切于非程序正义和实质正义的便捷审理程序。所以，改造基层人民法庭庭审程序必须凸显非形式主义的简便审理程序。至于司法程序运转则应当完整地贯彻"两便"原则，完整地彰显出程序简化及快速裁判程序的便捷；裁剪烦冗的司法程序，主要是为了充分展现程序简化所形成的高效及正义的获得感。针对基层村居大量的事实清楚、标的较小的民事纷争全面开展程序简化、快速裁判程序的改革试点，积极尝试让大多数纷争实现"当天立案、当天移送、当庭调解或宣判、当庭制作裁判文书、当庭履行"的便捷效果。[1]进一步拓宽快速裁判程序、简化程序的案件范围，按照纠纷简繁情况实行过滤分流，使案件审理周期大幅度缩短，减轻当事人讼累，实现合法利益最大化。巡回审理纷争的程序亦应当尽量简便，以实现"审理一案、教育一片"的庭审价值为依循。基层人民法庭的程序简化还要在简易程序基础上进一步简化，这一改革方向要成为未来刑诉法及民诉法修改有关简易程序规则的关注点。

---

[1] 刘璞："江苏省高院院长公丕祥：最快官司当天立案审结"，载《扬子晚报》2012 年 3 月 7 日，第 2 版。

(四) 路径四：以政治导向与管理创新为职权优化的重要手段

民国时期学者陈竞存认为，"政治问题无论是在理论上还是在实际上，当以人民自治为极则。"[1]基层村居自治的政治原则，体现在地方政权的组织形式上，是地方自治。而我国前现代的法律是德治理念的升华，亦是一项行政管理上的工具。[2]法院组织法确立基层人民法院派出法庭设置权，显然是审判职权参与社会治理创新的赋权，亦是司法领域国家政权参与治理的赋权，而这种政权属性尤其体现在基层人民法庭的政治导向价值上。诉讼被基层村居择取为化解熟人社会纷争的基本方式，可以在主导、示范、评断、教育方面更充分地发挥功效。基层人民法庭的政治导向价值主要有以下几点：基层人民法庭虽然不属于党政机构的一部分，但在同属地党政机构的协同治理层面上，它肩负着协调和协助属地党政机构进行政策引导与诉讼治理的社会管理功能。[3]也即，基层人民法庭要紧紧依靠党的领导，围绕宪法和法律独立履行司法职权，通过公平、公正、公开的诉讼程序，展现司法实体正义、程序正义和形象正义，也要强化"四个意识"，坚定"四个自信"，围绕地方党委的决策部署，为党委基层社会治理提供理性可行的真知灼见，及时化解困扰地方党委工作中存在的诸多法律疑难，以审判职能充分发挥促进辖区经济社会可持续发展，最终获得辖区党政机构对审判工作的认同和理解。基层人民法庭应当在审理过程中重塑公正司法意识、为民司法意识及创新社会管理的主体意识。

当前我国正处于经济双重转轨、社会结构变动过程中，基层社会权力介入的"留白"使审判的价值作用更加突出，而美丽中国建设与法治社会建设之间在广阔的基层村居中需要确立一个参照点，基层人民法庭所承担的司法办案和社会管理双重职权恰好可以弥合美丽中国建设与法治社会建设之间出现的不和谐。基层人民法庭蕴含着美丽中国的乡土人

---

[1] 段云章、倪俊明编：《陈炯明集》（下卷），中山大学出版社 2007 年版，第 1082 页。
[2] 参见梁治平编：《法治在中国：制度、话语与实践》，中国政法大学出版社 2002 年版，第 118 页。
[3] 陈思贤："群众观语境下的人民法庭功能审视与再定位"，载《山东审判》2015 年第 1 期。

情，也有着国家政权体系的权威。它的政治导向价值完整发挥可以实现美丽中国建设与法治社会建设的高度融合。非主动性、非积极性虽然是审判工作的一项特别秉性，但这并非代表着基层人民法庭仅能被动司法，而不是能够充分发挥主观能动性来实现审判的政治导向价值。事实上，基层人民法庭的职能定位及功能发挥恰恰要求法官要积极主动作为，在审判实践中全方位多渠道地参与社会治理创新。最高人民法院曾经提倡的"判后答疑、息诉罢访"等工作目标，只有充分发挥主观能动性才可实现，法官只有主动作为才能化解被动局面，也才能圆满完成职责范围内的政治治理和社会治理事项。而在纷争处理程序中所反映出的基层政权参与社会治理创新工作隐藏的问题，可借助司法建议的形式在合理合法合情范围内促使其提升和改进治理水平。另外，基层人民法庭介入村居政治治理和社会治理，亦是达至政治导向价值的一个可行路径。凭借审判功能的导向与助推，健全基层村居纷争化解机制，更加有效地实现社会治理创新的价值。而作为调整社会关系的众多杠杆，法律调整手段必然不能完全触及全部的社会纷争，基层村居中依然有着法律难以覆盖的大量难题，如农村外嫁女权属确认、农地"三权分置"下承包权与经营权权属定性等这些现实难题，在现有的法律规则及行政手段内均难以解决。但因基层人民法庭特殊的地位，使其在借助政治导向价值上有着无可替代的作用，例如凭借基层民间调解机构作用发挥，搭建起立体化、多层次的多元纷争化解机制等路径，可在一定程度上化解基层治理寸步难移的状况，也可耦合基层村居民众多样化的解纷需求。

　　基层人民法庭的政治导向价值也应当涵括与人大监督制度的互动及陪审制度的落实。向人大报告工作、自觉接受人大监督是宪法和有关法律确立的一项基本原则，基层乡镇虽然不能设置人大常委会，但可设立人大主席团。人大监督制度系人民当家做主的重要政治体现，在广阔的基层村居更不能缺位，这就需要借助基层人民法庭这一政权载体的政治导向价值予以宣传落实，基层人民法庭受人大监督的自觉实质上即彰显了政治导向价值。另外，应在基层人民法庭中大力推行陪审制度，因为，表面上，这象征着司法民主，而在深层次上，这是基层村居实现司法民主的重要渠道。在风土人情和刚性制度关系弥合上，可借助陪审制度的民主价值获取公众认可和支持；在审判经验与法律理性关系弥合上，可借助陪审员的参与提供来自社会经验的认知，以填补法官生活阅历及社会认知的遗漏；在现实与传统关系弥合上，可借助陪审员来自群众及亲历司法的结合使乡土中国习惯融入审判工作中。可以说，全面落实陪审制是司法彰显民主的重要标志。

三、结语

"一个法律制度之实效的首要保障必须是它能为社会所接受，而强制性的制裁只能作为次要的和辅助性的保障。"[1]要化解中国社会结构变动、经济双重转轨阶段基层村居生发的诸多纷争，基层人民法庭应当在充分发挥审判职权基础上，有效融合人情、习惯、风俗等乡土智慧、经验，应当通过综治维稳、普法宣传、指导调解等综合职权积极推进社会治理创新工作。毕竟，基层人民法庭的审判工作建立在法律逻辑思维基础上，注重纷争处理结果的实用性。其在化纷止争过程呈现的是综合递进式理念，融经济、政治、文化、法律、道德等理念于一体。正如布莱士·帕斯卡所言："没有理性的法律是荒谬可憎的，而受限于理性的法律是不公平的和可憎的。少了感情，理性只能建造出死寂的营地，而缺少理性，感情就难以找到有效方式坚持不渝。"[2]从这个层面来说，法律理性与天理人情并非水火不相容。基层人民法庭职权优化必须契合社会治理创新的新需求，这是由于基层人民法庭设置的功能是以服务社会治理创新为必要条件。因而，在政治治理与社会治理架构中定位基层人民法庭的价值，必须以国家政权体系改革目标及社会结构变动、经济双重转轨时期需求为考量。全力推进基层人民法庭以审判职权有效行使服务于社会治理创新工作，建构一套系统、健全、高效的人民法庭工作制度应当是基层司法体系改革目标实现的主要路径选择。

〔1〕 王晨："司法公正的内涵及其实现路径选择"，载《中国法学》2013 年第 3 期。
〔2〕 王征平："'虐童案'：别让'浮云'遮'法眼'"，载 http://opinion. southcn. com/o/2015-07/22/content_128989175. htm?_wdcm=%25u4F5C%25u8005%25uFF1A%25u738B%25u5F81%25u5E73，访问日期：2018 年 8 月 28 日。

回溯与破局：基层法院法官绩效考评指标体系构建

——以 KPI 为视角的实证分析

郑博涵[1]

提　要： 本文以 20 年来法官考评内容的发展变化为脉络，结合各院在司法改革背景下对法官考评进行的探索，以全国 55 家基层法院及 211 名法官调查问卷为样本。对相关问题通过可视化的形式，将具有代表性的全国各基层法院法官考评制度的运行情况予以展现分析。同时，通过对相应各院法官的调查，揭示基层法院在考评方案设计及在微观运行中所产生的共性问题。接着，从考评主体、考评目的、考评内容、考评结果运用等维度分析美国、德国、日本、我国台湾地区和我国澳门特别行政区的法官考评制度。并结合我国实际，得出四点可借鉴经验：考评机制须标准化、规范化、公开化；考评须有明确目的；考评方法和指标须符合法官职业特点；结果运用须与考评目的一致。最后，运用管理学中 KPI（关键业绩指标）理论，以对 211 名法官考评指标的预期设定值蓝本，打破原有大项范围，挑选 14 项关键业绩指标并对其进行赋值，从考评目的、考评内容及方法、考评结果运用及与有关机制衔接、配套机制角度对我国基层法院法官考评机制进行了具体设计，以期为上级决策提供基层样本。

关键词： 基层法院法官；绩效考评；KPI（关键业绩指标）

　　绩效考评作为审判管理的重要手段，建立符合审判规律的考评机制是法官职业化建设和审判管理权改革的重要内容。《人民法院第四个五年改革纲要》（以下简称"《四五改革纲要》"）提出改革法院考评机制，

---

[1]　作者郑博涵，男，中国政法大学硕士，天津市南开区人民法院研究室法官，最高人民法院司法大数据专题协作项目专家库成员，天津市司法案例研究院研究员。

废止没有实际效果的考评指标和措施。如何有效衡量法官业绩，用考评激发法官积极性，各地法院做法不同。因此，有必要对其梳理，探索出一套符合基层法院实际的法官考评方案。

一、法官考评的历史轨迹及地方实践

我国法官考评制度肇始于民国初期《司法官考绩规则》，1915 年颁布的《司法奖章条例》和《司法惩戒法》将考核与奖惩挂钩，由此形成一套旧时期的法官评价体系。[1] 新中国成立后，国家层面的法官考评体系随着《中华人民共和国法官法》（以下简称"《法官法》"）及历次改革纲要[2] 的实施日渐完整。在地方层面，各地法院也对具体考评进行了探索。

（一）流变：从体现行政色彩的"出"到尊重司法规律的"进"

20 世纪 90 年代后，对法官绩效的考评贯穿法院改革全过程，呈逐渐完善趋势（见表1）。

表 1　20 年来法官考评内容的变化

法律/文件	项目	内容
《法官法》	指标设计	重点考核：审判工作实绩 其余考核：思想品德、业务和理论水平、工作态度、审判作风
	结果运用	作为奖惩、培训、辞退、调整等级和工资的依据
《一五改革纲要》	指标设计	无
	结果运用	无
《二五改革纲要》	指标设计	根据法官职业特点和不同审判业务岗位的具体要求，建立科学、统一的审判质量和效率评估体系
	结果运用	对法官考评结果进行合理利用，发挥法官考评委员会的作用；建立健全符合法官职业特点的法官惩戒制度

---

[1] 吴冀原："民国司法官职业化研究"，西南政法大学 2015 年博士学位论文。

[2] 包括《人民法院第一个五年改革纲要》（以下简称"《一五改革纲要》"）、《人民法院第二个五年改革纲要》（以下简称"《二五改革纲要》"）、《人民法院第三个五年改革纲要》（以下简称"《三五改革纲要》"）和《四五改革纲要》。

续表

法律/文件	项目	内容
《三五改革纲要》	指标设计	建立以案件质量和效率考核为主要内容的考评体系。加强对法官、法官助理、书记员的分类管理
	结果运用	无
《四五改革纲要》	指标设计	建立包含审判业绩、业务能力、理论水平和法律工作经历等为主要内容的业绩档案。废止违反司法规律的考评指标和措施，取消任何形式的排名排序做法
	结果运用	将评价结果作为法官任职、等级晋升、择优遴选的重要依据。衔接不适任法官退出机制

从 1995 年颁布施行的《法官法》到 2015 年公布的《四五改革纲要》，20 年的时间。从表 1 两项内容对比中，可知如下特征：一是指标设计层面，考评模式"去行政化"特征明显，从最初的"考核"到现在的"考评"，"考"的目的在减少，"评"的目的在增加，指标的设计也更符合司法规律。二是结果运用层面，逐渐趋于理性。《四五改革纲要》相较《法官法》已不再强调作为逆向引导的"奖惩""辞退""工资依据"，而着重强调作为正向引导的"晋职晋级""择优遴选"。"出"的目的在减少，"进"的目的在增加。

（二）样本 1：全国 55 家基层法院的考评现状 [1]

1. 考评开展

表 2　各地基层法院考评情况

项目 \ 地域	法院数量	是否开展 是	是否开展 否	是否制定本院细则 是	是否制定本院细则 否	是否每年修订标准 是	是否每年修订标准 否	是否效果明显 是	是否效果明显 否
东部	20	18	2	9	11	7	13	15	5
中部	18	15	3	8	10	6	12	14	4
西部	17	16	1	10	7	5	12	13	4
合计	55	49	6	27	28	18	37	42	13

---

[1] 为了解各地基层法院法官考评开展情况，设计调查问卷 A，分地域向全国 65 家基层法院发放，收回有效问卷 55 份。

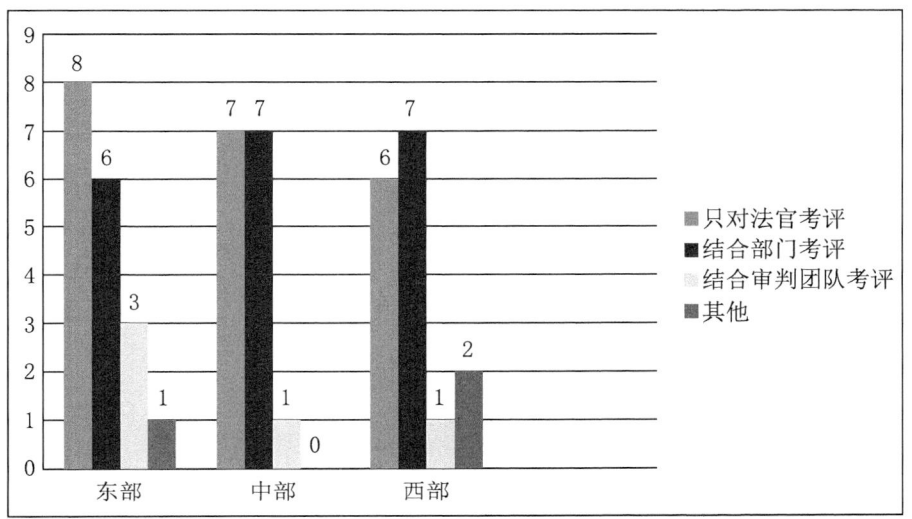

图1　考评模式

从表2和图1可知，在新一轮司法改革启动后，绝大部分法院都开展了法官考评工作，但仅1/2法院制定细则，同时每年调整的法院只有不到1/3，且结合审判团队进行考评的法院不到1/10。

2. 考评主体

在49家开展法官考评的法院中，有40家法院设置法官考评委员会，占82%。37家法院法官考评委员会成员为其内部人员，主要集中在院领导及业务庭、政治部门、审判管理部门、研究部门、监察部门负责人。3家法院吸收了法院外人员参与考评。

3. 考评模式

关于考评方法，大多采取定量考评、定性考评或两者兼有，见图2。

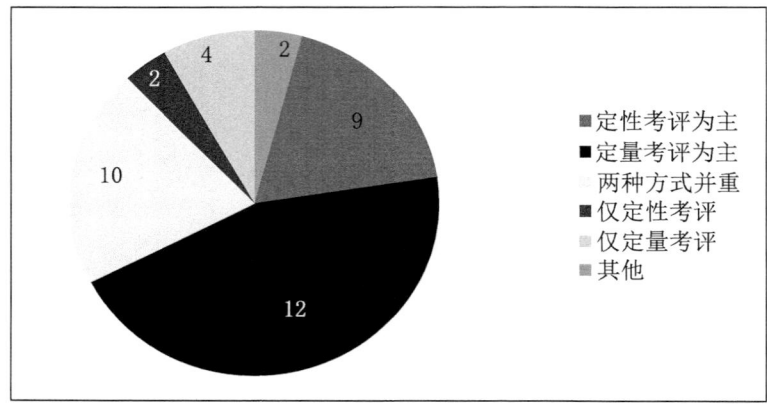

图 2 考评方法

关于考评频率，多采取季度考评、年度考评结合制，另每月发布包含重要指标的考评指引，见图 3。

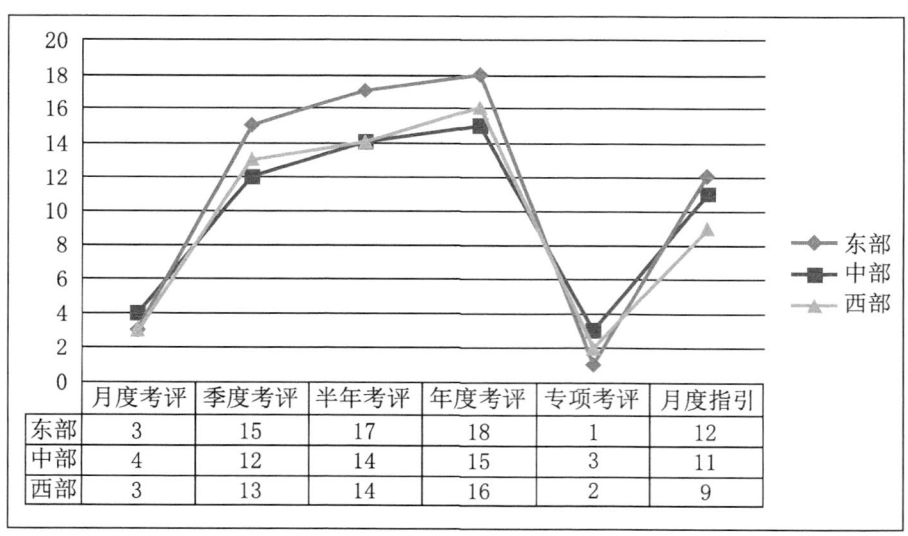

	月度考评	季度考评	半年考评	年度考评	专项考评	月度指引
东部	3	15	17	18	1	12
中部	4	12	14	15	3	11
西部	3	13	14	16	2	9

图 3 考评频率

关于数据来源，在 49 家开展法官考评的法院中，绝大多数法院均依托审判管理系统和审监评查采集数据，有 1/2 的法院通过审务督察采集数据，见图 4。

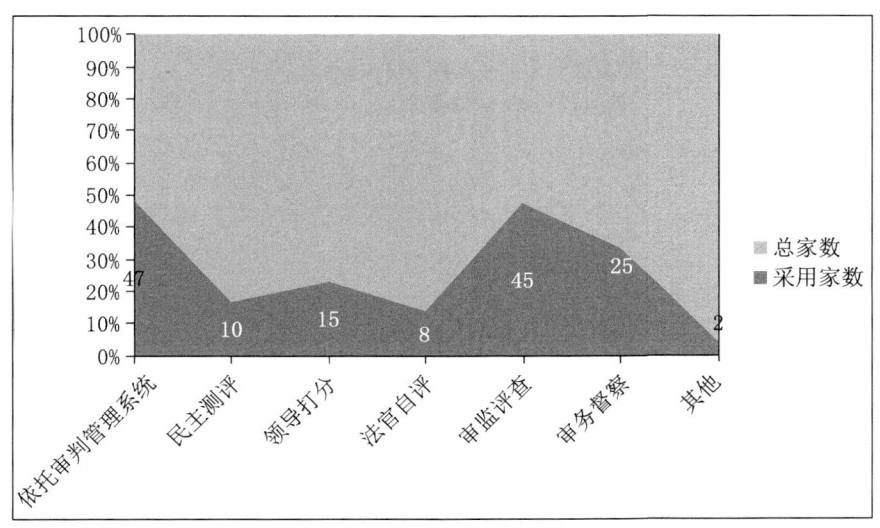

图 4　数据来源

4. 考评结果及运用

关于复议程序，在 49 家开展考评的法院中，45 家法院均设有该程序，其中 28 家法院采用口头方式答复复议申请人。

关于考评结果储存，有 35 家法院建有法官业绩档案，并将其存入档案。有 10 家法院通过其他方式储存。有 4 家法院仅将其存在考评部门电脑中。

关于考评结果运用，见图 5。

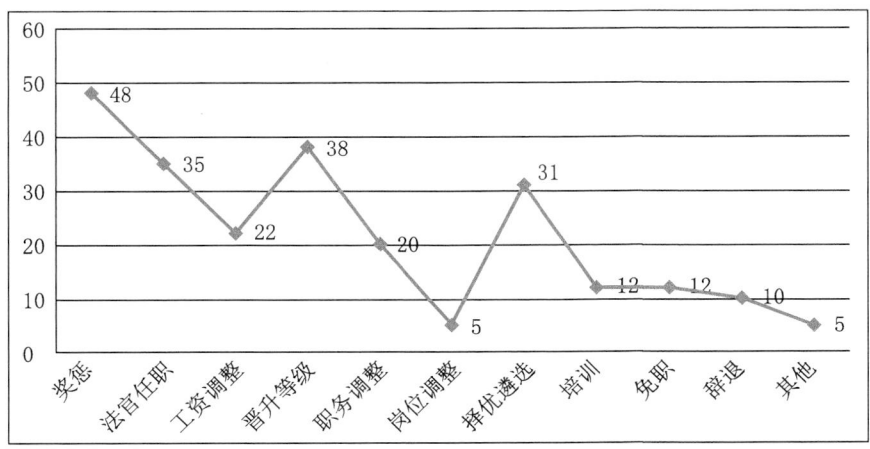

图 5　结果运用

（三）样本 2：全国 211 名法官对考评的意见[1]

1. 存在问题

按照百分制计算，法官对于现行考评方案的满意度仅为 31.08，突出问题集中在 8 项。其中，指标设计不科学、考评结果与激励机制未完全挂钩、存在部分工作量未核算是选择比例最高的三个问题，见图 6。

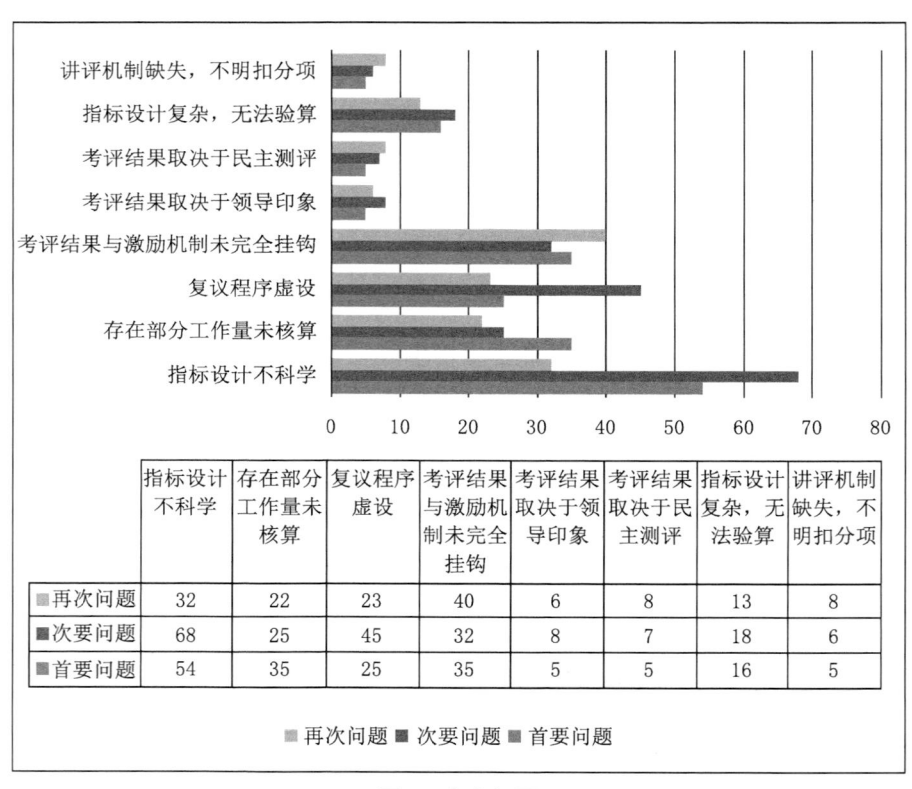

	指标设计不科学	存在部分工作量未核算	复议程序虚设	考评结果与激励机制未完全挂钩	考评结果取决于领导印象	考评结果取决于民主测评	指标设计复杂，无法验算	讲评机制缺失，不明扣分项
再次问题	32	22	23	40	6	8	13	8
次要问题	68	25	45	32	8	7	18	6
首要问题	54	35	25	35	5	5	16	5

再次问题　次要问题　首要问题

图 6　存在问题

2. 对考评指标的意见

笔者根据各地法院考评指标设置情况，设计以下包括审判业绩、审判技能、职业道德、附加指标 4 大项 34 小项指标。每项由法官根据其重

---

[1]　为了解作为考评对象的法官群体对本院考评的意见建议，设计调查问卷 B，向 300 名法官进行发放，收回有效问卷 211 份。

要性在 0 至 10 分间打分。经统计，得出以下参考分数以论证法官认为较合理的考评权重。其中，大项中"审判业绩"获评最高分，小项中"文书质量"获最高分 8.56 分，"责任事故"获最低分 2.68 分，见表 3。

表 3　法官对考评指标的预期设定值

指标			得分	指标			得分
审判业绩	质量指标	庭审质量	8.43	审判技能		庭审驾驭能力	7.85
		文书质量	8.56			文书撰写能力	8.32
		差错率	7.68			沟通协调能力	6.52
		发改率	7.45			危机应对能力	5.51
	效率指标	结案数	7.98			群众工作能力	4.53
		结案率	7.20	职业道德	评价指标	自我评价	4.66
		法定审限内结案	7.63			领导评价	4.54
		长期未结率	6.96			律师、当事人评价	4.54
		调撤率	6.42			廉政法纪	5.53
		裁判自动履行率	5.33			投诉信访	3.44
	效果指标	文书上网率	5.85			行为规范	4.56
		网络直播率	4.33			责任事故	2.68
		陪审率	5.21	附加指标		参加调研研究课题	5.23
		案卷管理	4.23			参加专业法官会议次数	4.58
		公众满意度	6.98			参加审判指导工作	4.96
	调整指标	工作量系数	7.23			参加案件评查	4.96
		难度系数	7.56			建章立制指标	3.21

二、基层法院法官绩效考评的反思

虽然在近 20 年的考评发展历程中，绝大多数法官都认为考评更加趋于公正、公开、科学。但总体而言，我国基层法院法官考评机制仍存在不足。

（一）考评内容不科学

1. 考评指标数字化

虽数字化考评便于统计、简单明了，但审判工作具有专业性强、个案差异大等特点，用"企业化"数字考评方式不尽合理。且针对个案，法官被赋予一定自由裁量权，故用数字反映法官业绩欠妥。如结案率，相同法院不同民事审判部门由于案件类型、性质存在明显差异且案件难易程度不同，如医疗事故案件大部分需鉴定，且鉴定时间少则一年，多则更久，故审结一件医疗事故案件所付出的时间和工作量与其他案件不可同日而语。因此，诸如只划分民事片区，而不区分案件性质、确定统一的结案率和办案任务的做法欠妥，将导致考评实质不公平。

2. 指标设计简单化

（1）识别机制缺失。对于非因主观故意或重大过失导致的发回改判案件，不应过分强调追责，并不加鉴别地将其计入考评。因为，对同一事实不同法官有不同看法，是司法的特点，也是审判的规律。

（2）部分指标欠合理。如上诉率、调解撤诉率、息诉服判率、实际执行率、执行到位率。因为这些指标非法官所能控制，常受制于案件类型及当事人情况。

3. 指标权重不合理

法院的第一要务是审判。当然，品德素质、协调能力、政治学习、民主测评、涉诉信访等考评项也在一定程度上反映着法官工作状态。但将这些趋于"行政化"的考评项目权重与审判业绩权重规定得基本持平或相差不大不合理。故有的法院以"不出事"（未受到党纪政纪处理或被刑事处罚）就是好法官，就能在该项考评中得满分。致使此项考评流于形式，无中间地带，起不到评价作用。

4. 众多工作难以量化

（1）部分工作难以量化。多数考核方案只考察易于识别且能量化的工作部分。而诸多工作量无法量化，也无法在考评中予以体现。如审理未成年犯罪案件，可能会附带心理辅导、家庭探访、社会调查、判后跟踪等工作。

（2）案件难易程度难以量化。多数法院未建立案件难易系数折算机制或依托上级法院数据进行测算。众所周知，审结 100 件物业合同案件与 100 件建设工程纠纷案件的含金量是不同的，后者的困难程度和工作量远超前者。

（3）社会影响难以量化。即使依法作出判决，也可能招致负面评价。如离婚案件、争夺抚养权案件，往往会引来上访和闹访，影响该法官的信访投诉率。即使最终虽未被定为"有责信访"，但法官所耗费的时间成本、精力成本无法量化。

（4）派出法庭工作难以量化。这些法官长期驻守审执第一线，工作条件比本部艰苦且任务繁重。另外，可能存在上下班在途时间长，有效工作时间短于本部的情况。但几乎没有法院将此项纳入考评折算项，不利于激发派出法庭法官办案热情。

（二）考评主体内部化

1. 正当性不足

虽然《法官法》规定，考评组织由各院自行组织。但这样的考评组织形式导致评价法官"内部化"，考评结果更趋于"人际化"。同时，在考评中多数项目采取定性考评，而定性指标往往受到主观好恶影响。因此过多使用定性考评方式无法准确评价法官特质，极强的随意性和不健全的考评机制，导致"好人主义"盛行，"领导依附"和"拉帮结派"现象出现。

2. 独立性不够

虽然大多数法院依据《法官法》的规定设立了法官考评委员会，但只有个别法院在考评中引入外部人员。故独立评价、有效制约、相互监督、强化论证的考评体系尚未确立。

3. 权与责不清

大部分法院考评人员由审管办、政治处、机关党委、办公室、审监庭、研究室、监察部门、信访部门等部门工作人员组成。参与考评的职能部门过多，易形成"九龙治水"现象，导致缺位与越位并存，加大考评成本，降低考评效率。如有的指标具有考评意义，却因处于不同指标的边缘，导致没有部门考评，没能发挥效用。

（三）考评的配套机制准备不足

1. 与审判团队、司法责任追究制缺乏衔接

"审判团队"是司法改革中新出现的一个概念，但仅有 5 家法院将考评法官与考评审判团队衔接，将审判团队的考评成绩乘以一定系数纳入对法官的考评。另外，虽绝大部分法院已建立司法责任追究办法，但是与法官及以法官为核心的审判团队考评机制缺乏衔接。如何依据"权力清单"确定主审法官、法官、法官助理、书记员、其他人员（司法辅助人员、人民陪审员）之间的责任，少有规定。使得在对法官考评中，特别是"N+N+N"（N>1）模式的审判团队中出现的差错案件如何追责不明确，可能最终出现"集体责任"或"集体都无责"的情况，影响了考评的科学性与严肃性。

2. 沟通机制未建立

（1）考评沟通机制鲜有建立。考评沟通作为绩效管理核心，是将考评中反映出的问题以及考评机制本身的问题开展沟通，着力找寻解决之道。但调查结果显示，大多数法院考评沟通做得不到位。很多法官不清楚考评内容及方式。这不利于法官理解考评结果、发挥考评的指引作用。

（2）考评救济体系尚未有效运行。无救济就无权利。应严格依照《法官法》规定赋予被考评法官申请复议的权利，即被考评法官对结果不服，可向考评委员会申请复议，考评委员会应复核考评结果，如有错误，应予撤销并公示。

3. 基于考评结果的激励机制运用不利

（1）激励力度不够。从调查中发现，激励主要集中在奖金发放、评优评先、职务晋升等方面，但力度不够。以 Y 省法院考评为例，激励机制包括工资等级上调和职务晋级。考评称职，晋一级工资，每月增加 100 元左右，力度不大。职务晋级虽有较大吸引力，但累计 5 年被评定为称职以上的，才内晋升一个级别。

（2）适用范围不足。根据各地法院奖惩制度设计，能受到奖惩影响的人员范围有限。以 T 省法院考评为例，该省将考评对象依据分数和民

主测评分为"称职"和"优秀"两类，而被确定为"优秀"等次的仅占全部人员的 10%，绩效奖金按标准的 110% 发放，最终仅比"称职"人员每年多不到 2500 元。同时，从各院奖惩涉及的对象来看，主要集中在"两端"，即较出色的法官和个别不称职的法官。这种做法可能使考评对于大多数处于中位的法官认为与己无关，难以发挥考评应有的"指挥棒"作用调动其工作积极性。

三、法官绩效考评的相关经验及启示

法官考评英文为" Judicial Performance Evaluation"，意为法官的表现与评价。其内涵与我国有显著差别，更强调外部、独立、无强制，其制度设计就基于此展开。

（一）相关的经验

1. 美国

出于对职业特点和公共利益考虑，一些州成立了由法院、律师界和其他司法系统人员与公众代表组成的法官评估委员会[1]，从廉洁、法律知识掌握、沟通交流技巧、庭前准备情况、专心程度、庭审驾驭能力、守时、对职业与公众做出的贡献、与同事协作九个方面对法官作出评估。对于各项考评标准，又有细化准则。如"法律知识掌握"一节，从四个方面考察：一是判决是否合法合理，二是州内的实体法、程序法等法源是否掌握，三是事实是否正确认定、法律是否正确适用，四是是否正确运用判例。美国各州组织评估的目的主要在于促进法官的自我改进，不对法官进行比较，也不作为惩戒机构惩戒法官的依据。[2]

2. 德国

为了确保独立与中立，避免法官管理的行政化，由法官委员会从专

---

〔1〕 怀效锋主编：《法院与法官》，法律出版社 2006 年版，第 582—585 页。

〔2〕 朱盛文："关于我国法官考评制度的研究"，中国政法大学 2010 年硕士学位论文。

业知识、理解能力、口头表达、文字表述、案件处理、沟通协调、执行力等方面对法官评定，根据考评颁发职务鉴定书。[1]评估目的在于将考评结果与法官晋升挂钩，[2]并将其作为法官晋升的决定性条件，但考评结果只具有激励性而不具有惩罚性。

3. 日本

在制度设计时强调流程透明化、资料充实准确、评价结果可复议。突出以下四点：一是最终评价应由最高法院法官会议决定，二是应从案件处理、法律知识、指导协作、协调沟通等方面评价，并且细化上述项下的子项目，使之具体而客观，三是在对法官进行评价时，应责成撰写自我评价，四是设置不服处理程序。[3]

4. 我国台湾地区

我国台湾地区"法官法"规定应从学识能力、品德操守、敬业精神、裁判品质四个方面评定，并报送"司法院"核定。同时，对问案态度、裁判质量、诉讼程序进行、敬业精神的评定以评分形式进行，对品德操守的评定不列入评分，但如被评定法官有足以引起疑虑的品德问题，则评定人需填写具体事实以供查证。职务评定结果作为奖金发放、职等晋升依据。[4]

5. 我国澳门特别行政区

在评核中，须从其所负责工作的数量及复杂性、工作条件、技术能力、发表的著作、品德、个人履历及守纪情况七个方面对法官履职情况作出认定，并给予"优""佳""良""可""次"的评核结论。其中，被评核为"次"的，须立即停止法官职务，且须因不胜任本职工作而被启动纪律程序。评核结论为法官晋升提供重要依据。[5]

---

[1] 江苏省高级人民法院："法官考评委员会的架构与运作"，载苏泽林主编：《法官职业化建设指导与研究》，人民法院出版社 2003 年版，第 150 页。

[2] 最高人民法院司法改革小组编，韩苏琳编译：《美英德法四国司法制度概况》，人民法院出版社 2002 年版，第 303 页。

[3] 最高人民检察院法律政策研究室组织编译：《支撑 21 世纪日本的司法制度——日本司法制度改革审议会意见书》，中国检察出版社 2004 年版，第 89 页。

[4] 王上仁："台湾法官评鉴制度与问题——以'法官法'为核心"，载《司法改革论评》2015 年第 2 期。

[5] 参见《澳门特别行政区第 10/1999 号法律：司法官通则》。

（二）法官考评共性因素的启示

1. 法官考评机制须作为我国审判管理的一项重要内容，并使之标准化、规范化、公开化

在这一点上，大陆法系早已将法官考评纳入审判管理的范畴，而英美法系则在经历了长期的法官自治后，在社会责任的重压和诉讼效率的考量下，也已探索将法官考评作为法院管理的常规工作。

2. 法官考评须有明确的制度目的

即在制定制度之前，须知道"为什么考"，这样才谈得上处理"考什么"处理"如何考"等问题，这关系到整个考评功能的实现及成败。对此两大法系秉持共同的价值取向与司法理念，以保障审判权独立为前提，以职业自治为基础，用考评促进法官个人及法官职业群体工作的改进与提高，同时为审判管理提供参考依据。在这一点上，两大法系的做法与我国的审判权、审判管理权、审判监督权独立运行、相互配合的探索与实践不谋而合，如此才能让审判管理权有效运行，把依法、公正、独立行使审判权的责任落到法官身上。

3. 考评方法和指标必须符合法官职业特点

审判工作具有很强的专业性，强调程序、中立、亲历。因此对法官管理应"去行政化""去企业化"，采取配套制度来规范、指引法官行为。如考评指标的设计、考评机制与法官惩戒制度、司法责任追究制度、复议申诉制度的有效衔接等问题不能相互混淆。在这一点上，两大法系均从各自国情出发，在考评主体、指标、方法上均体现法官职业特点，这是考评机制取得实效的基础。

4. 考评结果运用应与考评目的一致

在考评制度设计之初就将考评结果运用的项目、方法、程序、保障措施、救济途径予以明确，这样才能实现考评目的。在这一点上，两大法系考评结果运用虽存有较大差异，但都与各自考评目的契合，都强调引导法官改进工作，明确不得将考评结果作为惩戒法官的依据（我国澳门特别行政区除外）。[1]

四、基层法院法官考评机制的具体方案

一国有一国的国情，在不同文化背景下难以评价两大法系的考评体系孰优孰劣。但从学习借鉴的角度，仍可将其合理的共性因素吸收。同时，在方案设计时须以全国 55 家基层法院的既有经验及 211 名法官理想的指标赋值为依托，以求"窥一斑而知全豹"，使方案更加符合我国实际，并为大多数法官所认可、推崇。具体说来，应从四个方面着手。

（一）考评目的明确具体且分阶段设置

考虑到司法改革存在渐进性，在不同阶段应有所侧重，考评需根据法官的发展方向有所调整。

1. 第一阶段：提升审判质效

当前，案多人少仍是各地基层法院的主要矛盾。同时案件难度也在日益增大，如何在取消审批权、配套机制尚未完全到位的前提下，保证案件质量，提升审判质效是审判工作的首要任务。

2. 第二阶段：指引法官发展方向

对列入考评范围的事项，法官会作为努力的方向，而对没有列入考评的事项，必然放松要求，怠于努力。[2]通过设计的包含法官履职业绩、能力等各方面考评指标，评判法官的职业能力，指引法官补足短板。

3. 第三阶段：持续改善法官能力

美国法官考评委员会认为持续改善法官业绩对保持法院活力至关重要。即使经过严格遴选程序的法官，也必须通过继续教育、激励和评估程序改进表现。[3]在法官数量有限、审判岗位与审判辅助岗位、行政岗

---

〔1〕 锁秀秀："我国法官绩效考评制度研究"，海南大学 2013 年硕士学位论文。

〔2〕 蔡晖："法官考评制度改革的若干问题探讨"，载《法律适用》2004 年第 8 期。

〔3〕 最高人民法院中国应用法学研究所编，于秀艳等编译：《美国法官制度与法院组织标准》，人民法院出版社 2008 年版，第 202 页。

位之间转换渠道不再畅通的背景下，补充法官的速度将大幅降低，以前通过任命新法官来缓解审判压力的方法不再奏效。此时，只有通过合理的考评体系来不断引领法官自觉提升各项技能，最终培养出敢于独立行使审判权，善处各种重大疑难复杂及新类型案件，精于研究总结审判规律，善于创造裁判规则填补法律漏洞的精英法官。

（二）用 KPI 理论优化考评内容及方法

1. 总体考评指标 KPI 设计

（1）依据：根据《法官法》和《四五改革纲要》，法官考评内容可以分为审判效率、审判质量、审判效果、审判技能、审判作风、廉政情况等大项。在每个大项下，还可做多方面细分。但如将指标设置得过于烦琐，或包含一些易受主观因素影响的指标，将会加大考评难度，也使考评结果失真。综上，在分析表 3（法官对考评指标的预期设定值）统计数据后，运用管理学中 KPI 理论，打破原有大项范围，挑选 14 项关键业绩指标，根据指标特性将其重新排列组合，形成以下新的 3 项常规指标及 1 项附加指标。[1]

（2）内容：①常规指标——审判贡献指标、审判能力指标、职业素养
　　　　　　指标

②附加指标（见图 7）

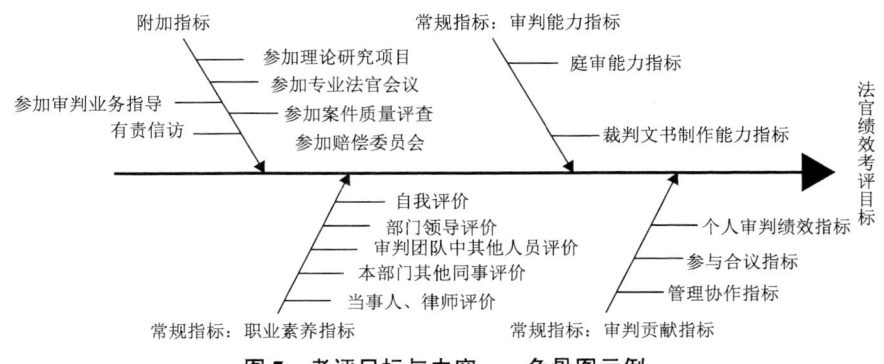

图 7　考评目标与内容——鱼骨图示例

---

[1] 鉴于篇幅所限，本文不再对法官考评 KPI 设计方案中的"指标描述""数据来源"两项内容展开论述。

（3）公式及权重：总体得分＝审判贡献指标（70%）＋审判能力指标（20%）＋职业素养指标（10%）±附加指标分数，采取百分积分制。

2. 各分项指标 KPI 设计

（1）审判贡献指标。①依据：法院第一要务是审判，所以与审判直接相关的指标均纳入该项。此节指标全部采取量化考评方法。②内容：A. 个人审判绩效指标。包括：量化考评——结案数、法定审限结案率、平均审理天数、差错率指标。均以同类参加考评法官的平均值为基数实行百分制计分。公式及权重：个人审判绩效得分＝结案数折算分数（60%）＋法定审限结案率（15%）＋平均审理天数（15%）＋差错率（10%），采取百分积分制。B. 参与合议指标。包括：量化考评——作为承办人合议、作为合议庭成员合议指标。此两项指标均考虑法官参与合议案件的贡献度，其计算均参照个人审判绩效指标公式。公式及权重：

$$个人审判绩效得分 = 0.7 \times 作为承办人合议分数\left(\frac{作为承办人合议的案件数}{作为承办人合议的案件数 + 作为合议庭成员合议的案件数}\%\right) + 0.3 \times 作为合议庭成员合议分数\left(\frac{作为合议庭成员合议的案件数}{作为承办人合议的案件数 + 作为合议庭成员合议的案件数}\%\right),$$

采取百分积分制。C. 管理协作指标[1]。包括：量化考评——审判团队成员管理协作指标。公式及权重：审判团队中其他人员绩效×20%（有多名法官、法官助理、书记员的，按除被考评法官外的全部人员的绩效平均值为基数计算）。③公式及权重：审判贡献指标得分＝个人审判绩效指标（60%）＋参与合议指标（20%）＋管理协作指标（20%），采取百分积分制。

（2）审判能力指标。①依据：根据审判规律，该项目的考评，不宜采取全部量化的考评方法，而应按照考评项目，分别采取量化考评与定性考评方法，而后依据各自权重计算分数。②内容：庭审能力（庭前准备、庭审形象、庭审程序、庭审驾驭、庭审秩序、庭审优点、庭审问题），裁判文书制作能力（基本信息准确、讼争焦点归纳全面准确、证据采纳得当合法、裁判理由逻辑严密、裁判结果明确具体且处理得当、适

---

[1]　院、庭长的管理协作职能大于一般员额法官，其内容大于本节"管理协作指标"内涵，另含队伍管理工作绩效指标，且其计算权重与一般的员额法官不同。鉴于篇幅所限，本文对此不再论述。本文所称"法官"均指基层法院在审判一线的非领导职务的员额法官。

用法律正确、结构完整、文字凝练、法律效果与社会效果较好）。具体可参照《最高人民法院关于印发庭审和裁判文书评查指导标准的通知》中文书和庭审评查标准及计分表。③公式及权重：审判能力指标得分＝庭审能力指标（50%）＋裁判文书制作能力指标（50%），采取百分积分制。

（3）职业素养指标。①依据：该项目涉及个人思想和精神领域，不宜采取量化考评方法。因此，须改变现行考评以量化为主的做法，增加综合评价的权重。综合评价可通过平衡计分表（见表4）进行测算。②内容：贯彻执行党的方针政策情况、学习能力、职业操守、工作作风、群众工作能力、倾听交流能力、内部规章制度落实情况、应对突发情况能力、团结同事情况等。③公式及权重：职业素养指标得分＝自我评价（10%）＋部门领导评价（25%）＋审判团队中其他人员评价（25%）＋本部门其他同事评价（15%）＋当事人、律师评价（25%），采取百分积分制。

表 4　职业素养指标平衡计分表

职业素养指标平衡计分表						
指标	评价					
自我评价	0	1	2	3	4	5
部门领导评价	0	1	2	3	4	5
审判团队中其他人员评价	0	1	2	3	4	5
本部门其他同事评价	0	1	2	3	4	5
当事人、律师评价	0	1	2	3	4	5

（4）附加指标。①依据：常规指标并不能完全反映法官的实际业绩情况；②内容及计算方法：参加理论研究项目、专业法官会议、案件质量评查、赔偿委员会、审判业务指导等工作情况[1]（正向指标——加分制），有责信访指标（负向指标——减分制）。

（三）规范考评结果运用及与有关机制的衔接

强化考评引导激励作用，可根据实际情况，改变原有将所有奖惩适

---

[1]　参见何帆："完善绩效考核办法 实现员额'有进有出'"，载《人民法院报》2017年5月26日，第2版。

用于"两端"的做法，设立多层级和宽范围奖惩措施，并按照综合考评分数给予特优、优秀、尚可、待改善、亟待改善的评定等级。被考评为前三等次的，均可获得相应奖励。可将被考评为"亟待改善"的视为"只拿待遇不愿尽责、担当不够不敢尽责、能力不足不能负责"[1]，并其考评结果与员额退出机制衔接。具体结果运用方式见表 5：

表 5　不同考评结果运用方式

考评等次	比例	结果运用方式							
		绩效奖金发放	法官登记晋升	上级法院择优遴选	领导职务选任	评优评先	业务培训	诫勉谈话	职业警告
特优	3%—5%	130%发放	缩短期限 1 年	特别推荐	优先考虑	优先考虑	推荐参加提升型培训	无	无
优秀	10%—15%	110%发放	缩短期限半年	推荐	优先考虑	优先考虑	推荐参加提升型培训	无	无
尚可	40%—50%	100%发放	正常晋升	一般程序	一般程序	无	一般培训	无	无
待改善	20%—30%	90%发放	正常晋升	一般程序	无	无	一般培训	无	无
亟待改善	不预设特定比例	不发放	1 次不称职：延长期限 1 年；连续 2 次不称职：延长期限 2 年；连续 3 次不称职：与员额退出机制衔接	无	无	无	1 次不称职：加强岗位业务培训；连续 2 次不称职：加强岗位业务培训，考虑调岗	1 次不称职：分管院长谈话；连续 2 次不称职：主管院长谈话	1 次不称职：黄牌警告；连续 2 次不称职：红牌警告；连续 3 次不称职：与员额退出机制衔接

---

[1]　徐家新："对只拿待遇不愿尽责的法官及时退出员额"，载腾讯新闻网，http://news.qq.com/a/20150922/052005.htm，访问日期：2018 年 6 月 5 日。

（四）完善考评的配套机制

1. 完善法官考评委员会制度

《法官法》第39条[1]并未限制外部人员作为考评委员会成员。现有的考评委员会成员均为本院法官，而公众参与度、互动度不高，无法让公众了解司法、信任司法，无法让其感受到司法改革在考评法官方面中的变化，所得考评结果公信力不够。故应在省级统管背景下，扩大法官考评委员会的成员，广泛接收检察机关、监察机关、人大代表、政协委员、外部专家和律师代表等参加。

2. 依托大数据系统核算案件折算系数

依托信息化办公室及运维团队开发省级"案件权重系数"系统。系统设计采取"2+4"模式，即以结案案由与适用程序二项为基础，以庭审时长、笔录字数、审理天数、法律文书字数四项要素为计算依据。通过对比不同案件类型审理中这四项要素与全部案件审理中四项要素的占比，区分省域内不同案件类型折算系数。为合理测算、科学评价法官业绩提供依据，实现法院不同部门间工作量的科学比对。

3. 增加考核结果的文字表述

现行各院考评结果基本上是用量化分数来表达。但仅用分数无法对法官工作能力及态度做出准确评价。分数只能总体上让人感觉好不好，但无法直观地反映具体问题。故应在考评结果中加入文字性表述。方便被考评法官阅读，以便明确方向、补足短板。

4. 完善考评沟通、复议、交流、法官档案制度

（1）参与考评的部门间要建立沟通机制。为避免重复劳动，消除工作盲点，亟需建立此沟通机制。

（2）细化复议流程。当被考评法官对考评内容或结果有异议时，有程序反映意见，对反馈不服的，有权复议。考评委员会应复核考评结果，书面告知申请人，如结果经复核确有错误，应撤销并公示。

（3）完善交流机制。应将考评结果与被考评者充分交流，帮助其理

---

[1] 《法官法》第39条规定：法官考评委员会的组成人员为五至九人。法官考评委员会主任由本院院长担任。

解考评结果，并对其做专项点评，全面发挥考评的"指挥棒"作用。

（4）设置法官档案。由审判管理大数据系统从每月绩效考评信息中抽取案件基本信息、审理执行、案件质量评查、接待当事人等方面信息，以有效评价法官业绩。每年年底由法官自评当年业绩，一并归入档案。

5. 完善动态调整机制

任何制度都有历史的局限性，每年都要结合上年考评制度实行效果及与法官、考评委员会成员的交流、讨论情况，对考评制度进行修订。同时，考评委员会可根据当前法院的主要矛盾，动态调整考评指标。如一段时间内法院的案件激增，可适当提高结案数指标的权重、降低平均审理天数指标的权重。以实现考评结果 PDCA 循环，发挥考评的指引作用。见图 8：

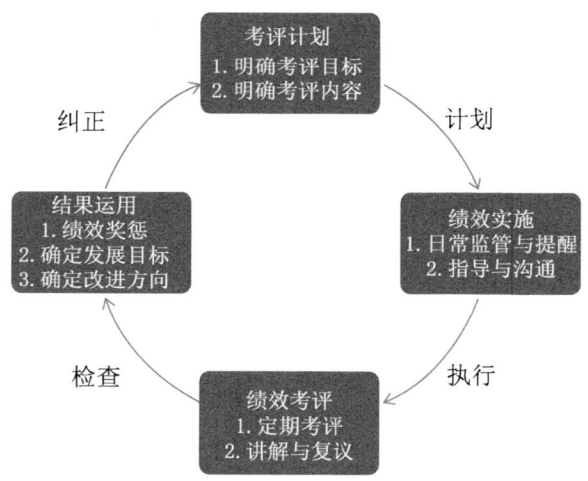

图 8　考评结果的 PDCA 循环

五、结语

理顺审判权与审判管理权关系，健全审判权运行机制，是当前司法改革大背景下，完善司法责任制的一个全新课题。与其相伴而生的法官考评，既脱胎于传统法院考核，又不同于行政机关、企事业单位绩效考评，有自己独特的特点。本文以全国 55 家基层法院考评制度及对 211 名法官调查问卷为蓝本，对法官考评展开实证分析。望在此文基础上，能有更多有益成果，为完善法官考评提供更多思路和经验，更好地发挥考评制度评价、指引、激励作用，推动我国人民司法事业新发展。

政府主导精准扶贫中信息失灵的制度回应

黄　军[1]

提　要： 政府主导精准扶贫离不开相应的扶贫决策，而精准决策的作出须以充分、准确且分布较为对称的扶贫信息为必要前提。当前发生在这一领域的信息失灵问题突出表现为"信息不准确"与"信息不对称"，这对脱贫实践也产生了较大的消极影响。信息制度缺陷是引致这一问题的重要成因，其具体表现为"制度供给存在结构偏差""制度激励面临双重不足"以及"制度路径安排相对单一"。破解政府主导精准扶贫中的信息失灵问题，应当注重扶贫信息领域的法律制度体系构建，强化有关扶贫信息制度的激励机制，并拓宽有关扶贫信息的制度落实路径。

关键词： 精准扶贫；信息失灵；制度

消除贫困既是历史赋予党和政府的一项重大历史使命，也是一项规模宏大的系统工程。2015 年 11 月 29 日，随着《中共中央、国务院关于打赢脱贫攻坚战的决定》（以下简称"《决定》"）的作出，标志着我国精准扶贫工作正式进入了最后的决胜阶段。同一时期，学者们围绕"精准扶贫"这一主题的研究热度开始大幅提升，并且也取得了较为丰硕的

---

[1]　作者黄军，男，中国政法大学经济法学博士研究生，研究领域为经济法学，代表作有《知名商品特有包装装潢的竞争法保护——以最高人民法院 2015 年第 47 号指导案例为例》《〈反不正当竞争法〉第 2 条定性及其适用模式——基于互联网新型案件的分析》《侵犯知名商品特有包装装潢行为构成的问题与改进》《网约车监管领域公平竞争审查制度实施探析》等，Email：765243626@ qq. com。

学术成果。[1]但审视已有成果后不难发现，学界针对精准扶贫问题的关注点相对较为集中，由此引致的不利结果便是有些重要问题可能并未得到应有的重视。发生在这一领域的信息失灵问题便为具例，其主要表现为：一是现有研究尚未对精准扶贫中的信息失灵问题加以系统分析，更多的是在探讨相关问题（如贫困人口识别以及扶贫政策执行等困境）时附带提及。二是这些研究多侧重于对信息失灵问题进行现象层面的描述与归纳，较少深入其制度内部探究其成因进而寻求行之有效的化解之策。然而问题在于，精准扶贫中的信息失灵是一个十分复杂但又极其重要的现实问题。就复杂性而言，信息失灵涵盖精准扶贫领域的各个环节，牵涉不同主体，具有不同的表现形式，其形成原因也涉及多个方面；就重要性而言，信息失灵会直接影响精准扶贫自身的精准性，而能否解决这一问题，将最终决定前述《决定》既定目标可否实现；就现实性而言，精准扶贫实践中信息失灵问题已经逐渐显现，并且有愈演愈烈之势。鉴于此，本文将简要阐明政府主导的精准扶贫与信息之间的关系，并进一步全面论述精准扶贫中信息失灵的主要表现及其消极影响，在此基础上，立足于制度层面剖析这一领域出现信息失灵的成因，最终提出相应的制度应对出路。

一、政府主导精准扶贫中的一个必要前提：信息

众所周知，精准扶贫重在精准，也贵在精准。从根本上讲，"扶贫资

---

[1] 笔者通过中国知网并以"精准扶贫"为题进行检索后发现，在论文年度发表数量方面，其中 2013 年有 2 篇，2014 年有 69 篇，2015 年有 448 篇，2016 年有 2073 篇，2017 年有 3155 篇；在学科方面，现有文献主要涉及农业经济、金融、旅游、行政学和国家行政管理以及经济体制改革等领域。同时，笔者进一步以"精准扶贫"与"信息"为题进行高级检索，共有 29 条相关结果，其中与信息失灵关联较为密切的代表性论文有：郭蕾等："精准扶贫中的信息需求及其服务策略"，载《图书馆论坛》2018 年第 4 期；尹利民、孙健："'权力——信息'约束下精准扶贫的地方实践——以 X 县为例"，载《江西社会科学》2017 年第 11 期；刘祚祥、杨密："精准扶贫、信息共享与贫困农户金融服务创新——以张家界金融产业扶贫为例"，载《长沙理工大学学报（社会科学版）》2017 年第 1 期。

源的合理配置是确保精准扶贫战略目标顺利实现的关键所在。"[1]在具体实践中，要真正保证扶贫资源的合理配置继而实现扶贫工作的精准性却殊非易事。结合行政权力架构来看，按照前述《决定》的总体要求，当前我国精准扶贫所确立的是由政府主导模式——自上而下的权力行使机制设置，其产生的直接影响是扶贫决策主义，包括决策主体相对单一且决策权力较为集中。[2]在此背景下，如何科学、有效且有针对性地推进各项扶贫工作进而如期且保质保量地打赢这场攻坚战，实际上将主要取决于在党的领导下的公权力机关——政府作出的一系列具体扶贫决策的精准性。进一步而言，如何解决"扶持谁、谁来扶、怎么扶"中的精准性问题，以及如何处理好"扶真贫、真扶贫、真脱贫"中的精准性问题，以切实提高扶贫成果的可持续性与贫困人口的获得感，这些均是摆在各级政府及其相关职能部门面前繁复的待决事项，需要其通过逐一作出相应的精准决策予以回应。诚如学者所言，"正确的决策有赖于良好的决策机关、科学的决策方法以及充分的决策信息，三者缺一不可"。[3]决策过程在本质上就是信息的输入、转换与输出的过程。[4]可以看出，信息是任何主体进行任何决策活动须臾不可或缺的"客观质料"。隐藏于前述论断背后的深层次机理在于：人们要对问题做出客观判断时，首先需要收集各方面的信息，在充分分析的基础上加以去粗取精、去伪存真。[5]从这个意义上讲，政府主导精准扶贫离不开一系列行政决策，信息既是作出决策的前提，同时又是确保这些政策执行、控制、监督与评估得以有效落实的基础。在这一过程中，基于现有决策机制设置之故，作为行政决策活动的一个必要前提——信息事实上还需满足一些隐含的前置条件。

　　信息充分是精准扶贫决策的基础。信息充分是从数量维度对作为客

[1] 周冬梅："精准扶贫的资源配置逻辑与实践困境"，载《西北农林科技大学学报（社会科学版）》2018年第2期。

[2] 正如学者所指出的，作为一种政府主导型模式——政府不仅负责政策制定、项目选择，还主导扶贫资源的筹集和分配。参见贾俊雪、秦聪、刘勇政："'自上而下'与'自下而上'融合的政策设计——基于农村发展扶贫项目的经验分析"，载《中国社会科学》2017年第9期。

[3] 应飞虎：《信息失灵的制度克服研究》，法律出版社2004年版，第1页。

[4] 参见孙光：《现代政策科学》，浙江教育出版社1998年版，第141页。

[5] 参见［美］罗杰·J.沃恩、特里·E.巴斯：《科学决策方法：从社会科学研究到政策分析》，沈崇麟译，重庆大学出版社2006年版，第12页。

体的信息所作出的规定，即信息具有充裕性。从正向维度而言，未有量的足够积累与储备，信息在总量上将是局部的、偏颇的且不完整的，因而也就难以有效地描述与还原其所指向对象的全部面貌。"无米难成炊"，如同一切生产不能脱离必要的原材料一样，扶贫信息在政府扶贫决策过程中居于基础的前提性地位。精准扶贫依赖于众多的扶贫信息作为"原料"支撑，丰富且全面的扶贫信息有助于政府形成开阔的视野与不偏不倚的认识，进而作出较为周密、系统且严谨的判断与决策。相反，在缺乏相对完备信息的前提下，扶贫决策实践犹如"无源之水，无本之木"，政府容易陷入决策的"视域盲区"，使扶贫决策过程极易产生以点代面、以偏概全的错误认识。即使作出了具体决策，也会最终反映到扶贫工作的"精准性"之上——决策在执行层面出现非针对性与低效益性。

信息准确是精准扶贫决策的关键。信息准确是从质量的维度对作为客体的信息所进行的界定，也即信息符合客观性要求。诚如投入生产的原材料"质量"会极大地影响最终制成品本身一样，如果主体掌握的信息是含糊不清的、具有误导性的、失真的甚至是完全错误的，那么根据这些信息所还原的则并非事物的本原图像，由此引致的不利后果是：决策中的肆意、冲动与武断等非理性因素会大幅增加，决策失误的概率亦就随之上升。就此而言，在具体扶贫实践中，政府所能够掌握的各方面扶贫信息的准确性将直接决定着扶贫决策本身的科学性、合理性与精密性。信息准确既是精准扶贫决策的题中应有之义，也是实现精准扶贫决策的本质要求之所在。

信息对称是精准扶贫决策的重要组成部分。信息对称是从状态维度对作为客体的信息分布所进行的阐述，其本质上意在强调扶贫信息在扶贫行政主体与精准扶贫对象之间均匀性分布的重要性。前述主张并非纯粹地注重主体双方在信息拥有数量上的完全平均与相同，不是追求数量上绝对化的形式对等，而是探寻一种合乎比例性的信息分布。在政府主导精准扶贫实践中，由于扶贫政策涉及众多公共政策，而"公共政策过程与政策信息之间的紧密关系必然要求政策主体和政策目标群体迅速、全面、真实、准确地掌握各种信息。"[1]因此，扶贫信息不应是单向度地

---

[1] 刘志鹏："公共政策过程中的信息不对称及其治理"，载《国家行政学院学报》2010 年第 3 期。

被某一主体所掌握与拥有，或者说这一过程应当尽可能避免出现明显的信息优劣悬殊情形。在理想的情形下，充分且准确的扶贫信息应是以一种相对均衡的状态分布于帮扶主体与帮扶对象之间，此时扶贫公权力主体的决策便具备了坚实的客观基础与事实依据，同时也能更好地激发和促进精准扶贫对象的参与扶贫积极性与主体能动性发挥。

结合我国的精准扶贫实施方略而言，针对精准扶贫决策所需要的信息提出上述要求不仅具有客观必然性，而且也具有重大的实践意义。原因在于，面对一项如此宏伟而复杂的系统性工程，精准扶贫很大程度上对政府收集、掌握与处理相关信息的能力提出了较为严峻的挑战。具言之，在帮扶对象层面，扶贫工作涉及全国范围内的各个农村贫困地区与各个贫困民族，与基数巨大但具体的致贫原因和脱贫需求千差万别的每一个农村贫困人口紧密相关；[1]在涵盖领域层面，扶贫工作涉及贫困人口的经济收入、教育文化、医疗卫生、就业与社会保障等诸多方面；在政策保障层面，这一工作又牵涉财政、税收、金融、用地开发，以及科技与人才支撑等诸多内容；在扶贫方式层面，现有政策主要是通过产业扶持、转移就业、易地搬迁、教育支持、医疗救助等予以推进；在扶贫环节层面，当前精准扶贫大致包括贫困户的精准识别和精准帮扶、扶贫对象的精准管理以及扶贫效果的精准考核四个方面。[2]如此复杂的背景下，在全国范围内开展扶贫工作，由于贫困地区与贫困人口之间在诸多方面存在差异，如果中央政府不能掌握相当数量的扶贫信息，譬如有关帮扶对象的行动激励、扶贫举措的成本收益、制度选择的外溢效应等方面的经验事实信息与数据分析信息[3]，并且不能保证这些信息的真实准确性及其均衡性分布，那么政府这只"有形的手"在配置扶贫资源时便无法实现整体层面的"总揽全局、统筹兼顾"，也无法顺应局部层面的"因地制宜、对症下药"，扶贫决策很可能会与社会现实发生严重脱节，扶贫

---

〔1〕 国家统计局于 2018 年 2 月 1 日发布数据，据对全国 31 个省（自治区、直辖市）16 万户居民家庭的抽样调查，按现行国家农村贫困标准测算，2017 年末，全国农村贫困人口有 3046 万人，贫困人口数量仍然巨大。参见 "2017 年全国农村贫困人口明显减少 贫困地区农村居民收入加快增长"，载国家统计局官网，http://www.stats.gov.cn/tjsj/zxfb/201802/t20180201_ 1579703. html，访问日期：2019 年 1 月 15 日。

〔2〕 参见汪三贵、郭子豪："论中国的精准扶贫"，载《党政视野》2016 年第 7 期。

〔3〕 参见吴元元："信息能力与压力型立法"，载《中国社会科学》2010 年第 1 期。

的科学性、有效性与精准性均会大打折扣，最终使得脱贫攻坚战所确立的目标预设难以按计划完成。

二、政府主导精准扶贫中信息失灵的主要表现及其消极影响

"充分、有效信息是正确决策的前提，但这一前提并不会自然形成，在决策主体进行决策时，都会面临信息失灵的问题。"[1]在政府主导精准扶贫过程中，作为决策主体的公权力机关不可避免也会面临类似的信息失灵问题。在学理层面，信息失灵可具体解构为信息不充分、信息不准确以及信息不对称三个方面。[2]梳理精准扶贫现有实践后可以发现，与前述理论认识略有区别的是，当前发生在这一领域的信息失灵问题突出表现为"信息不准确"与"信息不对称"，"信息不充分"问题并不明显。

（一）扶贫信息不准确及其消极影响

扶贫信息不准确，又可称为扶贫信息错误或者信息失真，是指精准扶贫活动中所收集与获取的有关信息并不符合甚至是严重偏离客观事实本身，其在质量方面存在着较大瑕疵与缺陷。面对浩如烟海、不计其数的扶贫信息，政府事实上还面临着如何"消化的烦恼"，因为各类误导性信息无处不在。[3]按照精准扶贫所涉环节之标准，扶贫信息不准确可细分为如下情形：

第一，精准识别中的信息不准确。精准识别构成精准扶贫工作的逻辑起点，其旨在借由特定的方式方法将农村贫困区域与贫困人口识别出来，即"谁应该成为我们关注的焦点"[4]。当前出现在精准识别阶段的

〔1〕 应飞虎："信息如何影响法律——对法律基于信息视角的阐释"，载《法学》2002 年第 6 期。
〔2〕 参见李昌麒主编：《经济法学》（第 2 版），法律出版社 2008 年版，第 35 页。
〔3〕 参见［美］沃尔曼：《信息饥渴——信息选取、表达与透析》，李银胜等译，电子工业出版社 2001 年版，第 18 页。
〔4〕 ［印］阿马蒂亚·森：《贫困与饥荒——论权利与剥夺》，王宇、王文玉译，商务印书馆 2001 年版，第 17 页。

信息不准确情形主要包括：①贫困区域识别中的信息不准确，其针对的是各级政府在地理范围层面确定贫困区域过程中所出现的信息偏差。此种信息不准确带来的直接消极影响便是"区域排斥"，即一些真正的贫困地区未能被政府有效识别出来反而被排除在外。②贫困人口识别中的信息不准确，其指向的是对作为个体的贫困人口进行资格筛选评定时所显现出来的信息错误。此类信息不准确的不利影响可以概括为"对象识别错误"，包括非真正的贫困户被纳入帮扶对象之中（错评）以及真正的贫困户被拒斥在政府的贫困户名单之列（漏评）。例如，有学者通过对乌蒙山片区以及武陵山片区两个连片贫困地区进行抽样调查，根据调查结果显示，有关贫困户的识别错误率竟然高达 50%。[1]精准识别中便出现了"挤出效应"。由此不得不让人质疑，精准识别是真正"救穷"，还是在"帮富"？这也将极大地影响和制约精准扶贫后续工作的正常有序推进。

第二，精准帮扶中的信息不准确。精准帮扶是精准扶贫的核心与关键，在精准识别的基础上，贫困地区与贫困人口能否尽早摆脱贫困，除了依靠主体性的能动性发挥，很大程度上也离不开政府所采取的各项具体扶持举措。按照时间顺序，精准帮扶中的信息不准确情形可分为：①具体帮扶措施出台之前的信息不准确。如政府部门及村干部前期对各家农户的帮扶台账和"五个一批"[2]帮扶措施之中所调查收集信息的真实性往往难以保证，信息作假行为屡见不鲜。②落实各项具体帮扶举措过程中的信息不准确。如一些政府工作人员以及村干部把完成精准扶贫工作当成"评先评优"和晋升的捷径，于是便发生了伪造数据、浮夸数据等

〔1〕 参见汪三贵、郭子豪："论中国的精准扶贫"，载《党政视野》2016 年第 7 期。有学者进一步对我国农村地区实际用于识别贫困家庭的措施中的"农村居民最低生活保障（低保）"制度进行研究，并根据 2014 年中国家庭追踪调查（CFPS）中的农村数据研究后发现，在低保线的标准下，我国农村低保的漏出率高达 80%，误保率高达 69%，低保瞄准率仅为 31%。从某种意义上来说，这些数据事实上也间接印证了精准扶贫中的贫困户识别方面存在着较为明显的信息错误。参见朱梦冰、李实："精准扶贫重在精准识别贫困人口——农村低保政策的瞄准效果分析"，载《中国社会科学》2017 年第 9 期。

〔2〕 所谓"五个一批"工程是指"通过扶持生产和就业发展一批，通过易地搬迁安置一批，通过生态保护脱贫一批，通过教育扶贫脱贫一批，通过低保政策兜底一批。"前述工程由国家主席习近平在 2015 年的减贫与发展高层论坛上首次提出。参见"习近平主席在 2015 减贫与发展高层论坛上的主旨演讲（全文）"，载新华网，http://www.xinhuanet.com/politics/2015-10/16/c_ 1116851045.htm，访问日期：2019 年 1 月 17 日。

恶性事件。[1]结合部分学者对精准帮扶中面临的排斥问题[2]所进行的分析来看，以"市场排斥"为例，如果政府扶贫部门不熟悉所扶持产业的运营模式与发展行情等真实信息，那么所生产的产品在市场上便可能无法实现价值转换，精准帮扶最终有可能是"帮倒忙"。

第三，精准管理中的信息不准确。精准管理是精准扶贫的重要保障，其是指对扶贫对象、扶贫资金以及帮扶主体进行全方位、全过程的监测与管理。[3]要做好这一管理工作，其离不开一套成熟的精准信息管理系统作为前提。问题在于，如果运行在这一管理系统中的具体要素——信息自身并不真实，那么精准管理目标的实现便会沦为空谈。有学者结合某地扶贫实践指出，在国务院扶贫办已经搭建了统一的管理系统基础上，该地研发了一个较为详细的地方性管理系统，遗憾的是，由于基层干部在信息输入环节中的填写混乱，中央与地方两套系统的相关数据信息存在明显出入。更为严重的是，有的情形下，涉及精准管理中的信息并非由村民自身填写，而是由一些村干部或者其雇请的学生等非相关性主体填写，其中的信息作假行为层出不穷，扶贫工作与管理之间不存在关联。[4]扶贫管理中的信息如果不准确导致的后果可形象地称为"文字脱贫"或者"纸面脱贫"。

第四，精准考核中的信息不准确。精准考核是精准扶贫的重要一环，其是对政府扶贫成效所进行的检验与审核，通过奖优罚劣机制以促进国家各项扶贫政策得到切实有效地执行。结合实践来看，为了应对上级政府部门的扶贫检查需要，有些地方在考核中的做法发生了性质变异。譬如，为了应付不同的政府部门，村干部会提供各自不同的数据。有时为了防备领导入户直接检查，村干部甚至会提前跟村民打招呼，让村民预

[1] 参见郭蕾等："精准扶贫中的信息需求及其服务策略"，载《图书馆论坛》2018年第4期。

[2] 此处的排斥问题主要包括需求排斥、入门排斥、资金用途排斥、市场排斥、专业排斥、团队排斥、配套排斥、模式排斥以及投入排斥等。参见邓维杰："精准扶贫的难点、对策与路径选择"，载《农村经济》2014年第6期。

[3] 参见陈升、潘虹、陆静："精准扶贫绩效及其影响因素：基于东中西部的案例研究"，载《中国行政管理》2016年第9期。

[4] 参见雷望红："论精准扶贫政策的不精准执行"，载《西北农林科技大学学报（社会科学版）》2017年第1期。

先背好台词。[1]此时，政府的扶贫考核不过徒具形式意义，这一工作机制在实践中不仅难以发挥其应有功能，而且反过来会最终损害作为贫困人口的切身利益。

（二）扶贫信息不对称及其消极影响

信息不对称，是指作为客体的信息在相关主体之间的非均衡性分布。这种非均衡性分布可进一步诠释为信息在不同主体之间的两极化分布，信息优势主体一方比信息劣势主体一方拥有明显更多的信息。具体包括如下情形：

第一，精准识别中的信息不对称。根据所涉信息性质的不同，精准识别环节大致涉及扶贫规范信息与扶贫事实信息两类。其中，政府主要扮演的是扶贫规范信息生产者与扶贫事实信息收集者，帮扶对象更多的是扶贫规范信息收集者与扶贫事实信息生产者。[2]从政府的角度来看，由于其首先需要考察村民的实际经济状况，但这一过程面临较高的测量难度与识别成本。因为除了转移性收入相对容易确定外，其他类型的收入（即工资性收入、家庭经营性收入以及财产性收入）信息具有较强的私密性与动态性，因此政府实际上很难有效收集到与贫困人口有关的真实经济收支信息。[3]识别过程发生信息不对称现象便不可避免。就帮扶对象维度而言，此种信息不对称则表现为：作为弱势群体的贫困人口，获取有关国家扶贫政策方面信息的能力受限，因而往往并不能及时有效地掌握相关扶贫信息。精准识别中的信息不对称一方面会直接引发这一领域内的道德风险与逆向选择问题，如实践中一些村干部凭借熟悉国家扶贫政策之故，将之用于"优亲厚友"，导致精准识别中出现了饱受诟病

---

[1] 参见雷望红："论精准扶贫政策的不精准执行"，载《西北农林科技大学学报（社会科学版）》2017 年第 1 期。

[2] 扶贫规范信息是指，基于精准扶贫的一系列法律、法规、规章、标准等规范性文件以及政府适用这些规范性文件而衍生出来的各类扶贫信息，而扶贫事实信息则是精准扶贫对象在扶贫活动过程中所形成的各类信息。需要说明的是，前述概念界定主要借鉴了学者的关于"市场监管信息"的定义。参见刘恒、李冠钊："市场监管信息不对称的法律规制"，载《行政法学研究》2017 年第 1 期。

[3] 参见汪磊、伍国勇："精准扶贫视域下我国农村地区贫困人口识别机制研究"，载《农村经济》2016 年第 7 期。

的"关系贫困户现象"。这种信息不对称也会严重挫伤真正贫困的村民参与脱贫活动的积极性与主动性，最终降低贫困人口识别的准确性。

第二，精准帮扶中的信息不对称。依据主体标准，精准帮扶中的信息不对称可作如下划分：①公权力帮扶主体与帮扶对象之间的信息不对称。典型的比如，某地政府在推行畜牧养殖业时，由于贫困户对帮扶项目的信息并不真正了解，进而导致其对政府所采购的品种及其质量缺乏信任与信心，进而开始抵触这一产业帮扶项目。[1]②公权力帮扶主体内部的信息不对称。以财政扶贫投入为例，尽管地方政府在财政资金的信息收集方面居于优势地位，但是这些信息往往并不能及时客观地传递给上级政府甚至是同级政府财政部门，从而导致扶贫财政资金的实际用途偏离于政策目标设定。③社会帮扶主体与帮扶对象之间的信息不对称。除了社会帮扶主体难以有效瞄准真正需要帮扶的对象外，更为严重的是，贫困村与贫困户受限于信息技术使用能力，信息渠道等也很难向其传送"帮扶需求"信息。[2]④公权力帮扶主体与社会帮扶主体之间的信息不对称。如实践中出现的政府与社会力量的重复慰问现象便是此类信息不对称问题的间接例证。在此背景下，精准帮扶不仅面临"无处用力"难题，而且也面临难以"有效使力"困境，还会面临"协同发力"不足，使得精准帮扶出现"供需脱节"。

第三，精准管理与精准考核中的信息不对称。无论是要实现管理的精准化，还是达致考核的精准化，均要求政府了解充分且真实的有关信息。与此同时，尤为关键的是需要一套可在不同层级政府以及同级政府之间及时有效的信息传递机制，进而在纵向府际间与横向部门间形成相对均匀的扶贫信息分布状态。精准管理与精准考核中的信息不对称指涉的便是扶贫信息在各级政府之间以及不同政府部门之间的非均匀性分布问题。在扶贫实践中，地方政府是中央政府的委托代理人，村干部则是

---

〔1〕 参见许汉泽、李小云："'精准扶贫'的地方实践困境及乡土逻辑——以云南玉村实地调查为讨论中心"，载《河北学刊》2016年第6期。

〔2〕 参见冷志明、茹楠、丁建军："中国精准扶贫治理体系研究"，载《吉首大学学报（社会科学版）》2017年第2期。有学者结合精准扶贫中的农业保险指出，当前我国农业保险扶贫项目存在安排不精准问题，其中就包括农业保险种类与农户、农业的需求缺乏对接。这实际上也反映出社会帮扶主体与帮扶对象之间的信息不对称。参见谭正航："精准扶贫视角下的我国农业保险扶贫困境与法律保障机制完善"，载《兰州学刊》2016年第9期。

基层政府的委托代理人。越是下级政府部门尤其是村干部，事实上更容易直接接触到贫困人口，进而可以相对全面客观地了解和掌握村民的基本信息。由此，这势必会造成前述主体之间的初始信息不对称。与此同时，一些村干部以及地方政府为了谋求自身利益，于是便在向上级政府传递过程时对相关信息进行加工处理，采取有利于自身方面的阉割、篡改方式。实践中经常发生的"被脱贫"现象实际便从侧面揭示出精准管理与精准考核中面临的信息不对称问题。这样一来，扶贫工作本身将面临相应的信息障碍难题，精准管理与精准考核的现有机制便会发生作用偏差甚至严重扭曲，其精准性也就很难得到保证。

三、政府主导精准扶贫中信息失灵的制度成因

"为了避免错误，必须设法揭示和说明错误的源泉"。[1]要克服政府主导精准扶贫中的信息失灵，首先需要弄清问题成因之所在。毋庸置疑，政府主导精准扶贫中出现信息失灵问题的形成原因涉及不同方面、多个层次，而这一实践所赖以为凭的制度所面临的缺陷则是其中的重要诱因之一。

（一）有关信息的制度供给存在结构偏差

制度的关键功能在于增进秩序，进而强化人的行为的可预见性。作为一套关于行为和事件的模式，制度具有较强的系统性与非随机性。[2]如此一来，其便能对不同主体的行为施以协调引导，并通过信任与信赖的建立降低人们收集相关信息的成本，从而使得人们能够更为容易地获取所需信息。精准扶贫领域概莫能外。要真正发挥出制度之于信息的积极效用，其前提是制度本身具有科学性、合理性与完备性。析言之，良好的制度体系可以有效减少信息失灵问题的发生概率，而不健全的制度

---

〔1〕　[德]康德：《逻辑学讲义》，许景行译，商务印书馆 2010 年版，第 55 页。

〔2〕　参见 [德]柯武刚、史漫飞：《制度经济学：社会秩序与公共政策》，韩朝华译，商务印书馆 2000 年版，第 33 页。

形式则可能引发甚至进一步加剧信息失灵问题。

结合精准扶贫实践来看，当前党和政府在这一领域制定了一系列与之相关的扶贫文件，且其中设置了不少直接涉及信息事项的规定。在中央层面，如明确提出要"建立部门间信息互联共享机制"以及"建立健全扶贫资金项目信息公开制度"等；在地方层面，譬如《贵州省扶贫开发条例》第 36 条第 2 款中便提及要"建立扶贫资金使用情况信息平台"以及第 50 条："建立扶贫对象和扶贫项目信息管理系统，与相关部门实行工作联动和信息共享"等。由此表明，党和政府已经认识到精准扶贫中信息以及信息制度的重要性。然而值得注意的是，现有信息制度供给存在着一定的结构偏差。具言之，有关精准扶贫的专门立法（严格意义上的法律制度）较为缺乏[1]，即便有些地方出台了扶贫开发条例等地方性法规，但其效力位阶并不高，主要还是以各类政策性文件或者规范性文件居多。由此一个突出的问题便赫然出现：一方面，信息之于扶贫实践既定目标的实现至关重要，完善的制度可以有效地减少或者防止这一领域内的信息失灵问题出现，且反过来可为这一领域形成健全的信息机制提供制度支撑。而作为对人们行为期望的协调一般化的主要社会结构[2]，法律制度在推动塑造和形成有效的信息生产、信息传递以及信息反馈机制等方面更是具有举足轻重的地位。另一方面，现实情况却是，法律制度在精准扶贫中总体上处于相对缺位的状态。而前述制度供给结构偏差势必会极大地影响与制约有关信息的制度供给质量，进而阻碍制度之于信息的正向效应之实现，最终容易诱致这一领域内信息失灵问题的发生。

（二）有关信息的制度激励面临双重不足

一项制度所要解决的核心问题是激励问题。[3]而制度激励可从如下

---

[1]　有学者经梳理后发现，在国家法层面，时至今日我国并无扶贫开发专项法律规范；在地方立法方面，全国现有广西、贵州以及重庆等 14 个省（自治区、直辖市）制定了扶贫开发条例。参见何平："我国精准扶贫战略实施的法治保障研究"，载《法学杂志》2017 年第 1 期。

[2]　参见沈宗灵：《现代西方法理学》，北京大学出版社 2012 年版，第 284 页。

[3]　参见张维迎：《信息、信任与法律》，生活·读书·新知三联书店 2003 年版，第 63 页。

两个方面加以解读与诠释[1]：一方面，顾名思义，激励重在"激发使之振作，即激发动机、鼓励行为，从而形成一种动力"，其强调的是制度的正向引导作用。[2]另一方面，激励也不应忽视通过相关义务的设立（第一性义务）以及违反义务的责任设置（第二性义务）以展现威慑力或者惩戒力，从而抑制主体行为的肆意性，其侧重的是制度的负向约束作用。依此理路，那么较为理想的制度设计不仅需要重视激励的负向约束之维，也不能忽视其正向引导之维。但事实上，当前精准扶贫领域的现有信息制度激励面临着双重不足。

有关信息制度的正向引导不足。结合政府主导精准扶贫中的相关文件来看，值得肯定的是，其中设置了部分有关正向激励的内容。例如《决定》第 29 条规定，对精准扶贫中表现优秀、符合条件的县级干部可以就地提级。又如《脱贫攻坚责任制实施办法》（以下简称"《办法》"）第 25 条同样规定，对落实脱贫攻坚责任到位、工作成效显著的部门和个人，以适当方式予以表彰，并作为干部选拔使用的重要依据。但其存在如下两方面不足：就关联性维度来看，现有文件更多的是从宏观层面作出的制度安排，直接涉及信息领域的正向激励制度安排几乎付之阙如，这势必将在一定程度上弱化针对信息制度的正向激励功能发挥；从主体范围维度来看，现有规定将制度激励仅仅局限于政府主体，诸如贫困户以及社会帮扶力量等其他主体却未能被纳入其中——激励范围存在偏狭性与排斥性，这并不利于调动其他主体积极性来参与解决扶贫领域内发生的信息失灵问题。

有关信息制度的负向约束不足。无可否认，在我国精准扶贫领域，现有制度文本中已经直接或者间接涵括有不少涉及信息的负向激励规定。在中央层面，前述《办法》第 25 条规定，对精准扶贫中不负责任、造成不良影响的，要依纪依法追究相关部门和人员责任；在地方层面，如《江西省脱贫攻坚责任制实施细则》第 32 条规定，对脱贫攻坚责任落实

---

[1] 有的观点认为，法律激励的内涵既包括奖励性的正向激励，也包括惩罚性的反向激励。也有观点认为法律激励仅仅指的是奖励性的法律措施。参见丰霏："从立法技术到治理理念——中国语境下法律激励理论的转向"，载《法商研究》2015 年第 3 期。

[2] 付子堂："法律的行为激励功能论析"，载《法律科学（西北政法学院学报）》1999 年第 6 期。

不到位、不负责、弄虚作假、造成不良影响的行为，按照该实施细则有关责任要求，依规依纪依法追究部门、单位和人员责任。与之类似的责任条款在各地脱贫攻坚责任制实施细则中并不鲜见。[1]但稍加审视不难发现，这些有关信息的负向激励规定面临的最大缺陷是过于原则化，缺乏详细且具体的责任类型条款。从具体适用的角度看，粗线条的责任规则会引发三方面的问题：一是降低和减损规范其在实践中的可操作性。二是弱化制度具有的惩罚功能，进而使之形同虚设。三是留给规则适用者以较大的自由裁量空间。另外，现有制度中针对非公权力主体的负向激励规定也处于空白状态。在此情形下，不仅有关信息制度的负向激励功能究竟能在多大程度上得到发挥是值得商榷的，而且依凭此种负向激励来解决扶贫领域出现的信息失灵问题的最终成效也将大打折扣。

（三）有关信息的制度路径安排相对单一

诚如前述，精准扶贫决策须以充分、有效且相对均衡分布的扶贫信息为前提与基础，而这又依赖于具体的扶贫信息制度路径为支撑。虽然不同主体的信息能力参差不齐，但其又各自具有不同的信息优势。如有学者指出，在政府引导下，社会力量参与救助扶贫活动，可有效解决国家在扶贫救助中的信息不对称问题。[2]因此，为了满足扶贫实践中的前述信息需求以及解决可能出现的信息失灵问题，应然层面的制度设计便是构建起多元化主体的有关信息的制度路径。

就实然层面而言，当前我国精准扶贫中涉及信息方面的制度路径呈现出相对单一化的特点，即政府十分注重公权力帮扶主体的信息制度路径安排，而其他主体的信息制度路径建设未得到足够的重视。仅结合中央有关扶贫文件来看，虽然前述《决定》第 11 条中明确述及"建立农村低保和扶贫开发的数据互通、资源共享信息平台"，第 13 条："建立详实完备、动态更新的信息管理系统"，第 15 条："扩大信息进村入户覆盖

---

[1] 如《广西壮族自治区脱贫攻坚责任制实施细则》第 39 条规定：相关责任人未能完成脱贫任务或者脱贫摘帽后返贫率不符合要求的，不能评优，并按照有关规定进行通报或约谈；未履职尽责或者弄虚作假造成严重后果或者严重不良影响的，应当依法依规追究相应责任。

[2] 参见蒋悟真："政府主导精准脱贫责任的法律解释"，载《政治与法律》2017 年第 7 期。

面"，第 24 条："全面及时公开扶贫捐赠信息" 以及 "构建社会扶贫信息
服务网络" 等涉及信息的内容，其中也有部分规定会间接涉及其他主体
有关信息的制度路径，如 "构建社会扶贫信息服务网络" 便旨在发挥社
会帮扶力量在精准扶贫中的信息优势。但梳理后不难发现，现有规定更
多凸显出的是作为公权力帮扶主体——政府在有关精准扶贫信息的制度
路径建设过程中的重要性及其主体性功能发挥，侧重于自上而下的信息
路径，而自下而上的信息路径以及平行的信息路径总体上却相对不足。
这就会牵涉出如下问题：面对精准扶贫领域纷繁复杂的信息失灵问题，
当政府之外其他主体的信息制度路径建设被忽略或者重视程度不够的时
候，单向度地强调政府的信息制度路径能否有效克服这一领域的信息失
灵问题呢？显然，这个问题是值得进一步推敲的。

四、政府主导精准扶贫中克服信息失灵的制度改进方向

由前文论述可知，有针对性地构建和完善有关精准扶贫信息制度，
是克服这一领域内的信息失灵问题的关键。

（一）注重扶贫信息领域的法律制度体系构建

从法律的视角来看，面对政府主导精准扶贫领域日趋显现的信息失
灵问题，其解决的前提首先离不开完善的信息制度体系。原因在于：首
先，这是基于对法律制度自身特性的准确认知。众所周知，法律（指严
格意义上的法律）具有权威性、稳定性、一般性、普适性与统一性等特
性，其不仅能够克服政策性文件的随意性、易变性等不足，而且也可弥补
规范性文件的效力层级较低、适用范围有限、规则之间存在冲突等缺陷。
与此同时，法律的前述特性还可透过其具有的功能得到进一步反映。[1]

---

[1] 有学者认为，法律具有 "创建和调整功能" "阻止混乱发生的形式上的调整功能" "保持
功能" "赋予功能与法律保障功能" "裁判纠纷功能" "满足功能" "融合功能" 以及 "创
造与教育功能" 等作用和功能。参见 ［德］伯恩·魏德士：《法理学》，丁晓春、吴越译，
法律出版社 2013 年版，第 38—43 页。

例如，在精准扶贫领域强化有关扶贫信息方面的法律制度体系构建，可在扶贫领域事先创造一种形式意义上的信息秩序。又如，通过对精准扶贫实践中发生的信息违法行为的及时处理，尤其是针对政府官员的扶贫信息造假行为与扶贫信息不作为等加以追责，其在凸显信息制度必要威慑力的同时，也可反向促成扶贫领域涉及信息行为的规范化。不难看出，法律具有的功能对克服精准扶贫领域中的信息失灵问题具有重大的实践价值。其次，这是基于结构功能分析理论的合理考量。一方面特定的结构会产生特定的功能，调整结构便成为优化构成系统功能的必要前提。[1]另一方面，当前精准扶贫领域有关信息的制度供给事实上存在着结构缺陷，因此有必要借助扶贫信息方面制度结构的合理调整来优化其制度功能。最后，这是精准扶贫法治化的内在要求。毋庸置疑，运用法治思维和法治方式来推动精准扶贫工作是党和政府应当把握的关键环节[2]，法律则可为这一脱贫工程实现法治化提供强有力的制度支撑。作为精准扶贫制度化建设的有机构成部分，有关扶贫信息的制度构建与完善无疑应当纳入法治化的轨道，这也是贯彻前述法治思维和法治方式的题中应有之义与具体表现。

需要指出的是，认识到扶贫信息法律制度供给的重要性仅是迈出了第一步，更为关键的是如何有效地进行相关制度体系构建。在理论上，按照不同的划分标准，有关扶贫领域的信息法律制度实际上可作出不同的分类。例如，依据所规定内容之差异，扶贫领域的信息法律制度主要涵括实体性信息法律制度与程序性信息法律制度。又如，按照所涉主体的差异，涉及扶贫领域的信息法律制度实则包含公权力帮扶主体的信息法律制度、社会帮扶主体的信息法律制度以及涉及帮扶对象的信息法律制度。另外，根据扶贫所涉环节来看，该领域内的信息法律制度又可细分为精准识别阶段的信息法律制度、精准帮扶阶段的信息法律制度、精准管理阶段的信息法律制度以及精准考核阶段的信息法律制度。尽管前述分类各有所指，但笔者认为，今后我国在具体构建精准扶贫领域信息

---

[1] 参见张守文："经济法学的发展理论初探"，载《财经法学》2016年第4期。
[2] 郑震："以法治思维和法治方式推动精准扶贫工作"，载《光明日报》2016年6月18日，第7版。

法律制度体系过程中有如下内容尤为需要加以注意：

第一，扶贫领域的信息公开制度。毋庸讳言，该制度的功能在于，有关扶贫信息的透明化，不仅能够在很大程度上规范公权力帮扶主体的相关行为，而且也可以实现对可能出现的帮扶对象的道德风险行为的有效约束与间接威慑，同时这也是保障相关公众知情权与参与权的重要举措。为此，有学者进一步提出了两方面的改进主张：一是丰富公示内容，完善公示信息。二是拓宽公示途径，增加行政透明。[1]应当承认，前述建议对具体实践无疑具有重要的借鉴意义。第二，扶贫领域的信息审查与监督制度。所谓信息审查与监督制度，是指相关主体通过多种方式与途径对已经搜集、保存以及公示的涉及扶贫各个环节的有关信息加以核实以及监督，其意在通过精准扶贫信息反向助推精准扶贫本身。事实上，我国已有些地方开展了多方面的实践活动。例如，某地通过建立"民意调查中心"和"民生资金监管服务平台"，将当地的扶贫资金项目、扶贫资金补助发放和领取补助的农户信息全部录入服务监管平台。[2]毋庸置疑，类似前述实践中所形成和积累的有益经验应当被吸收并纳入正式的法律制度之中。第三，扶贫领域的信息责任追究制度。一般来说，如果针对违法行为未匹配相适应的法律责任，那么该制度无异于"无牙的老虎"，针对精准扶贫领域的信息法律制度亦不例外。因此，这要求立法者重视构建信息违法行为的追责体系。

（二）　强化有关扶贫信息制度的激励机制

在某种意义上，提出强化有关扶贫信息制度的激励机制主张，本质上就是要实现制度激励功能层面的"刚柔并济"。其中，"刚"指向的是制度的负向激励功能，"柔"针对的是制度的正向激励功能。因此，增加制度激励的"柔性"，强化制度激励的"刚性"，便成为实现这一主张不可忽视的两条重要路径。

增加制度激励的"柔性"。制度规定与制度设计应当合乎人性的现

---

[1]　参见陈胜国、罗紫薇："精准扶贫工作中法治保障的调查与反思——以湖南省绥宁县 6 个村为调查对象"，载《时代法学》2018 年第 2 期。

[2]　参见杨成："论精准扶贫的法治保障"，载《河北法学》2018 年第 5 期。

状，而不可拔高人性。[1]笔者认为，有关人性的描述最具典型意义的便是"利益主体假设"。简言之，各类主体均有自己的独立利益，基于利益导向，均会采取有利于自己的行动。[2]在精准扶贫实践中，于公权力帮扶主体一方而言，其在考虑政府利益最大化以及社会公共利益的同时，不可避免地也会兼顾个人利益。这是因为，政府由具体的独立个体所组成，政府的任何一项扶贫行为需要通过真正的行动主体借以落实；于帮扶对象以及社会帮扶力量而言，其同样也会有自身的利益考量。因此要有效发挥制度的正向激励功能，以期克服这一领域内的信息失灵问题，较为切合实际的做法应当是"顺应人性"以调动主体的积极性，而不是回避漠视甚至是"扼杀人性"，这就需要通过对主体的相关行为施以肯定性评价来实现。循此脉络加以延伸，面对精准扶贫领域凸显出的严峻的信息失灵问题，有关扶贫信息的制度设计应当重视搭建起不同层次、多种类型的利益诱导方式，从而使得主体可以获得相应的物质奖励与精神奖励等以激发其潜能与积极性。[3]结合前文有关不足之阐述，笔者认为，在扶贫制度建构与完善过程中应当重视如下两个方面：一是应当尽可能明确有关扶贫信息制度的正向激励规定，最为明显的便是增加相关的鼓励性表述，并辅之以有针对性的具体信息正向激励举措。二是需要进一步扩展有关扶贫信息制度正向激励的主体范围，使得非公权力主体也能在解决精准扶贫各个环节信息失灵中获取合理的利益。

强化制度激励的"刚性"。在前述"利益主体假设"基础上，结合"成本—收益分析方法"可知，如果主体不能从特定行为中获得大于实施成本的效益，那么其便可能会选择放弃实施此类行为。就此而言，要有效发挥制度的负向激励功能，关键在于"确定犯规和惩罚严厉性的成本"[4]，而这主要是借助对主体特定行为的否定性评价来达致这一目的。事实上，这一主张与前文提到的"构建信息责任追究制度"二者是紧密关联的。进一步结合精准扶贫领域出现的信息失灵问题，以及现有负向

---

[1] 参见邱本：《法的澄明》，中国社会科学出版社 2013 年版，第 79 页。
[2] 参见张守文：《经济法理论的重构》，人民出版社 2004 年版，第 54—55 页。
[3] 参见蒋悟真："政府主导精准脱贫责任的法律解释"，载《政治与法律》2017 年第 7 期。
[4] [美]道格拉斯·C.诺斯：《制度、制度变迁与经济绩效》，刘守英译，生活·读书·新知三联书店 1994 年版，第 5 页。

激励制度存在的缺陷，笔者认为，强化制度激励的"刚性"可从如下方面寻求改进：首先，就违法责任的明确性而言，必须实现由以往针对政府的笼统含糊的负向激励规定向具体清晰的负向激励规定转变，即在扶贫制度中"要有具体可操作的条款，以此确保责任追究机制的真正到位"。[1]其次，就责任类型来看，一方面需要拓宽涉及扶贫信息违法行为的责任形式，使其尽可能涵盖行政责任与刑事责任，从而增强法律责任制度的威慑力。另一方面，应当同步地确立涉及非公权力主体的负向激励规定，例如针对精准识别环节中的村民虚假信息申报行为设置相应的责任。唯有如此，才能通过完善的制度惩戒机制对相关主体形成内在约束，进而防止其利用扶贫信息不准确以及扶贫信息不对称等信息失灵谋求不法利益。最后，在追责协调工作机制，应当推动建立起多元协调的追责工作机制。换言之，面对精准扶贫领域出现的信息违法行为，单一依靠某一部门显然有些势单力薄，较为理想的追责工作机制是形成党内问责、行政问责以及司法问责三者有机配合之体系。

（三）　拓宽有关扶贫信息的制度落实路径

精准扶贫中之所以会形成单一化的信息制度路径，与该领域内现存的政府主导责任认识偏差不无关系。无可否认，政府在推进精准扶贫工作进程中处于主导地位，但主导不等于完全支配，更不意味着其他主体应当被"拒之门外"。针对精准扶贫中出现的信息失灵问题，政府固然需要承担大部分责任，但其他主体也应当承担起相应的责任。在此意义上，这样一项主张实际侧重于从主体维度出发，认为在重视精准扶贫领域中的政府信息制度路径构建的基础上，也不能忽视作为帮扶对象——贫困户的信息制度路径以及社会帮扶力量的信息制度路径安排的重要性。[2]进一步而言，提出拓宽有关扶贫信息制度路径安排的主张，并非是对精准扶贫政府主导地位的全盘否定，而是对这一领域中政府主导思维绝对化与

---

〔1〕　周强、胡光志："精准扶贫的法治化及其实现机制探析"，载《福建论坛（人文社会科学版）》2017 年第 1 期。

〔2〕　正如有学者所指出的，在打造信息平台领域，社会组织的作用是政府无法替代的，它能有效促进资源的整合，实现信息共享，使扶贫工作快速步入正轨，并取得显著的扶贫效果。参见张星："搭建精准扶贫的法治屏障"，载《人民论坛》2016 年第 29 期。

片面化的制止与纠偏，旨在充分发挥精准扶贫实践中不同主体的信息能力与信息优势及其产生的制度路径协同效应，从而最终形成一个由政府主导、其他主体共同参与、相互监督约束且运转高效的扶贫信息循环系统。

在明晰非公权力主体信息制度路径建设重要性的基础上，前述主张要想真正"落地"，还离不开具体的制度配套。笔者认为，这可从学者针对精准扶贫对象的行政程序权利之主要内容阐述中得到一些启发，今后相关扶贫制度设计可对之加以借鉴并着重从如下一些方面入手[1]：①扶贫信息了解权制度。非公权力主体原则上可以查阅政府在精准扶贫中基于制作、收集等形成的有关数据、信息以及资料等，如扶贫政策、帮扶项目、财政资金使用状况等，从而与政府信息主导制度形成合力。②扶贫信息评议制度。非公权力主体可对政府在推进精准扶贫过程中发布的信息公开发表自身意见。③获得扶贫信息通知制度。非公权力主体尤其是利益相关者可要求政府在做出影响其自身权益的扶贫行为前告知其相关具体内容及理由，并进一步告知其获取救济的方式方法。④扶贫信息陈述与申辩制度。就政府在精准扶贫中做出的对其他主体的不利行为，与之有利害关系的非公权力主体可根据所掌握的信息陈述自身观点并进行辩解。⑤扶贫信息申诉、控告以及检举制度。针对政府在精准扶贫中的违法违规行为，尤其是篡改、伪造有关扶贫信息、扶贫信息审核把关不严等信息行为，可向有关国家机关提出申诉、控告或者检举。除此之外，诸如构建非公权力主体的扶贫信息发布制度或建设主体间扶贫信息平行监督制度的重要性同样不容小觑。

---

[1] 参见戚建刚、唐梅玲："精准扶贫对象的程序权利之行政法建构"，载《行政法学研究》2017年第6期。

医改成功离不开法治和善治两种思维

——兼论《基本医疗卫生与健康促进法（草案）》修改

黄清华[1]

提　要：中国医改面临人口众多、趋于老龄化、可获得的资源有限与资源利用不公平、欠效率等突出问题，要求最大限度地利用有限的资源有效满足国民对医疗卫生服务的合理期待。基于此，各种医改参与者须同时具备法治和善治两种思维，这是新医改下一个十年必然面临、必须解决的思想方法问题。文章以英国的实践为例，分别阐述作为思想方法的医改法治思维和善治思维、理论基础、必要性、对于中国医改及其立法的实益，并以公立医院具体的医改事例，主要以经济分析法阐明相关观点，指出应尽快出台政策法律措施，确认健康决策参与权、组建患者组织权和医疗救济获得权等为公民健康权基本要素，承认患者组织等健康相关社会组织的合法性、正当性，明确其建构、法律地位、运行和活动方式，为在全社会尽快形成医改共识规则提供前提条件。这是新医改攻坚阶段的突破口。

关键词：（新）医改；健康权三维理论；法治思维；善治思维；《基本医疗卫生与健康促进法（草案）》

---

〔1〕 作者黄清华，男，同济大学上海国际知识产权学院研究员，国家卫健委卫生发展研究中心咨询专家，首都医科大学"高层次人才队伍建设计划"讲座教授，英国谢菲尔德大学法学博士研究生学历，研究领域为卫生健康、科技、良法善治理论与实践，代表作有《健康权再认识——论健康权的民事、社会和政治权利属性》《〈民法总则〉实施应走出人权低标准的困境》《公共医疗卫生资源公平分配的伦理和法律问题——以英国 NHS 分配伦理和法律为参照》《外科机器人辅助手术损害的法律与伦理问题》《Clinical Risk Management, Medical Negligence Prevention and the Law》等。Email：huangqinghua188@163.com。

一、卫生体系良法善治的必要性

2009 年新医改启动以来，"经过近十年的探索与实践，中国已经在几个重要方面上取得了瞩目成效。比如，三大医保总参保人数从 2004 年的 2 亿人飙升到 2017 年的 13.5 亿人；实行基本药物制度，取消药品加成，逐步推进现代医院管理制度和分级诊疗制度建设，等等。但这些年改革下来，还是有不少群众普遍反映没有明显的获得感，甚至感到看病贵、看病难问题越来越突出，出现群众不满意、医生不满意、政府也不满意的罕见现象。"〔1〕这表明，我国卫生体系的效率和公平问题仍然待解，成长为良好卫生体系仍然有很长的路要走。

笔者近期对中国卫生体系主要问题的系统研究发现，导致这种"罕见现象"的基本原因是卫生公共资源分配不公和卫生体系严重的浪费。2018 年，全国国民生产总值（GNP）约 90 万亿元，全国卫生投入约 5.58 万亿元（90×6.2%），而卫生体系因过度医疗、乱收费、滥用新技术、廉价药短缺、药价虚高、骗保、贪贿、管理成本高企、低质量医疗服务、医疗保障苦乐不均、监管失灵等各种原因造成的浪费，大约占卫生总投入的 30% 至 40%。这意味着，全国卫生总投入每年大约有 1.7 万亿至 2.2 万亿成了无效投入。值此之故，患者群体中的普通群众，从新医改中受益不多，看病贵、看不起病的忧虑在全社会中下层人士中蔓延。凡此种种，凸显中国卫生体系良法善治的必要性和紧迫性。

世界上先进卫生体系的实践表明，医改成功的过程，就是卫生体系——包括医疗、医保、医药和公共卫生四个方面践行良法善治的过程。在这个过程中，改革决策者、决策执行者、监督决策执行者和其他参与者（以下统称"医改各种参与者"），是否具有法治思维和善治思维，尤其重要，直接影响到新医改下一个十年（攻坚阶段）的成效。这一基本观

---

〔1〕 汤晨："卫计委官员的真诚告诫：别把医改当成名利场"，载《财新健康点 caixin-life》，http://www.healthpoint.cn/article_detail/64894，访问日期：2018 年 11 月 19 日。

点，不仅有英国、法国、日本、德国等发达国家的卫生基本法〔1〕和治理实践为根据，也有基于健康科学的健康权三维理论作为学术支撑。此外，在中国学术界，医改专家顾昕认为："新医改费劲的根源，就在于行政化思维和习惯的根深蒂固。"〔2〕而卫生体系良法善治的客观要求和由此派生的医改法治思维和善治思维，其思想认识价值，正在于突破这种根深蒂固的行政化思维和陋习。

从健康人权的国际法规范来看，《经济、社会及文化权利国际公约》第 12 条第 1 款规定健康权是"人人有权享有能达到的最高的体质和心理健康的标准"。为了尊重、实现和保护健康权，该公约第 2 条第 1 款要求"每一缔约国家承担尽最大能力个别采取步骤或经由国际援助和合作，特别是经济和技术方面的援助和合作，采取步骤，以便用一切适当方法，尤其包括立法方法，逐渐达到本公约中所承认的权利的充分实现。"对于缔约国医改和卫生体系建设而言，这就意味着，不仅应当实行卫生健康法治，而且应当践行卫生健康善治。相应地，医改法治思维和善治思维的建立，成为必然要求。

从以上两个基本判断出发，下文首先陈述医改法治思维和善治思维的理论基础，简要介绍健康权三维理论，重点分析该理论对中国医改及其立法——《中华人民共和国基本医疗卫生与健康促进法（草案）》（以下简称"《草案》"）（二审稿）的概括性实益。然后以实例分别阐述医改法治思维和善治思维的思想方法，它们对中国医改及其立法的具体实益。最后，结合公立医院改革的典型事例，以经济分析方法，阐明新医改为何须强化法治思维和善治思维，并指出中国当前医改需要尽快解决的问题——承认健康相关各种社会组织的正当性、合法性，明确其建构、法律地位、运行和活动方式，促进全社会关于医改共识规则的形成，以此作为新医改攻坚阶段的"突破口"。

---

〔1〕　这些基本法包括《日本医疗基本法》《法国患者权利与保健系统质量法》《德国社会法典第五编法定医疗保险（框架）》《英国国家卫生服务法》等。详见杨杰、刘兰秋、李晶华主编：《部分国家卫生基本法研究》，法律出版社 2017 年版相关部分。

〔2〕　顾昕："新医改为何如此费劲？"，载 http://m2.medlive.cn/cms/news/149594，访问日期：2018 年 11 月 20 日。

二、医改法治思维和善治思维的理论基础

（一） 健康权三维理论要点

健康权三维理论系对健康人权国际伦理和软法规则——2000 年联合国经济、社会和文化权利委员会《第 14 号一般性意见》（General Comment No. 14），即《最高可达到的健康水准的权利：〈经济、社会及文化权利国际公约〉实施中出现的实质性问题》的提炼和理论升华所得。该意见从卫生公共政策与国际人权法的角度，解释《经济、社会及文化权利国际公约》第 12 条关于健康权的规定，具体阐述（缔约国政府）应如何尊重、实现和保护其国民健康权，值得医改各种参与者高度重视。

关于健康权的性质，《第 14 号一般性意见》明确了健康权的民事权利属性和社会权利属性，而对于健康权所包含的自由和权利两方面的各种权利要素，其中某些要素是否具有政治权利的属性，或者说，健康权是否具有民事权利、社会权利和政治权利的三重属性，该意见似乎有所提及，但又未予明确："健康权，正如《国际人权法案》所载，与其他人权密切相关，并依赖于其他人权的实现，包括食品权、住房权、工作权、（受）教育权、人的尊严权、生命权、不受歧视权、平等权、禁止酷刑权、隐私权、获得信息权，以及结社、集会和迁徙的自由。所有这些和其他（未予列明）的权利和自由都构成健康权不可或缺的组成部分。"[1]

由于《第 14 号一般性意见》在这个关键问题上语焉不详，法学界通说认为，作为人权的健康权，（只）具有民事权利和社会权利的两重性，并以此指导《草案》的起草，当前的《草案》正是这种片面通说的产物。[2]

---

[1]　Para. 2, General Comment No. 14. CESCR. UN.
[2]　这种常规认识以中南大学卫生法研究中心陈云良为代表。详见陈云良："基本医疗卫生立法基本问题研究——兼评我国《基本医疗卫生与健康促进法（草案）》"，载《政治与法律》2018 年第 5 期。

经过艰苦的论证，健康权三维理论突破这一片面认识，主张健康权除了具有学术界通常注意到的健康相关的民事权利要素，如知情同意和隐私保护；健康相关的社会权利要素，例如，适宜医疗权和医疗救济获得权，还内在地固有某些健康相关政治权利要素，例如，健康决策参与权和健康相关的言论自由、结社自由，〔1〕并且认为健康权的这些权利要素是由健康影响因素决定的，有其科学根据，是健康影响因素在政策法律和立法上的深刻反映。〔2〕这不仅有《第 14 号一般性意见》的大量条文作为依据，也有发达国家的立法可资证明。例如，英国《2006 年国家卫生服务法》（National Health Service Act of 2006）第 12 部分规定了公众参与和监督法律制度，并以病人权利论坛、公众参与和咨商、公共监督三章，具体落实公民健康决策参与权和健康相关的言论自由、结社自由，以确保国家卫生服务（NHS）反映公共意志、满足公众对 NHS 的合理期待。而能否满足公众对于卫生体系的合理期待，恰恰是各国医改最核心、最本质的问题。由此可见，健康权所固有的健康相关政治权利要素，是医改（政策）及其立法必须考虑的基本因素，甚至非如此，医改难以获得实质性成功。

健康权三维理论强调，这些与健康相关的民事权利、社会权利和政治权利要素，天然地具有平等性，对于每个人实现"体质和心理健康最高可达到的水准"不可或缺。于国家而言，该理论试图解决的根本问题是，"为实现人人最高可达到的健康水准，如何最大限度地利用可获得的资源，并提供一种符合良法标准和善治要求的制度安排。"〔3〕在任何国家，这都是医改最核心问题的内在要求和自然延伸。因此，健康权三维理论可作为中国（新）医改的基础理论。

从实际需要来看，健康权三维理论之所以可作为中国医改的基础理论，是因为医改涉及中国社会各阶层健康相关重大利益的调整分配，是一个重要的政治经济学问题，〔4〕必然要求有就中国医改"量身定做"的

---

〔1〕　详见黄清华："健康权再认识——论健康权的民事、社会和政治权利属性"，载《社会科学论坛》2016 年第 1 期。

〔2〕　黄清华："健康权 健康中国的法治理论"，载《中国卫生》2016 年第 10 期。

〔3〕　黄清华："健康权 健康中国的法治理论"，载《中国卫生》2016 年第 10 期。

〔4〕　顾昕："中国新医改的政治经济学"，载《广东社会科学》2017 年第 5 期。

理论的指导。这个理论应当不仅能够用于分析卫生体系"良法"这样的以政治为主要关切的治理问题，也能够分析卫生体系"善治"这样的以经济为主要关切的治理问题，能够实现政治经济的联动，能够指导如何把握医改全局，而不仅仅是局部的经济问题、技术问题或者经济—技术问题。

基于健康权三维理论，笔者同时提出了"成功的医改需要法治思维与善治思维"的初步构想。[1]本文系对这一初步构想的理论深化和实证支持，试图梳理深入的理论脉络，建构深刻的实践基础，是新的作品，尽管难以避免有少量重复。

（二）对中国医改及其立法的实益

中国是世界第一人口大国，且趋于老龄化，可用于卫生保健的资源尤其是政府卫生投入又很有限，并存在较突出的卫生公平与效率问题。因此，能否最大限度地利用有限的资源有效满足国民对于医疗卫生服务的合理期待，破解长期以来存在的"群众不满意，医生不满意，政府也不满意"的困局，成为判断中国医改是否成功的"金标准"，是中国医改最本质的问题，当然也应当是新医改下一个十年的基本任务。在这里，合理期待当然包含卫生公平和卫生效率两个方面。为了满足这种合理期待，医改各种参与者须有法治思维和善治思维。这两种医改思维，对于研究解决中国卫生体系管理费用高企、药品质次价高、医疗流程不合理、过度医疗、欺诈骗保、保障水平苦乐不均、看病贵看病难、无钱不治病、看钱开处方、伤医事件此起彼伏，这些公认的仍然较为普遍存在的卫生公平和卫生效率问题，[2]具有重要的思想认识价值和思维方法价值。

以伤医事件此起彼伏为例，随着医改的深入，近年来医院医生越来

---

〔1〕黄清华："成功的医改需要法治思维与善治思维——基于健康权三维理论的思考"，载《中国治理评论》2015年第1期。

〔2〕这里概括的中国卫生体系的公平和效率问题，系作者总结近十年的观察、统计数据和医改政策文件所得，包括但不限于：①中国社会科学院研究生院《医改蓝皮书：中国医药卫生体制改革报告（2014—2015）》；②北京大学中国社会科学调查中心《中国民生发展报告2015》；③国家统计局《2017年国民经济和社会发展统计公告》；④《国务院办公厅关于建立现代医院管理制度的指导意见》（国办发〔2017〕67号）。

越重视医患关系沟通技巧。因此，医患关系较之新医改启动前后最差的时候，应该有了某种程度的改善。然而，据《京华时报》2016 年 11 月 29 日报道，"近十年来暴力伤医事件大样本调查结果显示，暴力伤医数量在 2012 年出现高峰，随后有所下降，但在 2016 年全国暴力伤医案又呈现上升趋势，公开报道的典型暴力伤医案例 42 起，共导致 60 余名医务人员受伤或死亡。"[1]中国医院协会的一项调查则显示，"2016 年，医患关系矛盾愈演愈烈，患者辱骂殴打伤害医生的事件，几乎每天都能听到，事件的发生频率令人咋舌。"[2]医患关系这种对立状况延续至今，只是形式上发生了某种变化，即随着政府对医闹暴力的铁腕治理，暴力伤医由过去的"群闹"暴力演变为现在的"独狼式"突袭暴力，对于医务人员伤害更甚且防不胜防。例如，据河北警方通报，2018 年 9 月 2 日 11 时 50 分许，张家口市万全区医院一名女医生在办公室被一男性嫌疑人用羊角锤袭击头部，随后嫌疑人从医院七楼医生办公室爬出窗外跳楼死亡。河北伤医事件尚未平息，时隔两日，9 月 4 日下午，浙江省台州市路桥区又发生一起类似的恶性暴力伤医事件，恩泽医院一医生被砍，脖子上创口长达 20 厘米。[3]这些数据和案例说明，卫生体系尤其是医院建设，对医患关系沟通的重视还不够，还需要有更深层次的理念和更周密的措施。

本文认为，伤医事件此起彼伏，说明医患矛盾仍然尖锐复杂，是中国卫生体系上述各种公平和效率问题在医患关系上的反映。其中，看病贵和医疗保障不公平是关键、是核心。这里仅以看病贵为例，根据国家统计局最新统计情况，2017 年，医疗保健的居民消费价格全国平均较上年增长了 6%。其中，城市增长了 6.8%，农村增长了 4.2%。这个涨幅远远高于全国居民消费价格 1%—2.6% 的增长幅度。[4]可以说，看病贵已经与我国的人口、卫生资源状况构成了尖锐矛盾，成为国家建立基本医疗卫生制度，为公民提供人人享有的基本医疗卫生服务 （《草案》第 1

---

[1] 马金凤："今年全国典型暴力伤医案 42 起 60 余名医务人员受伤或死亡涉及医闹人员等 230 人"，载《京华时报》2016 年 11 月 29 日，第 4 版。

[2] "2016 医数年度回顾｜十大（医闹）伤医事件"，载搜狐网，http://www.sohu.com/a/121291377_ 408203，访问日期：2018 年 6 月 18 日。

[3] "突发！河北女医生刚被锤伤，浙江又一医生被砍重伤！"，载医脉通网，http://news.medlive.cn/all/info-news/show-148421_ 97.html，访问日期：2018 年 9 月 7 日。

[4] 数据来源：国家统计局《2017 年国民经济和社会发展统计公告》。

条）的最大障碍之一。这个问题能否得到及时有效的解决，在中国现有的政治、经济和社会框架下，很大程度上取决于医改政策法律承不承认、重不重视健康权内在地包含健康决策参与、结社和言论自由等健康相关的政治权利要素。[1] 这一判断的主要依据有三：

其一，中国卫生体系上述主要问题长期无法解决，一个基本原因是医疗、医药和医保"三医"领域的行政监管失灵，其实质是"监管俘获"（regulatory capture）。美国经济学家乔治·斯蒂格勒曾把人性经不住诱惑的弱点写进经济学，提出了"监管俘获"理论（Capture Theory of Regulation）——"政府建立监管制度之初，监管者尚能独立运用权力公平管制，但在此后双方的共存中，管制者往往逐渐为被管制者通过种种方法和手段所俘获。最终，管制者沦为被管制者的俘奴，为少数利益集团谋求超额利润。"[2] 显然，解决"三医"领域中的"监管俘获"问题，必须重视发挥健康权各种权利要素，尤其是政治权利要素的功能和作用，依靠公众或患者群体有效的全面参与，即通过建立患者组织等健康相关社会组织，全面参与医改决策、决策执行，并监督决策执行。

其二，患者（公众）行使健康决策参与权，依法通过患者组织参与医疗、医药和医保"三医"有关质量、价格、收费、报销和管理等涉及患者群体（重大）利益问题的决策，可有效控制医疗保健的居民消费价格不合理的上涨。而患者（公众）是通过患者组织等健康相关社会组织有效行使健康决策参与权的，因此，患者必须真实地拥有健康相关结社权和言论自由。

其三，这些健康相关的政治权利要素，可以把知情同意权、知情选择权等健康相关的民事权利要素平等地赋予尽可能多的人，[3] 从而发挥这两种权利要素的控费功能。从操作上说，患者知情同意权的控费功能，

---

[1] 黄清华、张家尚："是经济问题 更是'善治'问题"，载《中国卫生》2018 年第 7 期。

[2] Gary Adams, etc., "Regulatory Capture: Managing the Risk", Archived 2011-7-20 at the Wayback Machine ICE Australia, International Conferences and Events（PDF）（October 24, 2007）. Retrieved April 14, 2011.

[3] 黄清华："健康权再认识——论健康权的民事、社会和政治权利属性"，载《社会科学论坛》2016 年第 1 期。

在顾问医师的参与下，能够得到最有效的发挥。[1] 由此可知，认识到健康权三维理论的科学性，直接影响到医改政策法律法规的制定，直接涉及卫生与健康事业良法善治局面的形成。

　　因此，修订《草案》，应当直面上述现实问题和理论问题，其目的就是要通过这项基本法的科学立法保障中国卫生体系的公平和效率。为此，要求医改各种参与者（包括立法参与者）熟悉健康权三维理论，认识到健康权具有民事权利、社会权利和政治权利三重属性，并且能够自觉运用健康相关的各种权利要素，例如，知情同意等民事权利要素、平等获得基本医疗卫生服务等社会权利要素、健康决策参与等政治权利要素，作为思考医改，反思医改政策，尤其是中国卫生与健康基本法立法问题的基本思想方法和分析工具，以此培养、形成和自觉运用医改法治思维和善治思维，促进中国卫生健康事业良法善治局面的形成。

三、医改法治思维及其实益

（一）医改法治思维

　　健康权三维理论，首先是医改法治思维的理论基础。该理论认为，"决定健康的因素和实现健康的条件，在法律上涉及尊重、保护和实现公民与健康相关的民事权利、社会权利和政治权利许多要素"[2]，医改的过程就是关于如何平等地尊重、保护和实现公民健康权的过程。因此，医改过程必须具备法治思维。

　　医改法治思维，是指医改各种参与者能够在思想上自觉运用法治原理、原则、相关制度和程序，"以公平正义思维、人权保障思维、权利义务思维、责任后果思维、依法规权思维"[3] 等角度想问题、作判断、立制度、出措施、保实施。医改法治思维意味着，"凡是维护、促进、保持

---

〔1〕　详见黄清华："一起伤医案引发的思考：如何在中国建立顾问医师制度"，载财新网，https://www.huxiu.com/article/258511.html？rec＝similar，访问日期：2018 年 9 月 19 日。

〔2〕　黄清华："健康权 健康中国的法治理论"，载《中国卫生》2016 年第 10 期。

〔3〕　吴啸："在法治实践中形成法治信仰"，载《人民日报》2014 年 3 月 19 日，第 7 版。

国民群体健康所必要的基本医疗卫生服务，国家在其可获得的资源范围内又做得到，且运用法治方式可以调整、规范和指引的制度、措施和事项，都可以纳入法治思维考虑的范围，以法治方法处理。"[1] 其最典型的运用，就是卫生健康基本法的科学立法、严格执法、公正司法和全民守法。由于发达国家在这方面已有长期的实践和成熟的经验，下文以英国为例予以说明。

英国在 NHS 制度的建立、发展与改革中，法治思维被淋漓尽致地运用：NHS 的目标、经费来源、运作、政府职责和卫生体系相关成员的权责及其运行，都离不开法制规则。可以说，NHS 生于法律制度、变于法律制度、"光荣和梦想" 成就于法律制度，值得关注、学习和深入研究。

英国《2006 年国家卫生服务法》开宗明义："英国的合法居民使用 NHS 是根据临床需要，而不是个人的支付能力来决定。除了由国会通过立法批准的一些有限情况外，NHS 通常是免费的。患者不会因不合理的理由被拒绝服务，并有权期待所在地的 NHS 机构会评估当地社区的保健需要，执行 NHS 政策和计划，提供那些被认为有需要的医疗卫生服务。"[2] 请注意，《2006 年国家卫生服务法》的立法目的明确且具体——可评估、可判断、可操作，可作为纠纷裁判的根据。该法其他部分和章节以及附件安排，都是围绕如何实现这一立法目的来谋篇布局的。

例如，在 NHS 法律框架下，NHS 的目标是由各种卫生服务组织（Health service body，又称"健康服务机构"）依法履行它们各自的职责来完成的，而各种卫生服务组织履行其职责实现 NHS 的功能，主要是在它们相互之间通过签订和履行国家卫生服务合同（NHS 合同）实现的。[3] 因此，NHS 合同是健康服务机构履行其职责、实现其功能的法定组织形式，而 NHS 合同法律制度则贯穿于《2006 年国家卫生服务法》始终。并且，该法专门规定各类健康服务机构之间有相互合作以履行各自职能的义务。[4] 该法要求 NHS 合同条款必须合理，缔约的健康服务机构任何一方不得利用其优势地位，如专业上的垄断地位，强加不公平条款于他

---

[1] 黄清华："健康权 健康中国的法治理论"，载《中国卫生》2016 年第 10 期。

[2] Sec. 1 of National Health Service Act 2006.

[3] For details, see part4, 5, 6, 7, National Health Service Act 2006.

[4] Sec. 72 of National Health Service Act 2006.

方。对于合同条款有争议的，一方可提请国务（卫生）大臣决定。[1]

又如，为实现 NHS 立法目的，英国政府引导社会达成共识——NHS 是属于"大家的"，即公众的 NHS。[2] 基于此，患者的决策参与权是 NHS 运作的基础。《2006 年国家卫生服务法》第 12 部分规定了公众参与和监督法律制度，该部分共分三章，落实"公众的 NHS"理念，以确保实现 NHS 目标：[3] 第一章病人论坛（Patients' Forums），就病人论坛的建立、功能、入会、年度报告、运作和监督等事项作了规定；第二章，公众参与和咨商（Public Involvement and Consultation），特别就病人与公众健康参与委员会（The Commission for Patient and Public Involvement in Health）的设立、法律地位、职责和运作方式作了规定；第三章，综览和监督委员会（Overview and Scrutiny Committees），就其功能、联合审查、在伦敦的活动等问题做了安排，以确保公众和病人通过论坛和基金会的信托机构影响地区卫生行政部门的决策。

近 20 年来，针对患者选择性较差、候诊时间较长等问题，英国政府在维护 NHS 宗旨的前提下，频繁地修改《2006 年国家卫生服务法》某些具体制度和具体措施，尊重患者的（知情）选择权，改革服务方式，实行保健基金跟随病人（Funding follows patients）制度，确保病人能够选择就医地点，督促医院缩短排队等候时间并提高医疗服务质量。[4] 所有这些，同样是以法治思维和法治方式解决医改问题。

为了保障 NHS 目标的实现，围绕如何组织、提供、规范和促进 NHS，《2006 年国家卫生服务法》以 14 部分 278 条和 22 个附件的篇幅，就有关 NHS 的规划、人事、技术、设施、财产、资金、价格、信息、用品和投融资等卫生体系一切要素，作出制度安排，形成了一部百科全书式的卫生体系基本法，是各国卫生体系基本法的集大成者。

在严格执法、公正司法和全民守法问题上，NHS 同样积累了宝贵的经验。例如，英国卫生部（Department of Health）制定并推广《标准全科

---

[1]　Sec. 41, part 1, NHS Contract, National Health Service Act 2006.

[2]　For details, see NHS Constitution 2009.

[3]　For details, see Part 12 of National Service Act 2006.

[4]　Emily Jackson, *Medical Law: Text, Cases, and Materials*, Oxford University Press, 2006, pp. 42–58.

医疗服务合同》（Standard General Medical Services Contract）等 NHS 格式合同；[1] 英国法院设立 NHS 法庭（The NHS Tribunal），一是依患者的申请，审理 NHS 不提供某种服务，例如，不接受某个病人的住院治疗申请，是否非法、是否非理性——异常不合理、是否侵犯人权，以保障人人获得（基本）医疗卫生服务的均等性。[2] 二是受理任何人对 NHS 医生的指控、质询，特别针对从业者：①有可能以一种对 NHS 有害的方式行事；②被怀疑可能已经犯下欺诈（fraud）的行为，或者③另有其他不适合被列入 NHS 人员清单的情况，[3] 对有可能破坏、损害 NHS 的行为，通过合理的制度安排进行广泛的社会监督和严格的司法监督。

以上说明，在法治思维下，英国政府在立法、执法和司法等法治环节，都是围绕建立、维护、完善 NHS 基本制度展开的，没有法治思维，便没有 NHS 的成功。NHS 具体制度的设计和变更，则因时随具体的经济、社会条件的变化而作相应的调整，这同样是法治思维的体现和要求。

（二）对中国医改及其立法的实益

中国运用法治思维和法治方式解决医改问题，首先必须搞好卫生健康基本法的科学立法，确保医改政策法律的制定能够最大限度地利用有限的资源有效满足国民对卫生公平和卫生效率的合理期待。为此，在法理上，必须严肃思考健康权所固有的健康相关民事权利要素、社会权利要素和政治权利要素对于制定医改政策法律的指引价值和规范价值。这是因为，到目前为止，唯有健康权三维理论可为修订《草案》提供最完整、最周延的权利要素清单，而这些权利要素——具体的健康权是否完整、周延，将直接决定卫生健康基本法立法的科学水平。在思想方法上，应当尽快改变以政策和行政措施推进医改的做法，换之以法律、（行政）

---

[1] Department of Health, "Standard General Medical Services Contract", published on 11 April 2013. 2017-8-19 found at https://www.gov.uk/government/publications/standard-general-medical-services-contract.

[2] Emily Jackson, *Medical Law: Text, Cases, and Materials*, Oxford University Press, 2006, pp. 83-84, 87-89.

[3] The NHS Tribunal, "How to refer to the NHS", 2017-9-20 found at Tribunal, http://www.nhstribunal.scot.nhs.uk/making-a-referral/.

法规推动医改，因为后者"目的与措施"的逻辑关系更加明确，针对性、指导性、规范性和约束力更强，更有利于推进医改"建立基本医疗卫生制度，为群众提供安全、有效、方便、价廉的医疗卫生服务"总目标的实现。基于健康权三维理论以医改法治思维完善《草案》，应当重点解决"目的与措施"的关系问题，以及全面地、完整地尊重、实现和保护健康权问题。

1. "目的与措施"的关系问题

《草案》的立法目的是为了"实现人人享有基本医疗卫生服务，提高公民健康水平"（第 1 条），为此，《草案》规定了"公民依法享有从国家和社会获得基本医疗卫生服务的权利"（第 16 条），"国家建立基本医疗卫生制度"（第 4 条第 1 款）。由此，相应的主要立法问题就是：《草案》所有章节其他条文，能够以法治的方式和方法形成合力并实现这一立法目的吗？

从这个最根本的问题出发，不难判断，《草案》所要指引、调整和规范的基本问题是：谁是基本医疗卫生服务的组织者、营运者、协助者、（直接）提供者？他们各自的功能和职责是什么？"人人"应当向谁要求提供基本医疗卫生服务？怎样判断某种医疗卫生服务请求是否属于基本医疗卫生服务的范围？如果没有支付能力被（直接）提供者拒绝提供基本医疗卫生服务怎么办？应当向谁依什么程序主张基本医疗卫生服务救济？如果申请医疗救济而不得怎么办？如果因为申请医疗救济而延误诊治造成损害怎么办？对于基本医疗卫生服务的组织者、营运者、协助者、（直接）提供者来说，哪些行为属于对"国家建立基本医疗卫生制度"有重要贡献应当奖励？如何奖励、谁来奖励？哪些行为属于违反或者损害"国家基本医疗卫生制度"，应受何种惩罚？如何惩罚、谁来惩罚？……诸如此类的"目的与措施"问题，《草案》的规定还很不清晰，可实践性、可操作性、可救济性、可奖惩性还很欠缺。例如，因基本医疗卫生服务的组织、管理问题，已被列入医保范围治疗多发性硬化症的基本药物倍泰龙，医院难以提供，患者需要自费到药店购买，导致"北京近百名多发性硬化症患者面临用不上、买不起的困境。"[1] 类似这种失职行

---

[1] 周思宇："罕见病用药：进得了医保，进不了医院"，载《南方周末》2018 年 8 月 30 日，第 15 版。

为，《草案》一旦通过法律生效实施，算不算损害国家基本医疗卫生制度的行为？如果算，应当如何处理？因此，在修订《草案》的过程中，应当进一步明确哪些行为属于损害国家基本医疗卫生制度的行为，国家准备采取哪些具体措施来建立和维护基本医疗卫生制度，并且围绕建立和维护基本医疗卫生制度可能出现的纠纷形态和法律责任，提出具体的解决方案，明确国家准备以什么样的纠纷解决机制和奖惩机制来处理这些纠纷或者法律问题。从这个角度来讲，《草案》法律责任一章，无论在实体法还是在程序法上，都需要大幅加强。

2. 全面保障健康权问题

为了确保"人人享有基本医疗卫生服务"，卫生健康基本（立）法应当准确地、完整地、全面地规定健康权，这是科学立法的必然要求。当前，《草案》第4条规定，公民享有健康权。国家和社会依法实现、保护和尊重公民的健康权。围绕这一规定，《草案》在相关章节仅规定了公民基本医疗卫生服务获得权、基本医疗保险参加权、健康教育获得权、国家免疫规划疫苗接种权、知情同意权、临床试验或医学研究参与权、隐私权、个人信息权（益）、人格尊严权。根据健康权三维理论，这些规定存在严重的权利（要素）遗漏问题：①在健康权民事权利要素方面，遗漏了知情选择权；②在健康权社会权利要素方面，遗漏了医疗救济获得权和医疗安全权；③在健康权政治权利要素方面，遗漏了健康相关决策参与、言论自由和结社的权利。之所以称之为"遗漏"，是因为这些被忽略的权利要素，都是决定健康的因素，对于促进健康都是不可或缺的。无论有意还是无意，立法（参与）者如果忽略这些具体的健康权，将十分不利于"实现人人享有基本医疗卫生服务"的立法目的。例如，没有医疗救济获得权和医疗安全权，人人获得"安全、有效、方便、价廉的医疗卫生服务"就缺乏必要的法律权利基础。建议修订《草案》时，明确规定公民健康决策参与权、意见表达权和组建患者权利组织权，以及知情选择权、医疗救济获得权和医疗安全权。

需要指出的是，根据法理和伦理，医疗救济获得权是指没有支付能力的患者依法享有的向政府申请医疗救济金的权利，以（部分）弥补支付能力不足的部分。其法（伦）理根据是"国家对那些没有足够的收入的人，负有特殊责任提供必要的医疗保险和卫生保健设施"。[1] 医疗安全权，"则是指每个人都有权获得安全且有效、方便、价廉的医护服务。这意味着每个人都有权获得以专业注意、合格技能和能力为基础提供的医疗卫生服务。"[2] 其法（伦）理根据是"健康设施、物品和服务必须是在科学和医学上是合理的，并具有良好的品质。这尤其需要熟练的医疗人员、药品和医院设备获得科学认证并没有超过有效期、安全和可饮用的清洁水、足够的卫生条件等。"[3]

鉴于患者组织等健康相关社会组织，为保障公民基本医疗卫生服务获得权和相关的其他各项患者权利所必须，为代表患者群体参与医改利益博弈所必须，为增进医患沟通、改善医患关系所必须，为增进患者群体自律维护基本医疗卫生制度所必须，而《草案》各章节均无健康相关社会组织的制度安排，建议修订《草案》时，新增"健康相关社会组织"一章，就患者组织等健康相关社会组织的建构、运行和活动等作出基本规范，以此弥补《草案》第 92 条第 1 款"发挥公众、社会组织对医疗卫生服务工作的社会监督作用"这一规定过于空泛、无法落地的缺陷。深信没有患者组织等健康相关社会组织有效的健康决策参与，《草案》第 80 条"国家建立政府主导、部门联动、机构自治、行业自律、社会参与的专业、高效的医疗卫生综合监督管理体系"就始终因存在严重的结构性问题而难以发挥其功效。

3. 对《草案》第 15 条的修改意见

从全面尊重和保障健康权的立场来看，《草案》第 15 条关于"国家和社会依法实现、保护和尊重公民的健康权"的规定，存在严重的法理问题，必须引起重视。

第一，与本法的立法目的及具体的制度安排不符。为了实现立法目的，其他相关章节条文应就如何"实现人人享有基本医疗卫生服务，提高公民健康水平"作出相应的制度、措施和法律责任安排。因此，《草案》第 4 条，无论如何都绕不开"实现"或者"保护"的用词，否则，

---

〔1〕　Para. 19, General Comment No. 14. CESCR. UN.

〔2〕　For details, see the Australian Charter of Healthcare Rights 2008.

〔3〕　Para. 12（4）, General Comment No. 14. CESCR. UN.

从立法指导思想上和具体制度安排上就不可能全面尊重和保护健康权，这样的卫生健康基本（立）法，就势必会存在严重不足甚至缺陷。

第二，健康权根据中国签署、对中国生效的《经济、社会及文化权利国际公约》，作为积极人权，要求缔约国主动采取措施积极实现的人权，要求国家不仅尊重、保护，还要求国家采取有效措施（逐步）"充分实现"。为此，《第14号一般性意见》就缔约国应如何尊重、实现和保护健康权作了详细指引。作为该公约缔约国，本条立法应当考虑与该公约第12条关于"充分实现"健康权的规定相衔接。

第三，理论研究表明，健康权对缔约国施加了三个层面的义务：尊重、保护和实现。"保护的义务，着重从民事权利的角度，表达了健康权的内在要求；实现的义务，着重从社会权利的角度，表达了健康权的内在要求；而尊重的义务，则着重从政治权利的角度，表达了健康权的内在要求。"[1]因此，《草案》第15条完整的表述，应是"国家和社会尊重、保护、实现公民的健康权"；考虑到"保障"有"保护和实现"之意，本条亦可表述为"国家和社会尊重、保障公民的健康权"。

就《草案》所作建议对患者权利作出的制度设计，不仅吸收了世界上先进卫生体系的普遍经验，也有联合国关于健康权的《第14号一般性意见》，以及健康权三维理论作为依据。从我国的医改实践来看，从满足公众对于基本医疗卫生制度的合理期待来看，也甚为必要。对此，后文会有进一步的分析、阐述。

四、医改善治思维及其实益

（一）医改善治思维

健康权三维理论也是医改中善治思维的理论基础。善治要求遵循法

---

[1] 黄清华："健康权再认识——论健康权的民事、社会和政治权利属性"，载《社会科学论坛》2016年第1期。

治，决策公正合理，尊重人权，[1] 实行利益相关人参与、民主协商、透明决策，追求有效和高效，过程具有反应性和包容性，落实问责制等奖惩机制，[2] 因此，比法治的要求更高。健康权三维理论来源于并服务于在可获得的资源有限的情况下如何保障"人人有权享有能达到的最高的体质和心理健康的标准"，如何使之享有各种必要的设施、商品、服务和条件，必然要求该理论能够回答如何以有效且较为经济、安全和便利的方式平等地尊重、保护和实现健康权这一根本问题。这就说明，医改过程还必须具有善治思维。

从健康权三维理论出发，医改善治思维，一般是指医改决策、决策执行和监督决策执行，检验其正确性，应当考虑是否符合卫生健康事业良好治理的那些基本要素，尽可能地满足健康利益相关人参与决策，过程协商、透明，尊重人权，决策公正合理、遵从法治和问责制，建设有效和高效的公共部门，对人群健康需求具有良好的反应性和包容性，强调全社会获得医改（真实）信息、健康知识和教育，坚持健康事业发展的可持续性，培养健康利益相关者责任、团结和包容的价值观。诸如此类，为的是卫生体系和健康事业的善治。

医改善治思维，在英国 NHS 改革中，同样得到淋漓尽致的体现。英国《2009 年国家卫生服务约章》（NHS Constitution 2009）明确规定，NHS 有七项社会目标，分别是：①平等、人权、全面服务和社会责任；②免费服务；③高标准服务；④尊重患者和病人参与；⑤健康推广与合作；⑥有效、公平和可持续，以及⑦公众的 NHS。[3] 这些社会目标，正是卫生健康事业善治的要求和体现。

例如，"平等、人权、全面服务和社会责任"的含义和要求，是指"NHS 为所有人士提供全面的卫生服务，不论其性别、种族、年龄、性倾向、宗教或信仰。它对所服务的每一个人士都要负责任，并且必须尊重他们人权。与此同时，它亦有更广泛的社会责任，即以 NHS 促进平等，

---

[1] 一般来说，经济领域善治，有的情况下可不提人权要求，但在社会领域，尊重和保障人权是必选项。

[2] For details, see "The Independent Commission on Good Governance in Public Services", *the Good Governance Standard for Public Services*, printed by Hackney Press Ltd, London, 2005, p. 5.

[3] For details, see NHS Constitution 2009.

并特别照顾那些健康和预期寿命比其他人口改善得较慢的组别或社群。"再如，"健康推广与合作"的含义和要求，是指"为了病人、当地社区和广大市民的利益，NHS跨组织推行工作，并与其他机构合作。NHS是一个包含多个组织和服务的综合体系，由约章内反映的原则和价值观结合起来。NHS致力与各地方当局和其他私人、公共和第三方组织合作，包括在全国和各地，以促进、改善人群身心健康。"[1]又如，"有效、公平和可持续"的含义和要求，是指"NHS致力用纳税人的资金提供物有所值的服务，并且以最有效、公平和可持续的方法来使用这些有限的资源。供保健护理使用的公帑，将纯粹用于符合NHS服务对象利益的项目。"这些善治（要素）思维，表达的是卫生健康事业善治的理念与原则。

善治的过程不可能一蹴而就。2009年，英国卫生支出占国内生产总值（GDP）的9.8%，比经合组织（OECD）平均水平的9.5%略多，而同年政府卫生支出占卫生总支出的比例为84.1%，远高于经合组织国家平均水平的71.7%（我国不到30%）。[2]在面临2008年以来的世界金融危机财政收入增长缓慢的情况下，英国修改《2006年国家卫生服务法》，颁布更加符合善治要求的《2012年卫生与社会照护法》（The Health and Social Care Act 2012）。该法简化NHS（行政）管理环节和程序，大幅削减管理开支，例如，撤销初级保健信托和战略卫生署，将600亿英镑至800亿英镑的年度保健基金直接划拨给英格兰数百个临床运行组（clinical commissioning groups），重视发挥全科医生（general practitioners，GPs）的预防保健作用，[3]把体现上述七项社会目标的善治要素，在可获得的卫生资源增长缓慢的状况下，进一步充分地反映出来了。

英国《2006年国家卫生服务法》60余年与时并进的善治实践表明，NHS给社会带来凝聚力和稳定，使生活在其中的成员自信、自豪和彼此

---

〔1〕 For details, see NHS Constitution 2009.
〔2〕 OECD Health Data 2011, "How Does the United Kingdom Compare?" 2016-6-9 found at http://www.oecd.org/LongAbstract/0, 3425, en_ 33873108_ 33873870_ 38980558_ 1_ 1_ 1_ 1, 00. html.
〔3〕 T Delamothe, F Godlee, Dr Lansley's Monster, "Too Soon to Let It Out of the Lab", *Bmj British Medical Journal*, Vol. 342, No. 7791, 2011, pp. 237-238.

关爱，并使他们感到光荣，尽可能地实现对科学、民主、真理和理想的追求。这既是笔者对 NHS 法的研究结论，也是切身感受。《2006 年国家卫生服务法》的演变和《2009 年国家卫生服务约章》确立的 NHS 社会目标真切地表明，善治（要素）思维对于医改及其立（修）法的重要性和必要性。

当然，由于中英两国国情不同和卫生体系的差异，中国医改的善治思维不可能完全照搬上文提及的英国卫生体系的七项善治要素，例如"高标准服务"和"免费服务"，应探索中国卫生体系自己的善治道路。然而，各国卫生体系都是人才、技术、信息、制度标准、药品器械、法律规则和伦理规范的组合，其良好的运行都离不开以患者为主体的公众的有效参与、都服务于人群卫生健康的目的，因此，应当根据卫生体系的这些共同特征、善治的原理和中国国情，明确中国医改的善治思维的具体内容。

基于以上分析，本文认为，尽管中英两国国情不同，但是，两国卫生体系对于利益相关人决策参与、人权和社会责任、透明度、反应性、包容性、问责制、有效和高效，这些善治基本要素，应当具有一致的要求。本文以此定义中国医改的善治思维。

（二）对中国医改及其立法的实益

善治思维同样是中国制定医改政策及立法必不可少的思维。从我国卫生支出的情况来看，近五年（2013 年—2017 年），每年全国卫生费用总支出大约占 GDP 的 6%，其中，政府卫生支出约 30%，社会卫生支出 40%略多，个人卫生支出 30%略减。以 2017 年为例，全国总卫生费用 51 598.8 亿元，占 GDP 的 6.2%，其中，政府支出 30.1%，社会支出 41.1%，个人支出 28.8%。[1] 以卫生善治观分析，这些数据隐含卫生事业宏观治理四个问题：

第一，6%的卫生总支出，根据世界银行的数据，在全球排名大约 100 至 105 位。从中国人均 GDP 水平来看，根据国家统计局发布的数据，

─────────────

[1] 数据来源：国家卫生健康委员会《2017 年中国卫生事业发展统计公告》。

2016 年中国 GDP 人民币 744 127 亿元，人均 GDP 为 55 412 元，约 8 600 美元，世界排名 69 位。[1] 因此，卫生总支出应当还有至少一个点的提升空间。恰恰是这一个点的卫生投入，如果以符合健康人权等善治要素要求的方式分配、使用，就可以解决无业的孕妇、患病的儿童和失业的患者——这些"尚未纳入医保范围但有急切医保报销需求患者的权益，有利于减轻疾病个人负担过重患者的经济压力。"[2]

第二，30% 的政府卫生支出，约占 GDP 的 1.8%（6%×30%），同样应有一定的提升空间，因为发达国家已经普遍达到 8% 至 9% 的水平，[3] 在下一个五年（2018 年—2022 年），能否把政府卫生支出逐步提高到 40% 甚至更高？答案应当是肯定的，否则，如何能够"坚持政府主导与发挥市场机制作用相结合"的新医改原则？而且，这 30% 的政府卫生支出，大部分（约 70%）被用于体制内人士的卫生保健。[4] 这种状况不改变，基本医疗卫生制度就不可能真正建立，医改就难言成功。

第三，40% 的社会卫生支出（这里面尚未包括"水滴筹"等社会互助性的卫生费用众筹），致企业医疗卫生负担较重，可能影响一些企业的生存与发展。

第四，30% 的个人卫生支出，表面上可接受。然而，由于政府卫生支出没有实现应有的均等普惠，个人卫生支出相当大的部分来源于上文所列"尚未纳入医保范围但有急切医保报销需求"的患者，或者来源于低保障水平（城市居民医疗保险、农村新农合）的城乡居民，正是这些人的家庭在苦苦支撑日益高昂的卫生保健支出。这样一种卫生支出结构，使得无收入和中低收入人群得不到与国家经济发展水平相一致的应有的医疗保障。

---

〔1〕 国家统计局："2016 年国民经济实现'十三五'良好开局"，载凤凰财经网，http://finance. ifeng. com/a/20170120/15158277_ 0. shtml，访问日期：2017 年 6 月 20 日。

〔2〕 黄清华、张家尚："是经济问题 更是'善治'问题"，载《中国卫生》2018 年第 7 期。

〔3〕 OECD Health Data 2011, "How Does the United Kingdom Compare", 2016-6-9 found at http://www. oecd. org/LongAbstract/0, 3425, en_ 33873108_ 33873870_ 38980558_ 1_ 1_ 1_ 1, 00. html.

〔4〕 张占斌在《中国公共卫生政府投入及国际比较分析》（载《学习论坛》2009 年第 3 期）援引前卫生部副部长殷大奎公开的数据，80% 的政府卫生投入被用于体制内人士的医疗保健。新医改以来，这种状况应当略有改善，故本文以"约 70%"估之。

　　由于医改宏观治理至少存在这四个问题，社会中下层人士因病致贫、因病返贫问题，随着看病越来越贵而日益突出，许多人选择"小病硬扛，大病等死"，一旦患有重疾，医疗保障问题则是压在他们身心上的巨石。更加令人忧虑的是，近十年，由于高房价等因素，中国家庭债务剧增：截至 2017 年，家庭债务占 GDP 的比重为 48%，与可支配收入之比高达 107.2%，这意味着居民存款越来越少，家庭债务越来越大。[1] 于是，即使在广东，粤东、粤西和粤北等欠发达地区越来越多的家庭或患者被迫放弃尚有希望的治疗，[2]不少父母甚至遗弃有出生缺陷的儿女。[3] 这是笔者在广东医患纠纷调解委员会担任学术高级顾问以及《广东医调》主编期间，从接触到的资料、获得的信息中得出的结论。凡此种种，不仅使个人健康权得不到尊重、保护和实现，也使整个社会背离文明标准。显然，如何促进卫生公平，仍然是中国医改待解的根本问题。

　　从医改政策的制定来看，卫生健康公共资源的宏观分配必须考虑：①可利用的卫生健康各类资源，它们的本底和可预期的增量。②人口情况和健康状况，例如，人口（性别、年龄等）结构，健康影响因素及其占比、危险程度。③如何利用这些资源以兼顾卫生公平和卫生效率，实现最佳效用。例如，在人口老龄化的状况下，资源分配应更多地向孕妇、中青年女性、少年儿童和接触职业有害因素的劳动人群倾斜，以利于经济与社会可持续发展。④资源分配上平衡国家各领域的竞争性需求。[4] 这里虽然有一个轻重缓急问题，卫生健康需求却始终是一国最基础的需求。⑤在此基础上，通过公众参与和交流的方式，明确国民对基本医疗卫生服务期待的合理性。或者说，明确公众对基本医疗卫生服务有哪些期待，进而明确哪些期待是合理的应当得到满足，政策法律应予支持；哪些是不合理的，政策法律应当不予支持。制定公共政策的过程，最好是公共政策所涉各方（利益相关方）参与形成共识规则的过程。因为这

---

〔1〕　上财高等研究院："警惕家庭债务危机及其可能引发的系统性金融风险"，载《中国企业家思想》2018 年第 4 期。

〔2〕　冯少华："产科纠纷案件应如何收集患方主体证明材料"，载《广东医调》2017 年第 2 期。

〔3〕　2017 年 10 月 6 日，《南方日报》刊登广东省民政厅"寻找弃婴儿童生父母公告"，为茂名市儿童福利院收养的 40 名（出生缺陷）婴幼儿寻找生父母。

〔4〕　Emily Jackson, *Medical Law: Text, Cases, and Materials*, Oxford University Press, 2006, pp. 69-71.

样的公共政策最易得到有效执行，最易实现善治目标，最易提升相关各方的认同感、获得感。

为了形成医改共识规则，运用善治思维解决医改问题，尤其是卫生公平问题，关键是要对医改利益相关者的决策参与进行政治赋权，即政策法律上承认健康相关的结社、言论和决策参与的必要性、正当性和合法性。为此，理论上要求认识到健康权内在地包含健康相关的政治权利要素，承认基于健康科学的健康权三维理论反映了健康规律；实践上全社会要培养健康利益相关者责任、团结和包容的价值观，明确医改各种参与者是多行动主体的伙伴关系。这意味着，医改福利不是政府、社会对个人的恩赐，而是社会共同体的内在需要，是善治政府的基本责任。解决政治赋权问题，促进医改利益相关者的决策参与，不仅需要智慧，还需要耐心。然而，这个问题如果不解决，医改所追求的卫生公平和卫生效率，尤其是前者，就始终难有大起色。为此，在中国医改的善治要素中，利益相关人决策参与，特别要求尊重患者和病人健康相关决策参与；社会责任，特别强调健康推广与合作；包容性，特别强调基本医疗卫生制度是服务于公众的，强调其民主性。

基于健康权三维理论以善治思维完善《草案》，应当突出善治要素作为思想方法的重要性，思考如何通过法治方式把善治要素转化成可操作、可落实，法律上可救济、可追责的医改措施。从《草案》的情况来看，立法反映以下善治要素的要求甚为必要：

第一，利益相关人决策参与（participation）。实行医改善治，必须有各种利益相关人的参与和合作。要求采取制度措施，确保患者（公众）代表、健康相关社会组织如患者权利组织、病人安全组织依法参与医改决策、决策执行和监督决策执行。建议《草案》在明确健康相关社会组织法律地位、功能和作用的基础上，[1]进一步明确：①健康相关社会组织（代表利益相关人）参与健康决策的范围，建议把人人可享有的基本医疗卫生服务的范围与定价、基本药物目录的范围和药品供应定价，社会医疗保险保障范围、报销比例，以及其他涉及患者重大利益的一切关

---

[1] 患者（权利）组织等健康相关社会组织具有平衡利益、参与治理、自律和互助、促进安全、协助维权等功能和作用。

键环节，纳入利益相关人决策参与的范围；②健康相关社会组织（代表利益相关人）参与决策执行和监督决策执行的范围，把基本医疗卫生服务、基本药物供应和社会医疗保险中涉及患者重大利益的环节，尤其是涉及孕妇和少儿重大利益的环节，例如，儿童重大疾病防治专项、计划免疫与预防接种等，纳入利益相关人代表参与决策执行和监督决策执行的范围；③明确健康相关社会组织（代表利益相关人）参与决策、决策执行和监督决策执行的程序、活动方式和法律效果。

第二，人权和社会责任（human rights and social responsibility）。医改决策是否公正合理，集中体现在决策内容是否满足人权和社会责任的一般要求。根据联合国经济、社会和文化权利理事会关于健康权实施的《第 14 号一般性意见》，基本医疗卫生服务有其人权经济标准，具体包括：[1] ①通过政府和社会的努力，基本医疗卫生服务必须是所有人都负担得起；②较贫困的家庭和人群相比较富裕的家庭和人群，不应该不相称地负担医疗费用；③国家对那些没有足够收入的人，负有特殊责任提供必要的医疗保险和卫生保健设施，即使在资源严重短缺的时代（期），社会弱势群体的成员也必须获得成本相对较低、有针对性的方案的保护。可以肯定，保障人人享有这样的（基本）医疗卫生服务，也是其组织者、营运者、协助者和（直接）提供者的社会责任。鉴于此，为了实现中国卫生体系善治，建议《草案》：①将"基本医疗卫生服务必须是所有人都负担得起"作为基本医疗卫生服务定价、基本药物定价以及决定相关医保问题的基本要求；②针对贫困家庭或贫困人群建立基本医疗卫生服务补贴制度，切实落实医疗救济获得权；③对于出生缺陷婴幼儿、无业孕妇、接触有毒有害因素的职业群体等健康脆弱人群，制定有针对性的保护方案，将其列为《草案》第 84 条第 2 款。与此同时，研究起草相关的保护方案，作为法律附件要求落实，像英国《2006 年国家卫生服务法》的法治实践那样，"不玩虚的"。[2]

第三，透明度（transparency）。透明是最好的"防腐剂"，是防止医改决策参与者滥用权力/权利的必要措施，也是防控医患矛盾冲突的有效

---

〔1〕　Para. 12（2），19，General Comment No. 14，CESCR. UN.

〔2〕　参见黄清华："英国卫生体系基本法研究"，载《法治研究》2012 年第 8 期。

措施。建议《草案》在涉及医疗卫生机构设施规划布局，医疗卫生服务的保障、质量、安全、价格，基本药品供应和价格这些关键环节，以及各类机构、人员的职责、权力和权利的行使等方面，在条文的设计上要有利于提高"国家建立基本医疗卫生制度"的透明度。为此，两个方面的改进是必要的：一是现有的相关条文应当更加明确、具体、可操作、可救济，例如，《草案》院前急救、特殊群体健康工作计划，都涉及重大健康利益，而现有条文规定没有考虑决策参与度和透明度问题，应当加以完善。建议改为"国家建立院前急救制度，依法为急危重症患者提供及时、规范、有效的急救服务"，新增"各地制定国家院前急救制度实施细则，应当征求当地患者组织等健康相关社会组织的意见"。二是新增一些明确、具体、可操作的条文，例如，医疗卫生服务价格与收费，尤其是基本医疗服务价格和收费问题，是关系到公众是否能够真正享有基本医疗服务的关键问题，恰恰在这个问题上，《草案》缺乏相关的制度安排。建议根据利益相关人决策参与和透明度的善治要求，建立医疗卫生服务价格与收费调整法律机制。

第四，反应性（responsiveness）。医改的反应性，要求医改各种参与者就公众对于卫生体系或者医疗、医保和医药"三医"服务效率和公平问题的（重大）关切，能够作出快速的反应与反馈，避免公众将这些方面遇到的问题转化为"社会不良情绪"，引起公共治理危机。基于此，建议《草案》建立公众健康权利论坛制度，常设卫生健康权利论坛，方便公众就健康相关政策法律问题、卫生公平与卫生效率问题表达意见、提出建议，并且应当明确相关的"正当程序"，即要求政府、相关行政主管部门、医保经办机构、医疗卫生机构、医药生产经营者、商业保险机构等，就公众对于组织、管理、提供、保障和监管医疗卫生服务过程中的问题所提意见和建议，从各自职责、职能、行业伦理的角度，在合理的时间内以合理的方式有效地作出回应或沟通。

第五，包容性（inclusiveness）。包容性是协商民主的前提。没有包容性，利益相关人的参与便缺乏共识基础。例如，对于基本医疗卫生服务，不同的社群事实上存在不同的价值追求。医疗机构和医务人员，希望"低成本、高回报"；患者，不仅期待接受的服务"安全、有效、价廉、方便"，而且期待良好的就医环境和受到尊重；医药产品供应者期待其产

品 "销量好、价格好"；医疗保险经办机构，期待医保基金更多的节余和更多的管理费用提留；政府，作为基本医疗卫生服务组织者，希望在不同的诉求中谋求调和、平衡，并且希望政府卫生支出不要高出预设，能够有效控制政府卫生支出与卫生总支出占比。只要在合理合法合规的范围内，这些希望、期待和要求，都应当得到理解、尊重甚至支持。这就难免存在价值冲突，就需要不同的利益群体公开对话，弥合分歧，促进共识，形成医改和基本医疗卫生服务共识规则。例如，共同确认基本医疗卫生服务应当 "安全、有效、价廉、方便" 是最高价值，是第一位的，而实现这一最高价值最基本的方法，就是所有利益相关人（通过其代表）参与决策、决策执行和监督决策执行。这样操作，"国家建立基本医疗卫生制度" 不仅有了共识基础，诸如政府权力滥用或者行业、专业权利滥用等损害基本医疗卫生制度的行为，也容易受到共识规则的束缚。基于此，修订《草案》，应当自始至终围绕基本医疗卫生服务的最高价值 "做文章"，在此基础上考虑价值包容的善治要素，以此设计具体制度、具体条文。例如，如果确认患者安全是我国基本医疗卫生法律制度的最高价值之一，那么，修订《草案》就应当规定 "患者享有医疗安全权，国家建立患者安全法律制度。" 为接下来制定中国 "患者安全法" 提供卫生健康基本法依据，以便更加明确地指导（新）医改，规范医疗卫生服务。

第六，问责制（accountability system）。在卫生健康基本法层面讨论问责制，应当在对公务员行政问责的法治思路下，建章立制，解决公平、透明问责问题。《草案》（二审稿）第 99 条的规定过于笼统、模糊，形同虚置，相比《草案》（一审稿）第 93 条，不是进步了而是倒退了。[1] 突出表现为，该条没有明确什么是保障和实现人人享有基本医疗卫生服务、推进健康中国建设中的滥用职权、玩忽职守、徇私舞弊的行为。考虑到本法要解决的核心问题是 "国家建立基本医疗卫生制度"（第 4 条第 1

---

[1] 《草案》（一审稿）第 93 条也存在突出问题。该条仅规定了地方人民政府、卫生健康主管部门和其他有关部门违反本法应给予行政处分或（和）刑事追责的四种情节：除第三种情节——"对突发公共卫生事件或者公共健康危机处置不力造成严重后果"，比较容易判断、认定以外，其他三种应问责的情节不易认定、可执行性差。此外，在追责方式上，该条仅限于行政处分、刑事处罚法律问责，未顾及纪律问责问题，即根据《关于实行党政领导干部问责的暂行规定》进行处理。

款），建议《草案》法律责任一章对于问责制的设计，围绕损害、破坏基本医疗卫生制度，或者对于国家建立和运行基本医疗卫生制度履职不力的行为，作更加具体的设计。这就要求总结、分析过去 20 余年来医改或者（国家、地方）卫生事业管理方面错误决策或错误决策执行的重大事例，例如，江苏省宿迁市公立医院私有化实践，将这些错误的做法纳入禁止性、惩罚性规范之中。在微观方面，考虑到药品质次价高、基本药物短缺、过度医疗、乱收费和骗保等问题，严重损害我国基本医疗卫生制度，也应当研究是否以及如何纳入问责制的范围。建议《草案》按照这样的思路，进一步研究解决因何问责、对谁问责、如何问责问题。为此，除了进一步明确行政法律责任和刑事法律责任外，建立关于基本医疗卫生服务的社会权利救济制度和患者（权利）组织参与的公益诉讼制度，也甚为必要。

第七，有效（effectiveness）和高效（efficiency）。对经济与社会的管理，有效和高效是善治的根本目的。在卫生健康领域，把有效和高效的善治要素融入"基本医疗卫生制度"中，必然表现为以"有效且较为经济、便利和安全的方式，平等地尊重、保护和实现每一个人的健康权"。这是检验基本医疗卫生制度是否完善的根本标准，也是卫生体系善治的根本标准。为此，在制度建设层面，建议《草案》要建立制度，明确基本医疗卫生服务价格政策，明确对公立医疗卫生机构托管、并购和重组的基本政策，明确基本药物生产、供应的价格政策和财政补贴政策，明确基本医疗卫生服务提供者之间、基本药物供应者之间以及他们相互之间的竞争与合作政策。因为这些问题如果处理不好，将直接影响"基本医疗卫生制度"的成效。例如，遵循《第 14 号一般性意见》第 19 段关于卫生投资的意见——"投资不应不相称地偏重于常常只有一小部分特权人群受益的昂贵的治疗和保健服务，而不是人口的绝大部分受益的初级和预防保健"，规定对公立医疗卫生机构的托管、并购和重组，不得损害当地的基本医疗卫生服务和预防保健，应当鼓励社会资本向服务于初级和预防保健的民营医疗卫生机构投资。对已经规定了的被实践证明行之有效的那些制度，例如，基本医疗卫生服务获得权、院前急救制度，则建议《草案》完善其可获得性、可实践性、可操作性，以确保基本医疗卫生服务的有效和高效。

　　总之,"国家建立基本医疗卫生制度",促进卫生健康领域良法善治局面的形成,非一日之功,需要健康利益相关人参与,根据宪法,制定一部关于卫生健康基本法的"良法",将利益相关人决策参与、人权和社会责任、透明度、反应性、包容性、问责制、有效和高效这些善治要素融入立法之中,使之在《草案》中得到必要体现,并且共同努力、长期实践。

五、中国医改须强化法治思维和善治思维

　　法治思维和善治思维,不仅是基本医疗卫生制度建设的需要、中国卫生健康事业治理现代化的需要,也是医改实践的客观需要。大量的医改事例表明,现行诸多医改措施,从政策制定到具体实施,既缺法治思维更缺善治思维。这种状况,对于中国建立基本医疗卫生制度实现医改总目标,对于《中华人民共和国基本医疗卫生与健康促进法》的制定和实施,十分不利,必须引起重视。

(一) 医改事例分析

　　以公立医院改革为例,无论是《关于城市公立医院综合改革试点的指导意见》(国办发〔2015〕38 号),还是《国务院办公厅关于建立现代医院管理制度的指导意见》(国办发〔2017〕67 号)(以下简称"67 号文件"),抑或《关于巩固破除以药补医成果持续深化公立医院综合改革的通知》(国卫体改发〔2018〕4 号),都存在缺乏基于健康科学的健康权理论指导,政策制定忘记了新医改初心(总目标)这一根本问题,以致医改的具体措施常常与医改总目标不匹配,两者甚至渐行渐远。这似可解释新医改近十年为何出现群众与医生、社会与政府均不满意的"罕见现象"。

　　众所周知,《中共中央、国务院关于深化医药卫生体制改革的意见》(中发〔2009〕6 号)(以下简称"《医改意见》")设定的新医改总目标是,2009 年至 2011 年"切实缓解'看病难、看病贵'问题",2020 年

"建立健全覆盖城乡居民的基本医疗卫生制度，为群众提供安全、有效、方便、价廉的医疗卫生服务。"显然，新医改总目标代表的是公众的卫生健康利益。

然而，上述几份关于公立医院改革不同阶段要求的重要政策文件，所设计的指导思想、基本原则、基本任务和具体措施，并没有紧紧围绕医改总目标展开，而是"另有打算""另有图谋"。例如，作为"基本医疗卫生制度'立柱架梁'的关键制度"，[1]67号文件并没有把"为群众提供安全、有效、方便、价廉的医疗卫生服务"列为"建立现代医院管理制度"的指导思想、基本原则和主要目标。在政府卫生投入仅占GDP的1.8%的情况下，该文件所谓"坚持政府主导与发挥市场机制作用相结合，满足多样化、差异化、个性化健康需求"，并将其作为"建立现代医院管理制度"的基本原则，这样的政策安排与实践，究其实质，仍然是沿袭20世纪90年代（旧医改）以来确立的市场化医疗卫生管理体制机制，能够满足卫生健康事业法治和善治要求的新思路、新思维、新方法不多。如果说有，也就是在经济思维、经济思路和经济方法上有一些新探讨、新做法，如医药分开综合改革的"新思维"，药品"阳光采购"新做法。

深入研究这些关于公立医院改革的经济思路、思维和方法，不难发现，这些改革决策和决策执行，其本质代表的是医院医生、医保管理、医药企业的利益，少有真正代表患者利益的措施，即使有，执行情况也大打折扣。具体表现在，许多改革措施，什么账都算了，而且算得很细，唯独没有站在患者的角度算账，唯独没有把公众对于中国卫生体系与医改的合理需求、合理期待放在心上。

例如，医药分开破除以药补医综合改革，北京世纪坛医院曾算过一笔账：[2]"该院在北京实施医药分开综合改革当年的4月到12月之间，收取医事服务费增加收入8124万元，取消药品加成、诊疗费和挂号费后，减少收入8345万元，大型设备检查收入减少819万元，手术费、护理费、

〔1〕 肖思思、陈聪、董小红："建立现代医院管理制度，能否缓解看病难看病贵？"，载 http://www.xinhuanet.com/health/2017-07/27/c_1121385826.htm，访问日期：2018年9月26日。

〔2〕 巴根："北京医改一周年：药品费用增幅仅5%为18年来历史最低"，载 https://www.cn-healthcare.com/article/20180608/content-504332.html，访问日期：2018年6月18日。

床位费收入增加 1325 万元,最后,医院收入增加了 285 万元。"

通过"改革",一家公立医院仅仅 8 个月就增收 285 万元,并被视为"成功案例"。显然,这样的改革措施,代表的是医院医生的利益,与解决看病贵看病难、改善医患关系、促进卫生健康公平无关,无法反映建立基本医疗卫生制度的本质要求。

又如,药品"阳光采购",作为北京市药品采购的"一种新机制",是在原药品集中采购工作的基础上,坚持以市为单位的集中采购方向和质量、需求、价格相统一的采购原则。"阳光采购"实施周年,因"药品增幅仅为 5%",同样被当作医改成功的先进事例来宣传。[1] 但是,如果对比国家统计局公布的 2017 年全国居民消费价格 1% 至 2.6% 的增长幅度,[2] 5% 的药品增幅,对于患者来说,显然是不合理的、难以接受的。这说明,所谓药品"阳光采购",仍然没有从患者的角度算账,代表的仍然不是患者群体的利益,同样难以反映建立基本医疗卫生制度的本质要求。

以上表明,公立医院改革,虽然某些具体措施,如加强医疗质量与患者安全管理,会有利于(新)医改部分总目标的实现,但是,总体而言,上述几份改革政策文件所设计的改革措施,都着重于解决医院和医生发展中存在的问题,从根本上说,并不代表患者利益,无法满足公众对卫生体系的合理期待。因此,可以断言,具体的医改措施与医改总目标存在严重的不匹配问题,必须引起重视。

深入挖掘,不难发现,这些"目标—措施"不匹配的问题,归根结底,是由于医改政策的制定指导思想上忽略了反映健康(权)一般规律的《第 14 号一般性意见》,缺乏或者没有采信基于健康科学的健康权三维理论的指导,医改政策制定者缺少法治思维和善治思维。具体表现在,这些与新医改总目标不匹配的公立医院改革政策文件,除部分内容体现了健康权社会权利要素的某些思想,例如,67 号文件提出"加强社会监督和行业自律""探索建立第三方评价机制",总的来说,在法治思维上都缺少如何运用健康权的政治权利要素如健康决策参与权这样的政策与

---

〔1〕　巴根:"北京医改一周年:药品费用增幅仅 5% 为 18 年来历史最低",载 https://www.cn-healthcare.com/article/20180608/content-504332.html,访问日期:2018 年 6 月 18 日。

〔2〕　数据来源:国家统计局《2017 年国民经济和社会发展统计公告》。

制度安排。67 号文件虽然提出了"健全医院决策机制""健全民主管理制度",但细读其内容,讲的是对于"公立医院发展规划、'三重一大'等重大事项,以及涉及医务人员切身利益的重要问题",如何发挥医院党组织、专家和医院工会的决策参与作用,忽略了患者代表(通过患者组织)作为公立医院卫生健康事业决策参与人的决策参与作用。这种"疏忽"的思想理论根源,在于没有意识到健康权固有的健康相关政治权利属性,没有意识到健康权内在地包含可决定健康水平的诸多政治权利要素,以至于对公民健康决策参与权、健康相关领域的社会组织建设及其参与公立医院改革的作用和方式,缺乏相关措施上的安排。此外,67 号文件对于如何把握健康权社会权利要素对于公立医院改革的价值,也不够周到全面,突出表现为对于如何尊重和保障患者的基本医疗卫生服务获得权、医疗救济获得权,明显重视不够。

在善治思维上,67 号文件规定的公立医院改革政策措施,部分规定了民主参与、透明度和问责制,例如,规定"对造成重大社会影响的乱收费、不良执业等行为,造成重大医疗事故、重大安全事故的行为,严重违法违纪案件,严重违反行风建设的行为,要建立问责机制。"但是,这些关于民主参与、透明度和问责制的规定,总体上是不完整的,仍缺少利益相关人决策参与、人权和社会责任、反应性、包容性、有效和高效这些善治要素的思维。然而,各种善治要素之间存在相互促进的关系,能够产生叠加效应。例如,没有患者权利组织作为利益相关人的决策参与,公立医院改革问责制就容易流于形式。又如,不讲包容性,医改就难以形成共识规则,就难以提升尽可能多的人的医改获得感。因此,应当认识到,到目前为止,中国公立医院改革各项重大政策的设计,还存在理念和治理结构上的缺陷,导致中国公立医院良法善治的局面始终无法形成。值此之故,这些缺乏患者代表或者患者组织,以及其他利益相关人参与等善治要素思维的公立医院改革措施,其决策、决策执行和监督决策执行,都难以代表公共(健康)利益,难以体现患者群体对于医疗卫生服务的合理期待、合理要求。

以上说明,我国当前各地推行的"现代医院管理制度"仍然缺乏体现患者权利中心、人权与利益相关人参与这些现代公立医院治理结构的内核。缺少这些内核,公立医院作为国家建立基本医疗卫生制度的主力军和骨干力量，便迷失了前进的方向。其结果，正如公众和政府官员所看到的和感受到的，必然导致患者与医生、社会与政府均不满意。

（二）医改攻坚的"突破口"

关于医改的突破口，众说纷纭。朱恒鹏认为："供方市场化改革是医改突破口"。[1] 蔡江南认为："医改首先需要解放医生的生产力。"[2] 李玲则认为："医改首先是改革政府"，主张"改治理体系"。[3] 在王宗凡看来，"医改是一个综合性工程，牵涉面广，参与的部门多、参与的利益主体多，当然需要相关政府部门以及利益相关方的联动，三医联动成为各方都认可的难得的'共识'"。[4] 这些观点中，认为医改"需要相关政府部门以及利益相关方的联动""需要共识"的观点比较准确到位，但遗憾的是，文中"利益相关方"始终没有包括患者，没有提及患者组织等健康相关社会组织的决策参与，导致"利益相关方的联动"缺乏与患者群体的联动，全社会的医改共识始终没有形成。基于人性的弱点，不难判断，"三医联动"即使真的动起来了，也只能使"三医"（医疗机构、医保管理机构、医药企业）受益，普通群众中的患者群体受益仍然会很有限。正确的做法应当是医改所有利益相关人通过一定的组织形式的联动，在此基础上形成全社会的医改共识。

根据健康权三维理论、健康决策参与权等健康相关的政治权利要素，其功能在于把健康相关的民事权利要素和社会权利要素平等地赋予尽可能多的人。[5] 这恰恰契合了新医改下一个十年的基本目标——提升尽可能多的人的医改获得感。为此，建议将确认、落实公民健康决策参与权作为新医改下一个十年的"突破口"。

首先，承认患者组织的合法性。尽快出台政策法律措施，承认患者

---

[1] 朱恒鹏："供方市场化改革是医改突破口"，载《中国医疗保险》2016 年第 12 期。

[2] 蔡江南："医改首先需要解放医生的生产力"，载《中国医疗保险》2016 年第 12 期。

[3] 李玲："医改是要改政府"，载 http://wemedia.ifeng.com/73063397/wemedia.shtml，访问日期：2018 年 12 月 23 日。

[4] 王宗凡："当前医改最关键的是明确医疗服务改革方向"，载《中国医疗保险》2016 年第 12 期。

[5] 黄清华："健康权再认识——论健康权的民事、社会和政治权利属性"，载《社会科学论坛》2016 年第 1 期。

权利组织、病人安全组织等各种健康相关社会组织的必要性、正当性、合法性，解决这类组织参与医改决策、决策执行和监督决策执行的目的目标、渠道、方式方法等基本问题，为这类社会组织的运作和活动提供更具体的法治保障。

当前，全国各地存在一些同种疾病患者"抱团取暖"的自发性组织。他们互通"三医"信息，相互帮助安慰，有的还向当地政府直陈请求、医改建言或主张权利。对此，一些地方的医改实践注意听取这些同病种患者自发性组织的意见，例如，据笔者从国家卫生健康委员会卫生发展研究中心获得的信息，山东医改决策吸收了当地尿毒症患者自发性组织对于医保的合理要求，北京医改决策满足了白血病患者自发性组织对于"三医"的合理期待，提高了这些患者群体健康权得到尊重、实现和保护的水平，一定程度上改善了他们的生存状态和健康状况。这些做法，一方面，实证地支持健康决策参与是实现人人最高可达到的健康水准的必要条件，相应地，健康决策参与权则是健康权必不可少的（政治）权利要素。另一方面，又暴露出我国医改政策和立法滞后的问题，在基本医疗卫生政策制定和立法上，始终没有直面患者通过患者组织行使健康决策参与权问题，没有相应的制度安排。例如，从《医改意见》到上述几份公立医院改革指导性文件，再到《草案》，均未提及患者组织、健康相关社会组织、健康决策参与（权）等概念和制度。更加令人遗憾的是，有的卫生法研究者，无视健康决策参与是健康的影响因素这一科学判断，在相关的研究文章中，只（愿）承认健康权的民事权利和社会权利性质，而认识不到或不愿承认健康权内在地包含健康相关的政治权利要素。[1]这种缺少科学精神的"研究论文"，有可能导致患者和患者组织的健康决策参与权得不到中国卫生健康基本法的支持，从而使医改必需的法治思维和善治思维缺少法理基础。这种文章，理论上是十分错误的，实践上是极为有害的。笔者会另行撰文予以全面批驳。

其次，在全社会尽快形成医改共识规则。迄今为止，医疗机构、医生、医药企业、医保管理机构，以及政府和患者等不同的利益相关群体，

----

〔1〕 陈云良："基本医疗卫生立法基本问题研究——兼评我国《基本医疗卫生与健康促进法（草案）》"，载《政治与法律》2018 年第 5 期。

对于医改各有其认知、各有其规则，唯独缺乏共识规则，故医改进步缓慢，医患矛盾以及其他相关的社会矛盾始终尖锐。对此，应在卫生健康领域，尤其是"三医"领域重视并共建公共生活，根据健康权三维理论，按照法治和善治两种思维逐步形成公共治理机制，破除官员和技术官僚对权力、资源和知识的垄断，从医改公共利益共商开始，逐步做到公共权力共享、公共事务共治和公共信息透明，在卫生健康领域按监管科学原理推进社会治理现代化。为此，应当尽快立法依法赋予患者组织等各种健康相关社会组织的合法地位，在此前提下，与患者组织等各种医改利益相关人协商对话，使全社会明确在一定的经济、技术和社会条件下，哪些医改政策措施做得到，哪些做不到，患者对医改和"三医"的期待，哪些合理应当满足，哪些属于过高期待应不予支持，以此形成共识规则。建议在国家层面，制定《中华人民共和国基本医疗卫生与健康促进法》的同时，借鉴英国制定《2009 年国家卫生服务约章》的做法，提炼出该法的价值观、目标、原则和行动方向，以简明语言形成一部我国《基本医疗卫生与健康促进全民纲要》，形成并维护具有反应性和包容性的医改共识规则，作为我国《基本医疗卫生与健康促进法》立法、守法、执法、司法，以及制定各项医改政策、措施的基本指导方针。在地方层面，制定医改地方政策法规，或者落实医改国家政策法律，同样要求结合地方实际情况，经过全体健康利益相关人代表机构或组织的讨论，形成地方共识规则。

总之，采取政策法律措施，承认各种健康相关社会组织的合法性、正当性和必要性，承认并落实公民健康决策参与权，促进全社会尽快形成医改共识规则，涉及医改全局，"牵一发动全身"，是破解当下医改困局的"突破口"。

六、结语

政策推进下的新医改，近十年在取得了一些成绩的同时，也出现了患者与医生、社会与政府均不满意的"罕见现象"，表现为"看病难、看病贵"越来越突出，卫生公平没有明显改善，大处方、欺诈骗保、药品质次价高、药品回扣、乱收费、不良执业等影响卫生效率的问题，仍然普遍存在。凡此种种，证明非法治和善治不足以确保医改成功。

运用基于健康权三维理论的法治思维和善治思维，通过分析卫生投入情况、公立医院改革的主要文件和医改"成功"事例，发现上述问题的存在，在卫生健康宏观治理层面，无法排除这样四个原因：其一，近五年，每年政府卫生投入，约占卫生总投入的 30%，只占 GDP 的 1.8% 左右，在卫生投入方面显然没有坚持政府主导与发挥市场机制作用相结合的新医改原则。其二，医改具体政策的制定和实施忘记了新医改总目标，以致医改具体措施常常与医改总目标不匹配，两者甚至渐行渐远。其三，医改政策的制定和实施，没有引入健康利益相关人（决策）参与这一善治最基本的要素，以致缺乏患者权利组织代表患者利益参与医改博弈，各方利益始终难以平衡。其四，由于医改决策存在这种结构性缺陷，全社会，无论在国家层面还是地方层面，始终无法形成关于医改的共识规则，各方自行其是现象严重，以医患关系为代表的各种相关社会矛盾冲突，始终难以明显缓和。

从思想理论上深入分析这样一种医改困境，本文认为，是因为医改政策、制度、措施的制定和实施，在关注"国情"、考虑"特色"的同时，忽略了健康人权伦理和国际软法规范——《第14号一般性意见》的普遍指导意义。搞好中国医改，同样要求全面地、准确地、深刻地理解和把握《第14号一般性意见》的精神实质和具体意见。为此，必须坚决纠正法学界关于健康权只有民事权利和社会权利两重属性的片面认识，承认根据《第14号一般性意见》提炼出来的健康权三维理论的科学性，自觉以健康权固有的健康相关民事权利、社会权利和政治权利三重属性，作为医改法治思维和善治思维的理论根据。

基于健康权三维理论的医改法治思维和善治思维认为，由中国国情所决定，能否最大限度地利用有限的资源有效满足国民对于医疗卫生服务的合理期待，破解全国普遍面临的医改困局，成为判断中国医改是否成功的金标准，是中国医改最本质的问题。运用法治思维和善治思维解决医改问题，尤其是卫生公平问题，关键是要对健康利益相关者的医改决策参与进行政治赋权，即政策法律上承认健康相关的结社、言论和决策参与的必要性、正当性和合法性。为此，理论上要求认识到健康权内在地固有健康相关的政治权利要素，承认基于健康科学的健康权三维理论反映了健康规律；实践上全社会要培养健康利益相关者责任、团结和包容的价值观，促进医改共识规则的形成。

健康权三维理论之所以科学，健康决策参与等健康相关的政治权利要素之所以重要，不仅因为它们拓展了健康权的民事权利要素和社会权利要素，更是因为它们能把健康相关的民事权利要素和社会权利要素平等地赋予尽可能多的人。这恰恰契合了新医改下一个十年应当提升尽可能多的人的医改获得感的从政府到社会的客观要求。想要提升这种获得感，最好的办法就是吸纳全部利益相关人参与。因此，作为非政府组织的中国患者组织等健康相关社会组织的依法建立并开展活动，是何等的重要。

从医改实践来看，北京、山东等地注意听取白血病、尿毒症患者自发性（互济）组织的意见，将他们对"三医"改革的合理期待、合理要求，纳入医改政策之中，（部分）提高了这些患者的医疗保障水平。这些来自国家卫健委卫生发展研究中心的信息，证明了健康权三维理论的科学性和健康利益相关人医改决策参与的必要性。新医改下一个十年，应当将确认、落实公民健康决策参与权作为"突破口"。为此，应当尽快采取政策法律措施，承认患者组织等各种健康相关社会组织的必要性、正当性、合法性，促进全社会医改共识规则尽快形成。

在此背景下，修订《草案》，应当直面这些现实问题和理论问题，以保障中国卫生体系的公平和效率。为此，要求医改各种参与者熟读《第14号一般性意见》，熟悉健康权三维理论，并且能够自觉运用健康相关的各种权利要素，作为思考医改，反思医改政策，深思卫生健康基本法立法问题的基本思想方法，以此培养、形成和自觉运用医改法治思维和善治思维。深信只有以医改法治思维和善治思维，将健康相关各种权利要素逐步地、全面地落实到医改各项政策和措施之中，才有可能以有效且较为经济、便利和安全的方式，平等地尊重、保护和实现每一个人的健康权，从而推动新医改迈向成功。鉴于此，修订《草案》，建议重点解决好以下问题：

首先，应当围绕国家建立基本医疗卫生制度，实现人人享有安全、有效、方便、价廉的医疗卫生服务，提高全民健康水平这一根本目的，安排各种相关的具体制度和措施，使之形成一个相互依靠、相互支撑产生合力的完整的卫生健康基本制度体系。这些制度和措施应当具有可实践性、可操作性、可救济性和可问责性。为此，尤其应当围绕公民对于基本医疗卫生制度的合理诉求和国家对于基本医疗卫生制度的维护，建立相应的实体制度、纠纷解决机制和奖惩机制。

其次，全面地、完整地尊重、实现和保护健康权。在《草案》现有章节条文规定的公民健康权利的基础上，至少应当增加公民健康决策参与权、意见表达权和组建患者组织权，以及知情选择权、医疗救济获得权和医疗安全权。

再次，建议《草案》新增"健康相关社会组织"一章，就患者组织等健康相关社会组织的目标、任务、建构、运行和活动等作出基本规范，以此弥补《草案》第92条第1款"发挥公众、社会组织对医疗卫生服务工作的社会监督作用"过于空泛、无法落地的严重缺陷，确保《草案》第80条"国家建立政府主导、部门联动、机构自治、行业自律、社会参与的专业、高效的医疗卫生综合监督管理体系"得以有效和高效运行。

复次，明确卫生体系善治是健康权各种固有权利要素的内在要求，是良好卫生体系的基本特征。建议《草案》从良好卫生体系所拥有的善治要素出发，明确利益相关人参与、人权与社会责任、透明度、反应性、包容性、问责制、有效和高效这些要素对完善《草案》的价值，使之在草案中得到必要体现。

最后，在新医改第二个十年的起步之年，建议尽快采取政策法律措施，确认以患者权利组织为代表的各种健康相关社会组织的必要性、合法性、正当性，尊重、实现、保护公民健康决策参与权，以此促进全社会尽快形成医改共识规则。这是破解当下医改困局的"突破口"。

人工智能算法的伦理诉求和法律规制

——以算法归责为视角

罗伟玲　梁灯[1]

提　要：随着人工智能技术的发展，算法日益影响人类生活的各个方面。技术在提高效率和提供便利的同时也引起人们关于被算法"统治"问题的担忧，在愈发紧张的人机关系中人类的伦理诉求回响不绝。回应伦理诉求的根本在于建立人机信任。而人机信任的基础是人工智能算法的可归责性，因此通过法律规制人工智能算法成为必要。而现有法律关于算法责任的规制存在诸多不足，改革的方向是构建以算法解释为核心的算法归责模式。通过观察中国、美国和欧洲三个样本，可以发现三个经济体的立法并未就算法责任作出规定，因而未能有效回应人工智能算法的伦理诉求。最让人期待但却不无遗憾的是，欧盟的 GDPR 规定了不具约束力的算法"解释权"。GDPR 的止步之处正是我们构建算法解释机制的起点。由权利人中心转为责任人中心角度观之，以"算法解释义务"替代"算法解释权利"表述似乎更为准确。鉴于既有权利已基本涵盖算法伦理诉求，因此在算法解释的法律构建过程中，重点不在赋权而是归责，即在相关立法中增加、明确人工智能算法控制方的解释义务。

关键词：人工智能；算法；伦理；法律；归责；解释；人机信任

---

[1]　作者罗伟玲，女，哲学博士，广东技术师范大学讲师，研究领域为科技哲学、伦理学，Email：lingfeng83@126.com。
作者梁灯，男，法学硕士、工商管理学硕士，广东君信律师事务所合伙人律师，研究领域为法律风险管理、互联网和科技法律，Email：surewinliang@163.com。

一、"我"是否存在？

谷歌开发的人工智能"围棋手"AlphaGo 在 2016 年 3 月与围棋世界冠军、韩国选手李世石进行了五番对决，AlphaGo 最终以 4∶1 比分战胜李世石。伴随着首次人机大战人类落败的结局，人工智能的威力开始在科学界以外彰显。受此影响，各行各业似乎一夜间陷入人类职业即将被取代的恐慌情绪之中。包括法律职业在内的许多领域从业者都在被迫自我追问："我"作为主体，未来是否还存在呢？

就在人工智能一路高歌奋进之际，发生了一起戏剧化事件。某科技公司开发的智能翻译机器被应用于上海举行的 2018 年世界人工智能大会，但在会后有同声传译业者"揭发"其运作"内幕"：翻译的任务实际由人工完成，机器只负责识别语音并输出文本。有从事同声传译工作的朋友也向笔者调侃抱怨：现在的所谓人工智能，是我负责人工，它负责智能而已。该科技公司回应：该机器是"交传机"而不是"同传机"，即机器的作用是协助人工同传，由语音转变为文字，实现实时中英文对照字幕直播，达至"人机耦合"。

实际上，现在所有的人工智能商业应用均处于弱人工智能的发展水平，现阶段甚至在可预见的未来，机器取代人类还是一场想象的虚惊。

然而，我们仍需警惕人类行为甚至人类意识被人工智能算法"劫持"，从而使"我"被异化的现象。在万物互联的时代，"我"本是浩瀚数据的生产者和所有者，但大数据经过算法赋能，反过来使"我"成为算法构建的客体，"我们即数据"[1]。君不见，"我"每天看的新闻是经过算法筛选定制的，"我"要买的商品是经由算法个性化推荐的，"我"的人寿保险保单可能是智能穿戴设备云端数据的分析结果，"我"的升学、"我"的入职、"我"的贷款等皆可能被无形的算法影响甚至起决定

[1] John Cheney-Lippold, *We Are Data: Algorithms and the Making of Our Digital Selves*, New York University Press, 2017, p. 141.

作用。难怪有学者担心我们已俨然成为"算法的奴隶"[1]。

超越人类的人工智能尚言之过早，但人工智能算法左右人类生活这一事实却正在发生。"人工智能算法利用机器学习技术处理非线性相关关系的大数据，从而可以精准为社会现象建模"[2]。随着机器学习算法，特别是其中的无监督学习算法[3]的应用广度和深度推进，我们在享受新科技所带来之便利的同时，"我"的主体意识必然遭受影响、威胁，甚至侵犯。因此人工智能的伦理和法律干预成为必要。

诚然，人工智能技术发展尚未成熟，勿论法律对其进行类型化界定和规制，连技术本身的类型化也充斥着不确定因素。因为技术在飞速发展，理论是开放性的，科学家们对前沿的技术问题尚未形成共识和系统体系。因此，目前世界各国政府都积极制定人工智能发展规划，但对人工智能的监管和规制却是零散、滞后的。"先让子弹飞一会儿"和"具体问题具体分析"是各国目前关于人工智能监管的基本思路。鼓励新技术发展本无可厚非，但技术一旦应用，则需要对来自人类社会的各种伦理诉求作出负责任的回应。[4]无论任何形式的人工智能技术及其应用都离不开算法，因此笔者以为"算法归责"不失为回应伦理诉求和法律规制的一个着力点。

二、人工智能算法的伦理困境

在讨论算法归责之前，有必要先梳理人工智能算法面临的伦理诉求及其困境。

---

[1] Lilian Edwards, Michael Veale, "Slave to the Algorithm? Why a 'Right to an Explanation' is Probably Not the Remedy You are Looking For", *Duke Law & Technology Review*, Vol. 16, 2017, p. 24.

[2] Lilian Edwards, Michael Veale, "Slave to the Algorithm? Why a 'Right to an Explanation' is Probably Not the Remedy You are Looking For", *Duke Law & Technology Review*, Vol. 16, 2017, p. 25.

[3] 无监督学习属于机器学习的一个分支，它无需依赖任何先验知识，即可以从海量数据中发现潜在有用的、鲜为人知的知识。参见谢娟英：《无监督学习方法及其应用》，电子工业出版社 2016 年版，第 2 页。因此基于无监督学习技术的算法结果显得更不可控。

[4] 发生在 2018 年 11 月的基因编辑婴儿事件就是典型例证。

（一）人身安全诉求：价值冲突问题

当算法介入人类决策过程，特别在其角色从辅助逐步走向被高度依赖的情况下，人身安全是我们直面的首要伦理问题。这在目前最受瞩目的人工智能应用场景——自动驾驶汽车领域显得尤为突出。

虽然现阶段自动驾驶技术应用等级[1]尚处于较低水平，商用普及程度不高，但近年来已发生了多起自动驾驶汽车造成人员死亡的极端事件。

2016年1月20日，京港澳高速河北邯郸段发生一起追尾事故，一辆特斯拉轿车撞上了前方的道路清扫车，特斯拉轿车当场损坏，轿车上23岁的男性驾驶员不幸身亡。事后根据行车记录仪中的视频分析，事故发生时，特斯拉处于Autopilot（特斯拉的自动驾驶系统）工作状态，系统并未能识别前车而造成事故。[2]

2016年5月7日，美国前海豹突击队士兵约书亚·布朗驾驶Autopilot系统正在开启状态的特斯拉Model-S型轿车，在一条双向、有中央隔离带的公路上，驾驶员和系统在烈日下均未能探测到一辆拖挂车以垂直方向穿越公路，特斯拉轿车未及时制动，从而造成驾驶员布朗身亡。[3]

2018年3月18日，美国亚利桑那州一名女子被优步自动驾驶汽车撞伤，之后不幸身亡。据报道，事发时尽管有一名司机坐在方向盘后面，但是，这辆车当时正处于自动控制模式。[4]

自动驾驶事故频发引起了人们对技术可靠性的忧虑。一个本能的疑问是：在使用自动驾驶汽车时"我"的人身安全能否获得保障？从表面上看，这是一个纯技术问题，技术万能论者可能会认为只要人工智能技

---

[1] 美国交通部（Department of Transportation）将自动驾驶技术根据人工干预程度由高至低分为0至5级共6级。目前自动驾驶应用基本处于第2至3级的水平，离任何条件下无人工干预的第5级尚有距离。

[2] 参见"中国首宗自动驾驶致死案终认定！没事吹无人驾驶，出事就称辅助驾驶，多鸡贼啊"，载搜狐汽车频道，https://www.sohu.com/a/224639073_99921804，访问日期：2019年2月21日。

[3] 参见"中国首宗自动驾驶致死案终认定！没事吹无人驾驶，出事就称辅助驾驶，多鸡贼啊"，载搜狐汽车频道，https://www.sohu.com/a/224639073_99921804，访问日期：2019年2月21日。

[4] 参见"优步自动驾驶汽车撞死一女子系全球首例致死事故"，载人民网，http://world.people.com.cn/n1/2018/0320/c1002-29877140.html，访问日期：2019年2月21日。

术发展足够成熟，即可对冲一切安全风险。但是，不受约束的技术却可能将人类引向万丈深渊。首先，技术由资本驱动，资本的逐利性决定了技术的首要价值关切是效率，而效率和安全这两个价值取向在很多情形下却是冲突的。其次，即便外部力量促使技术的研发以安全为驱动，但从经验角度看，技术更多的是防范和修补既有的风险和漏洞，而对日新月异社会爆发的各种不可预知的风险因素，技术无法提前预知，甚至技术本身就是引爆风险的导火索。所以，技术发展能保障安全是个伪命题，安全一方面需要技术手段保障，另一方面需要超越技术从社会系统中寻求支持。

就自动驾驶人工智能算法而言，进一步的伦理追问是：在"我"的安全和他人安全之间，或者他人与他人之间的安全发生冲突时，人工智能算法应如何作出决策？

这其实是哲学上著名的"电车难题"在人工智能算法领域的延续。"电车难题"由英国哲学家菲利帕·福特在其1967年发表的《堕胎问题和教条双重影响》一文中首次提出，他假设一辆飞驰的有轨电车司机突然发现前方主干道上有五名工人在工作，而可供电车转向行驶的支线轨道上也有一名工人在工作。此时司机需迅速决定：继续在主干道前行或转向支线。若前行，则主干道上五名工人无疑将被撞死；若转线，则支线上的工人也将被撞死。福特问此时电车司机应如何抉择？[1]若上述情形发生在自动驾驶场景，人工智能算法是选择保护车内乘客还是行人？是选择保持航向牺牲多数行人还是选择改变航向牺牲少数行人？

原初提出的"电车难题"旨在揭示伦理学上道义论和功利主义两个流派的不足，所以"电车难题"本质上仅是一场思想实验。我们可以设身处地进一步考虑，以道义论或功利主义的伦理学论证强加于一个需要瞬间作出决定的司机，是否过于苛刻？司机的行为事实上更多的是一种本能反应。但是，自动驾驶领域的"电车难题"则不同，自动驾驶汽车的算法根据不同条件进行不同反应是预设的，即这一难题不是在事故发生前几秒呈现于算法前，而是被算法提前纳入考虑的。在人工智能算法

---

[1] See Philippa Foot, "The Problem of Abortion and the Doctrine of the Double Effect", *Oxford Review*. No. 5, 1967, pp. 152-161.

范畴，"电车难题"的伦理学讨论更有价值，更深刻反映道义论、功利主义以及其他伦理学流派的争议，人工智能产品的应用直接关乎"我"的个体安全和社会安全，是更现实、更紧迫的论题。

（二）不被歧视诉求：算法公平问题

不少人认为，技术本身是中性的，算法是中立的，因此通过人工智能算法得出的自动化决策，可以避免人工干预造成的不公正。但事实反映的情况却似乎恰恰相反：通过人工智能算法得出的决策，往往存在极大的歧视。

其中，最令人不安的一个例子是：美国有法院在使用一个名为 COMPAS 的算法工具进行量刑，而 COMPAS 是一个判断嫌疑人再犯的风险评估工具。一位可能被判 6 年刑期的嫌疑人对这一算法量刑工具提出了疑问，认为使用 COMPAS 存在性别和种族歧视的可能。他的疑问并未获得法院的支持，威斯康星州最高法院支持在有限范围内使用该算法工具，认为它有助于提供准确性，并最终对包括犯罪嫌疑人在内的整个司法系统有积极意义。然而，一个调查机构的调查结果却对 COMPAS 的准确度表示质疑：黑人被告被 COMPAS 错误地贴上未来可能犯罪的标签的可能性是白人被告被错误标签可能性的两倍。[1] 更荒诞的可能是，"'逮捕'的搜索结果会被有意编辑成与看起来更像黑人的那些名字相关"[2]。

但是，有学者试图澄清，上述所谓算法歧视的结果，是算法过程被人类的歧视"病毒"所"感染"的结果，算法技术本身是不存在歧视的。[3]笔者以为，即便依上述观点，也不能否认人工智能算法是产生歧视、导致不公的一个路径和渠道。也许歧视的根源在人类，歧视的观念植根于每个人的头脑里，通过算法自动化决策这一过程，把歧视结果传递了出来，甚至加剧了歧视。再退一步而论，即使不考虑算法逻辑，仅从算法运行所依赖的海量数据中也能发现可能导致歧视的因子。因为海量数据

---

〔1〕 See Anupam Chander, "The Racist Algorithm?", *Michigan Law Review*, Vol. 115, 2017, p. 1033.

〔2〕 Frank Pasquale, *The Black Box Society*: *The Secret Algorithms That Control Money and Information*, Harvard University Press. 2015, p. 39.

〔3〕 See Anupam Chander, "The Racist Algorithm?", *Michigan Law Review*, Vol. 115, 2017, pp. 1034-1035.

是人工智能算法的基础，而数据的广度足以使"相关性"取代"因果性"，而"相关性"往往导向歧视的结果。

有学者以数据挖掘为例子，说明看似中立的、非敏感数据可以成为敏感的、受保护数据（如性别信息等）的替代物（proxies），因为数据挖掘可以通过相关性"推断出数据（背后）看不见的属性，包括那些传统上被认为敏感的属性，从而间接地将具体个人从受保护的类别中识别出来，进而对其进行不适当的处罚或资格排除"[1]。例如，在美国就业市场明显更倾向于白人的事实前提下，美国大学招生时为了招到将来可能会在就业市场表现良好的学生，"招生办公室会转向选择一种算法进行决策，该算法并不直接识别人种肤色，而是使用白色种族因素的替代物，如申请人的家庭住址邮政编码或其高中毕业学校进行推断"[2]。

因此，人工智能算法，甚至算法所依赖的数据本身可能就隐藏着各种偏见和歧视，算法决策的广泛应用将可能不公平地影响人们在就业、升学、住房、贷款以及保险等方面机会的获取。故此，机会平等和反对歧视是人工智能算法被进一步追问的伦理问题。

（三）不被干扰诉求：匿名与隐私

人工智能算法与隐私诉求的张力，最直观体现在互联网服务商提供的个性化推荐服务与用户匿名化努力之间的博弈。论及个性化推荐，不得不提的是 2015 年终审判决的国内 cookie 信息侵权第一案：朱某诉百度侵犯其隐私权案。

朱某认为百度利用网络技术，未经其知情和选择，记录和跟踪了其个人所搜索的关键词，将其个人兴趣爱好、生活学习工作特点等显露在相关网站上，并利用记录的关键词，对其浏览的网页进行广告投放，侵害其隐私权，使其感到恐惧，精神高度紧张，影响了正常的工作和生活，故诉至南京市鼓楼区人民法院，请求判令百度公司立即停止侵害其隐私权的行为并赔偿其精神损害抚慰金 10 000 元。南京市鼓楼区人民法院一

---

[1] Solon Barocas, Andrew D. Selbst, "Big Data's Disparate Impact", *California Law Review*, Vol. 104, 2016, p. 692.

[2] Anupam Chander, "The Racist Algorithm?", *Michigan Law Review*, Vol. 115, 2017, p. 1038.

审认定百度利用 cookie 技术收集朱某信息，并在朱某不知情和不愿意的情形下进行商业利用，侵犯了朱某的隐私权，判决百度须向朱某赔礼道歉。百度不服一审判决上诉至南京市中级人民法院，该院终审认为：①百度在提供个性化推荐服务中没有且无必要将搜索关键词记录和朱某个人身份信息联系起来，百度收集、利用的是未能与网络用户个人身份对应识别的数据信息；②百度并未直接将 cookie 信息向第三方或公众展示，没有任何的公开行为，不符合利用网络公开个人信息侵害个人隐私的行为特征；③百度在《使用百度前必读》的通知中已经明确告知网络用户可以使用包括禁用 cookie、清除 cookie 或者提供禁用按钮等方式阻止个性化推荐内容的展现，尊重了网络用户的选择权。综上，二审法院认定百度个性化推荐行为不构成侵犯朱某的隐私权，判决撤销原判决，驳回朱某的全部诉讼请求。[1]

由上述案例我们不禁反思："我"在网络世界能实现"隐身"吗？且不论 cookie 技术的"善与恶"，也不论互联网服务商的主观意图，"我"在布满算法（动机不良的算法可能将"计算"变成"算计"）的虚拟世界漫步，"匿名化"处理是"我"的有效护身符吗？对此疑问，专门从事计算机科学和法律跨学科研究的保罗·欧姆教授认为，对匿名化技术的依赖是一个被误导的"信念"（faith[2]），人们对匿名化技术的强大力量仅仅是一个"假定"（assumption[3]）。为说明反匿名的再识别技术威胁，欧姆教授以美国在线、马赛诸塞州政府机构和 Netflix 的例子，论证了匿名化处理的脆弱。[4]为应对反匿名的再识别技术滥用，有学者建议重新定义落入隐私保护范畴的个人信息（Personally Identifiable Information，PII）的内涵，将 PII 区分为"已被识别"（identified）信息和"可以被识别"（identifiable）信息，前者是确定指向具体个人的信息，后者是潜在、

---

〔1〕 朱某诉百度一案终审判决，参见裁判文书网，载 http://www.court.gov.cn/cpwsw/jiangsu/jssnjszjrmfy/ms/201505/t20150529_8318336.htm，访问日期：2019 年 2 月 21 日。

〔2〕 Paul Ohm, "Broken Promises of Privacy: Responding to the Surprising Failure of Anonymization", *UCLA Law Review*, Vol. 57, 2010, p. 1707.

〔3〕 Paul Ohm, "Broken Promises of Privacy: Responding to the Surprising Failure of Anonymization", *UCLA Law Review*, Vol. 57, 2010, p. 1716.

〔4〕 See Paul Ohm, "Broken Promises of Privacy: Responding to the Surprising Failure of Anonymization", *UCLA Law Review*, Vol. 57, 2010, pp. 1717-1722.

可能指向具体个人的信息。[1]然而，重新定义的 PII 其外延仍不清晰。关键在于"可以被识别"信息的范围——如何判定某一不直接指向个体的信息具备识别的可能性？在笔者看来，倘若"可以被识别"的标准不清晰，则该定义将存在 PII 被无限适用的风险，从而导致隐私保护过分扩张而抑制人工智能算法发展的格局。无论如何，人工智能算法与隐私诉求是一对此消彼长的相向力量，隐私是人类自由安宁生活的传统追求，人工智能算法的发展不得不回应这一来自人类内心精神层面的伦理需求。

上述三项人工智能算法面临的伦理诉求，从生命安全、机会平等到内心宁静，需求层面逐一递进。笔者以为，信任危机是上述伦理诉求的共同指向，人机信任机制的建立是满足人类（或人类社会）的安全、公正、安宁需求的保障。人机信任的基础是人工智能算法的可归责性，即算法责任的落实，此时法律的干预成为必要，下文详论之。

三、人工智能算法既有法律规制的局限

（一）关于算法归责的立法和监管概要

鉴于人工智能技术发展和应用是伴随高度发达或高速增长的经济而生，经济高度发达地区和高速增长地区的立法和监管情况是行业发展水平的风向标，故此本文选取世界三大经济体，即美国、欧盟和中国作为样本进行简要评析。

1. 美国

美国互联网产业和人工智能技术发展领先全球，与其法律监管的价值导向是密不可分的。美国法律崇尚市场化和先发展后监管的文化，对待新兴技术的态度是以鼓励为主约束为辅，更相信行业自律的力量。

因此，让人遗憾的是，就人工智能算法归责而言，无论是制定法还是普通法层面，均没有确立算法归责的具体制度。但没有专门的算法归责制度并不意味着监管的空白，美国的立法和司法主要从以下三方面对

---

[1] See Paul M. Schwartz, Daniel J. Solove, "The PII Problem: Privacy and a New Concept of Personally Identifiable Information", *N. Y. U. Law Review*, Vol. 86, 2011, p. 1817, 1873.

算法进行规制：①反歧视规制；②数据安全和隐私保护规制；③反垄断规制。

由算法决策造成的歧视问题，适用宪法规定进行规制。例如，"一位名为 Grutter 的白人向联邦最高法院起诉密歇根大学法学院，认为其招生政策违反宪法第十四修正案的平等保护以及 1964 年民权法案中不得基于种族进行歧视的规定。因为在密歇根大学法学院的招生政策中，除了考虑本科成绩、LSAT 成绩、推荐信、社会活动等表现之外，该政策还允许考虑学生的种族因素……"[1]。

而后两项，即数据安全、隐私保护规制以及反垄断规制，主要由联邦贸易委员会（the Federal Trade Commission，FTC）担负重任。FTC 最初是反垄断机构，"自 20 世纪 90 年代末期开始扩展到消费者保护领域"[2]。FTC 在实践过程中形成了类似于普通法的机制，通过发布同意令（consent order）建立起自身的体系化监管体系，"一方面，被 FTC 指控的违法行为使得同意令反映了 FTC 对某一行为是（否）违反了第 5 条规定（引者注：此指《联邦贸易委员会法》第 5 条，该条赋予 FTC 对不公平或欺骗性行为进行处理的执法权）（或在其管辖范围内依据的任何规定）的确认，因此有相同或类似行为的企业可以预见 FTC 将对其进行调查和非法指控；另一方面，这些同意令还反映了 FTC 所认定的最佳实践……这样的机制对企业而言有指引意义"[3]。FTC 的处理结果本身在技术上并不具有先例的参考意义，但 FTC 的执法实践却证明了其处理的一致性。"从业者会将 FTC 的处理结果视作具有先例拘束力"[4]。所以说，FTC 的同意令实质上具备了普通法上的"先例"价值。

2. 欧盟

限于篇幅以及考虑影响力，本文对欧盟立法的评析仅限于《通用数

---

[1] 丁晓东："算法与歧视 从美国教育平权案看算法伦理与法律解释"，载《中外法学》2017 年第 6 期。

[2] Daniel J. Solove, Woodrow Hartzog, "The FTC and the New Common Law of Privacy", *Columbia Law Review*, Vol. 114, 2014, p. 589.

[3] Daniel J. Solove, Woodrow Hartzog, "The FTC and the New Common Law of Privacy", *Columbia Law Review*, Vol. 114, 2014, p. 607.

[4] Daniel J. Solove, Woodrow Hartzog, "The FTC and the New Common Law of Privacy", *Columbia Law Review*, Vol. 114, 2014, p. 620.

据保护条例》（General Data Protection Regulation，GDPR）。GDPR 于 2016 年 4 月 14 日经欧洲议会通过，并于 2018 年 5 月 25 日开始实施。与美国的情况相同，GDPR 从着眼于数据保护角度规制算法，但与美国不同，一方面 GDPR 延续了欧洲对个人信息、隐私权利严格保护的传统，另一方面，GDPR 对自动化处理（processing by automated means）、自动化决策（automated decision-making）、用户画像（profiling）方面有专门规定。以下简述之。

首先，GDPR 规定了自动化决策的合法性基础。根据 GDPR，用户画像或自动化决策所依赖的数据采集若涉及个人数据，用户同意是其首要合法性条件。GDPR 将数据分为个人数据和特殊类型的个人数据，对后者的采集明确了更严苛的同意条件，即要求明示同意（explicit consent）。[1]如本文第一部分所述，鉴于匿名化技术的处理，用户画像或自动化决策所依赖的数据往往不能直接识别具体个人，因此该等数据不属于特殊类型个人数据，采集和使用该等数据应无需经用户明示同意，而且在特定情况下甚至无需经用户同意。因为 GDPR 规定了正当利益原则作为采集使用个人数据的另一个合法性条件，即基于数据控制者或第三方的正当利益（包含直接营销 direct marketing），[2]利用用户画像数据进行营销有可能不需经数据主体的同意。但需要特别注意的是，GDPR 进一步规定，使用用户画像进行自动化决策而对数据主体产生法律或严重影响的，则需经数据主体明示同意。[3]

其次，GDPR 规定了用户阻隔服务商继续使用数据的救济措施。GDPR 对基于正当利益使用的个人数据，赋予数据主体反对权（right to object），即对于一般用户画像数据处理，数据主体有权反对用户继续使用数据，而个人数据被停止使用后并不影响用户继续使用服务的权利。对于特定的用户画像数据处理，数据主体有权行使撤回同意权（right to withdraw）而

---

[1]　参见 GDPR 第 9 条 "Processing of special categories of personal data" 的规定。

[2]　参见 GDPR 前言第 47 项，该项规定："…The processing of personal data for direct marketing purposes may be regarded as carried out for a legitimate interest."

[3]　参见 GDPR 第 22 条 "Automated individual decision-making, including profiling" 的规定。

终止服务商的数据使用行为。[1]

最后，除上述两方面以外，针对包括用户画像的自动化决策使用的数据，GDPR 似乎走得更远，其在正文中规定了数据控制者应向数据主体提供关于自动化决策的"逻辑有意义的信息，包括自动决策对于数据主体的明显预期后果的信息"的义务。[2]该规定与其前言第 71 项结合，被舆论解读为 GDPR 确立了算法解释权。[3]

3. 中国

与美国相同，中国没有专门针对"算法归责"的统一立法，但各部门法对个人信息安全、个人信息权利、数据流动、个性化推荐规则等方面进行了分别规定。

首先，笔者认为，我国立法试图通过对数据主体赋权的方式规制算法责任。一方面，通过《中华人民共和国网络安全法》确立网络运营者收集个人信息的行为准则。[4]另一方面，《中华人民共和国民法总则》专门用一个条款规定个人信息权，[5]从我国《民法总则》的条款设置看，第110 条规定的是隐私权等一般人格权，第 111 条规定个人信息权，可见立法目的是把个人信息权定位为与一般人格权并列的其他民事权利。个人信息权因此第一次在基本法律中从隐私权中剥离出来成为一项独立的权

---

〔1〕 "撤回同意权"参见 GDPR 第 7 条第 3 款的规定；"反对权"参见 GDPR 第三章第四部分"Right to object and automated individual decision-making"的规定。

〔2〕 参见 GDPR 第 13 条"Information to be provided where personal data are collected from the data subject"中的第 2 款第 f 项和第 14 条"Information to be provided where personal data have not been obtained from the data subject"中的第 2 款第 g 项的规定。

〔3〕 GDPR 前言第 71 项规定："…In any case, such processing should be subject to suitable safeguards, which should include specific information to the data subject and the right to obtain human intervention, to express his or her point of view, to obtain an explanation of the decision reached after such assessment and to challenge the decision…"

〔4〕 我国《网络安全法》第 41 条规定："网络运营者收集、使用个人信息，应当遵循合法、正当、必要的原则，公开收集、使用规则，明示收集、使用信息的目的、方式和范围，并经被收集者同意……"该法第 43 条同时规定："个人发现网络运营者违反法律、行政法规的规定或者双方的约定收集、使用其个人信息的，有权要求网络运营者删除其个人信息；发现网络运营者收集、存储的其个人信息有错误的，有权要求网络运营者予以更正。网络运营者应当采取措施予以删除或者更正。"

〔5〕 我国《民法总则》第 111 条规定："自然人的个人信息受法律保护。任何组织和个人需要获取他人个人信息的，应当依法取得并确保信息安全，不得非法收集、使用、加工、传输他人个人信息，不得非法买卖、提供或者公开他人个人信息。"

利。因此，笔者认为这体现了立法者着力构建以个人（数据来源方）自决为核心的数据权利。

其次，在数据流动，特别是数据竞争领域，可能基于个人数据自决的原则，在 2017 年修订的《中华人民共和国反不正当竞争法》（以下简称"《竞争法》"）的"互联网专条"[1]中对企业之间基于爬虫算法而获取数据的行为并没有进行规制。需要注意的是，"互联网专条"第 3 项规制的行为可能与数据流动相关。[2]该项规定出现"恶意"这一主观词汇，在成文法中没有具体定义的情形下只能依赖司法过程的认定，而在一般法律语境中，一项"恶意"行为往往伴随着损害他人合法权益的后果或潜在可能。具体在竞争法领域，企业之间的竞争行为必然导致竞争对手的利益受损，竞争本身即隐含法律上的"恶意"，因此以"恶意"推断"不正当竞争"则无异于直接否定竞争行为。所以，竞争法实质上是旗帜鲜明地反对"不兼容"，进而论之则有支持数据自由流动的立法价值考量。"数据自由流动"看似很美，但在竞争法语境下观察，则需谨慎。因为竞争法规制的是企业之间的行为，要求企业之间数据"兼容"，允许数据不经原采集方同意即可流动至其他市场主体，这里隐含的逻辑是排斥数据原始采集方的权利。竞争法的规定再次印证了笔者上一点的论述：我国立法价值取向是构建个人（数据来源方）数据自决机制而排斥数据原采集方权利。

最后，2018 年 8 月 31 日新修订通过的《中华人民共和国电子商务法》第一次旗帜鲜明地确立个性化推荐规则。[3]关于该规定需要注意的一个细节是：该法起草过程中的第三次送审稿规范的个性化推荐是电子商务经营者的"推销"行为，[4]而最终通过的颁行稿规范的个性化推荐

---

[1] 2017 年 11 月 4 日修订通过的《中华人民共和国反不正当竞争法》第 12 条专门规定了 4 项互联网领域不正当竞争行为，故该条被舆论称为"互联网专条"。

[2] 《中华人民共和国反不正当竞争法》（2017 修订）第 12 条第 2 款第 3 项规定：网络经营者不得"恶意对其他经营者合法提供的网络产品或者服务实施不兼容"。

[3] 《中华人民共和国电子商务法》第 18 条规定："电子商务经营者根据消费者的兴趣爱好、消费习惯等特征向其提供商品或者服务的搜索结果的，应当同时向该消费者提供不针对其个人特征的选项，尊重和平等保护消费者合法权益。电子商务经营者向消费者发送广告的，应当遵守《中华人民共和国广告法》的有关规定。"

[4] 《中华人民共和国电子商务法》草案第三次送审稿增加 1 条规定：电子商务经营者根据消费者的兴趣爱好、消费习惯等特征向其推销商品或者服务，应当同时向该消费者提供不针对其个人特征的选项，尊重和平等保护消费者合法权益。

则被修订为电子商务经营者根据消费者搜索而提供"搜索结果"的行为。"推销"和提供"搜索结果"，从市场营销角度看可归为同类行为，但从交易角度看，两者的区别却是根本性的。"推销"是电商经营者或网络服务商触发的机制，即消费者或用户在非自愿情况下接受商品或服务的广告展示，有学者将之称为"不可抗拒的要约"[1]。而"搜索结果"是由消费者或用户触发的，是消费者或用户主动希望获取的信息（虽此等信息经由网络服务商的算法处理而获得）。我国《电子商务法》第18条将"推销"改为"搜索结果"，可以看出多轮博弈后的最终立法价值取向：在尊重和平等保护消费者权益的基础上，肯定个性化推荐的商业模式。具体而言，仅规制由"搜索"触发的个性化推荐，因"搜索"可由消费者或用户自主选择使用，提供一个非个性化选项（即允许个性化排序搜索选项，也同时需具备非个性化排序的搜索选项）具备可操作性，不至于因同时提供非个性化搜索选项而导致个性化推荐失效。

（二）当前关于算法责任法律规制的四大不足

通过观察美国、欧盟、中国三个样本，可以发现三大经济体的立法和监管对于算法责任的规制似仍不尽人意，未能有效回应人工智能算法的伦理诉求，笔者试对法律规制的不足梳理归纳如下：

1. 个人数据保护的进路如隔靴搔痒

虽欧盟和中国的相关立法有若干"自动化决策"和"个性化推荐"的规定，但实质上美国、欧盟、中国三大经济体关于算法责任的法律规制均沿袭个人数据保护的进路。美国在鼓励科技和产业发展的立法价值取向指引下，对算法责任没有明确具体的归责原则；欧盟规范"自动化决策"的是GDPR，其监管进路从该条例冠以"数据保护"之名可窥见一斑。再看中国，从基本部门法《中华人民共和国民法总则》《竞争法》到专门的《中华人民共和国网络安全法》和《中华人民共和国电子商务法》，构筑了一个以国家信息安全为主轴，从肯定既有商业模式（如"个性化推荐"）和消费者权益保护两个维度展开的个人数据保护体系。

---

[1] See Chris Jay Hoofnagle etc., "Behavioral Advertising: The Offer You Cannot Refuse", *Harvard Law & Policy Review*, Vol. 6, 2012, pp. 273-296.

　　尽管个人权利、消费者权益保护的另一面是服务提供者的责任，然而仅强调权利保护而未具体明确归责主体、归责条件和归责事由，则未免让人有隔靴搔痒之感。此情况下，算法责任的认定在业界认知和司法实践中都极不清晰，个人权利将可能被置于空中楼阁般的虚幻之境。权利只有证明被侵害、受损害才能获得救济，算法责任方能被诉诸法律，但在现有法律规制模式下要证明权利被侵害、权利主体受损害是极度困难的。我们理解，现有法律规制的这一进路有其现实主义的考量：人工智能算法的运行逻辑常人难以理解，特别就无监督学习算法而言，勿论一般人，即便其研发者也无法预测算法决策结果，算法本身如同"黑箱"，试图打开"黑箱"的做法会陷入被学者称为"透明度谬论"（transparency fallacy）的困局。[1]依笔者所见，"黑箱"也罢，"透明度谬论"也罢，均不是回避直面人工智能算法规制的理由，若"黑箱"无法以"透明化"或其他方法证成其合理性，是否意味着法律将放弃对一个可能"失控"的系统进行约束？现实主义抑或负责任的态度，我们该如何选择呢？无疑前者在短期似乎更"经济"，因为它无需考虑打开"黑箱"或其他方法的成本，但长远观之，绕开算法归责的法律规制进路，因行为归责的基础不确定、监管边界不清，人工智能从业者将无所适从，如此一来反而不利于科技和产业的发展。

　　2. 事后监管模式导致规制空心化

　　美国 FTC 主导实施的法律规制是典型的事后监管模式，事实上是"一事一理"，由 FTC 对具体的不当行为或欺诈行为等进行个案规制。虽然 FTC 会通过多个处理意见和同意令形成统一的归责原则和认定标准，但对于充满不确定性的加载了人工智能算法的产品或服务而言，这种监管模式是不足的。因为，它的监管触发机制是违法或不当行为事件的发生或有证据证明的用户权益受损，在问题没有曝光时监管似乎是不存在的，此时人工智能算法应用可蓬勃地生长，这也体现了美国历来推崇的

－－－－－－－－－－

〔1〕　See, Lilian Edwards, Michael Veale, "Slave to the Algorithm? Why a 'Right to an Explanation' is Probably Not the Remedy You are Looking For", *Duke Law & Technology Review*, Vol. 16, 2017, p. 43, pp. 65-67. 该文作者认为，解释权等要求透明度的个人权利，事实上给个人带来巨大的负担，因为大多数人时间贫乏、资源贫乏而且缺乏必要的专业知识，从而使得这些个人权利无法发挥有意义的作业，从而陷入"透明度谬论"。

实用主义哲学传统。在事前监管规则缺失的情况下任凭产业发展，相当于放任一款款没有"安全质量标准"的人工智能算法产品（服务）投产和上架。

事前监管规则，其实在 GDPR 中有所提及。GDPR 在第 25 条规定了通过设计保护隐私的原则，规定数据控制者应当采取合适的技术与组织措施，并且在处理中整合必要的保障措施，以保护数据主体的权利。[1]有解释称此规定实为"设计保护隐私"（privacy by design）原则在 GDPR 的确立，"设计保护隐私"原则"仅指通过技术设计进行数据保护，其背后的思想是处理数据过程中保护数据的原则最好在技术被创设时就嵌入"[2]。然而，囿于上述第一点讨论的数据保护进路，GDPR 并未将事前监管规则扩展到数据保护以外领域，未延伸出设计保障公平（fairness by design）、设计保障安全（safety by design）或更进一步整合人工智能算法规制的事前规则。

事前监管规则的缺位导致权利主体举证困难，算法归责的司法管辖难以奏效，如此情况下出现了算法归责监管行政化的倾向。实际上美国的 FTC 就是一个行政机关，欧盟的 GDPR 也浓墨重彩地描述了监管机构的职责。笔者担心，事后监管模式导致的行政化倾向将加剧法律规制的空心化。美国的 FTC 虽形成了类似普通法遵循先例的机制，但美国的普通法传统难以被别国直接复制，且 FTC 机制本身也未能成为令人信服的可供其他国家和地区对标学习的"最佳实践"。在中国语境下，算法归责的行政法监督路径将可能是：问题暴露——调查——整改——产业受挫——新政刺激——产业复苏——问题暴露——调查——整改——产业受挫……，如此循环往复。

3. 单极自决的数据赋权对个人和产业均无益

如前所述，事后监管模式造成的司法管辖低效能，催生行政力量的增长。其实，行政力量的介入若能发展出另一条路径应是柳暗花明又一村的好事。这一新路径笔者将之称为私法的公法化倾向。具体而言，人

<hr>

[1] 参见 GDPR 第 25 条 "Data protection by design and by default" 的规定。
[2] 参见 GDPR，"Privacy by Design"，at https://gdpr-info.eu/issues/privacy-by-design/，访问日期：2019 年 2 月 21 日。

工智能算法产品和服务的提供商与用户之间是通过私法领域的契约关系构建而成，但由于服务商往往是掌握大数据和数据处理能力的科技巨头，从客观效果上看这些科技巨头一定程度肩负着社会管理和资源调配的公共职能，因此通过行政手段赋能，将平等主体关系的私法调整转向限制"权力"的公法调整成为新趋势，如此一来为满足"算法问责""算法透明度"要求的"算法披露"机制将呼之欲出，这是一项类似于公共管理部门的信息公开制度。

　　然而吊诡的实际情况是，行政化监管的另一端呈现出对个人数据主体在私法领域过度赋权的现象。我国《民法总则》从"隐私权"中单列出一项独立的"个人信息权"即是一例。独立的"个人隐私权"，为进一步立法丰富个人信息权内涵提供了空间，可以展望的是个人信息权除包含与个人敏感信息相关的精神利益以外，可能还包括一定的财产利益。如此一来，个人数据完全自决将可能成为未来指导数据权利归属的一项重要原则。这一框架下，个人数据主体权利的核心是控制，体现的是采集、使用个人数据时需遵循的事先同意原则。然而，数据主体对其个人数据被采集后的复杂、多样的处理过程并不了解和理解，其实也不必要了解和理解，数据主体关心的是处理结果对其的影响，此即用户预期。在无法满足用户预期的情况下，通过"同意"原则让数据主体进行自决，无疑增加了数据主体的负担，作为用户的主体只有两个选项：要么享用产品或服务而"闭眼"同意，要么不同意而弃用。

　　另一方面，数据单极自决，也损害其他数据控制主体的权益。笔者以为，个人数据权利结构至少包含三个主体：①每个人都是个人数据来源方；②我们在互联网或其他技术服务、注册各类应用、服务账户时授权给技术运营方采集数据，此时的运营方可称之为个人数据首次采集方；③基于授权和协议安排，从某运营方中取得个人数据的其他经营者，可将之称为个人数据再次采集方。个人数据个人完全自决论是单极自决，强调的是个人数据的完全排他性，无视个人数据首次采集方的权益，倘若被正式确定为立法原则，将使个人数据采集方权益在遭遇威胁和侵害时无法得到救济。因为数据本质上与知识产权不同，除非采集、加工的过程体现了独创性、新颖性等版权、专利保护的要素，否则数据无法获得知识产权制度的保护。在知识产权救济路径不通的情况下，个人数据再次采集方只能寻求竞争法的救济，倘若竞争法等法律否定个人数据首次采集方关于个人数据二次流动的同意决定权，将踏平个人数据首次采集方苦心建立起的"数据壁垒"。数据壁垒或称数据优势，作为某一技术运营方的核心资源，在互联网及新兴技术业态中应被肯定而不应将之视作"垄断"。当个人数据再次采集方所获取的数据被其他经营者第三次、第四次、第 N 次"爬取"时，相信没有一个被"爬取"数据的企业同意接收数据自由流动的原则。因此否定数据壁垒、否定数据再次流动的双层授权，损害的不仅仅是个人数据首次采集方的利益，它损害的是整个技术产业生态。

4. 没有落地的"解释权"：GDPR 未竟的任务

如前所述，算法披露机制有助于算法透明度问题解决，并进一步落实算法归责。欧盟 GDPR 一个引人瞩目而又备受争议的焦点是引入了算法解释的理念，这一理念在笔者看来是有益的尝试，但 GDPR 构建"解释权"的任务尚未成功。

GDPR 前言第 71 项涉及"解释权"的表述为："在任何情况下，此类处理都应遵守适当的保障措施，其中应包括向数据主体提供的具体信息以及获得人为干预、表达其观点、对评估后达成的决定作出解释和质疑该决定的权利"[1]。结合文本语境理解，上述的"此类处理"是限定范围的，即限定在一项决定"可能包括一项措施，关于他或她的个人方面的评估，且这些措施仅基于自动化处理，并对他或她产生法律影响或类似的重大影响"，且主张"解释权"的目标是拒绝接受自动化决策的约束[2]。这一立法思路在于保护数据主体免受"错误"的自动化决策所带来的负面影响，数据主体在面对不利自动化决策的输出结果时，可以通过要求解

---

[1] GDPR 英文文本前言第 71 项关于"解释权"规定的表述为："In any case, such processing should be subject to suitable safeguards, which should include specific information to the data subject and the right to obtain human intervention, to express his or her point of view, to obtain an explanation of the decision reached after such assessment and to challenge the decision."

[2] GDPR 英文文本前言第 71 项的有关表述为："The data subject should have the right not to be subject to a decision, which may include a measure, evaluating personal aspects relating to him or her which is based solely on automated processing and which produces legal effects concerning him or her or similarly significantly affects him or her, such as automatic refusal of an online credit application or e-recruiting practices without any human intervention."

释和人工介入对结论进行纠偏，并可在解释权未获有效行使时拒绝接受不利的自动化决策结果。这本是算法责任法律规制的理想图景，但遗憾的是 GDPR 的上述规定是在其前言作出的，而 GDPR 的前言部分并不具法律约束力，因此需要进一步分析 GDPR 有约束力的正文部分是否有对应的"解释权"规定。

GDPR 正文部分的第 12 条、第 13 条和第 14 条涉及算法"透明度"和算法"信息披露"。其第 12 条开宗明义地规定，数据控制者在与第 13 条和第 14 条相关的向数据主体提供信息时"应以一种简洁、透明、易懂和容易获取的形式，以清晰和平白的语言来提供"〔1〕，第 13 条第 2 款第 f 项和第 14 条第 2 款第 g 项同样规定，数据控制者应向数据主体提供关于自动化决策的"逻辑有意义的信息，包括自动决策对于数据主体的明显预期后果的信息"〔2〕。

GDPR 正文的这些规定，似乎回应了其前言提及的算法解释权问题。但"提供信息"能否等同于"算法解释"呢？这还需要从 GDPR 文本本身进行理解。我们发现，第 12 条的透明化信息提供是针对第 13 条和第 14 条情形下的，而第 13 条和第 14 条所规定的则是数据控制者在"收集个人数据时"〔3〕和"未获得个人数据时"〔4〕的信息提供义务。可见，GDPR 正文规定的信息提供义务仅限于在作出自动化决策（即算法处理）前，意味着此处所谓的"解释权"仅指向未经分析的个人数据而非算法处理后的输出结果，GDPR 正文规定的信息提供义务与其前言试图构建的"解释权"完全不是一回事。如前文分析的匿名化技术无法保障个人信息安全，因此在匿名化假定前提下，在获取数据环节进行控制的模式注定

---

〔1〕 GDPR 英文文本第 12 条第 1 款的有关表述为："The controller shall take appropriate measures to provide any information referred to in Articles 13 and 14 and any communication…in a concise, transparent, intelligible and easily accessible form, using clear and plain language, in particular for any information addressed…"

〔2〕 GDPR 英文文本第 13 条和第 14 条关于披露的内容表述为："Meaningful information about the logic involved, as well as the significance and the envisaged consequences of such processing for the data subject."

〔3〕 GDPR 英文文本第 13 条标题即为："Information to be provided where personal data are collected from the data subject"。

〔4〕 GDPR 英文文本第 14 条标题即为："Information to be provided where personal data have not been obtained from the data subject"。

是不可能成功的。有学者表达了同样的担心："对个人身份的已识别或可识别状态往往是数据分析的结果而不是起点，现有的智能算法已经能够对海量的无结构数据（包括百度搜索记录、淘宝购物记录、手机 GPS 信息等各种电子痕迹）进行分析和处理，最终实现'完美个人化'，即准确识别出某一特定个人的身份、社会属性和偏好。从数据是否已包含个人身份信息入手来规制算法无法达到保护个人权益的目的。"[1]因此，针对算法"解释权"，GDPR 前言和正文的理念是不一致的，它的不足在于欲言又止，未能确立有效的"解释权"。然而 GDPR 前言的思路是值得借鉴的，可以说 GDPR 的止步之处，正是我们从法律上构建算法解释机制的起点，下文将详述之。

四、算法归责的必由之路：算法解释

（一）解释要义

行文至此，笔者不禁想起日本作家村上春树的一本散文集名称——《当我谈跑步时我谈些什么》，欲借此进行设问：当我们谈解释时我们在谈些什么？换言之，论及算法解释，需要对这一术语中的"解释"一词进行"解释"，而且要将之置于人与算法（或曰人与机器）之间关系的维度去考量。要打开"解释"的"解释"之谜，哲学解释学给我们提供了丰富的思想资源，笔者认为可循两个关键要素展开：理解和意义。

首先，"理解"是打开"解释"的第一把钥匙，因为"解释必须以理解作为基础，理解才能使解释成为可能"[2]。"理解"是专属于人类的，因为不仅理解的主体是人，理解的客体也落入人的范畴。就主体而言，人工智能技术可以发展出可理解人类的机器（若把语音识别、个性化推荐等应用归入广义"理解"范畴，则当前的人工智能技术已经实现了机器/算法理解人）。但就客体而言，即使理解的对象机器/算法位列其中，机器和算法所影响的还是人类的行为，如此一来理解的客体仍是人

---

〔1〕 郑戈："算法的法律与法律的算法"，载《中国法律评论》2018 年第 2 期。
〔2〕 殷鼎：《理解的命运：解释学初论》，生活·读书·新知三联书店 1988 年版，第 4—5 页。

类。因此，"理解"的过程必然含有人的因素，反之亦然，人只有理解才能成为人。正如德国哲学家威廉·狄尔泰所言："自然需要说明（explanation），人则必须理解（understanding）"〔1〕。然而从一般语义上看，"说明"和"理解"的区别并不是泾渭分明的，但只要探究两者的目标，即可轻易区分。因为前者是寻求关于自然界的因果关系，后者是体悟一种社会知识。"理解"的知识是"关于人自身的知识，包括人的动机、意图、思想、意义、行为等。人不是生活在因果关系的枷锁中，……不能以因果关系去解释，意图和行为也不是单纯是时间意义上的前后因果关系"〔2〕。就人工智能算法解释而言，其本身除了自然科学领域外还涉及人的认知和行为模式，而且人工智能算法是围绕人类生活的，因此人工智能算法解释毫无疑问依循"理解"进路。

其次，"意义"是"解释"依赖"理解"而达到的彼岸。"意义"不是确定的存在，它非经由发现获得，而是经"理解"而成。当代哲学解释学的代表人物汉斯–格奥尔格·加达默尔认为，"一切理解都必然包含某种前见"〔3〕。因为人无法"超越出意识自身，以一种君临其下的姿态，公正无倚对自身进行反思"〔4〕，每个人都处在自身的历史当中，这就是加达默尔所说的前见。需要注意的是，此处之"前见"（尽管有时被翻译为"先见""偏见"）不带任何贬义，"前见"与其说是一种个人的、主观的意识，"倒不如说它是一种存在"〔5〕。"前见"的历史存在决定了它构成解释不可回避的前提。另一方面，依哲学解释学的立场，"解释与理解永远不可能发现及完整重现作者的'原意'，进而，理解的目的也不是要去发现原意"〔6〕。因此，解释所指向的"意义"就不是一种先于解释和理解的确定存在，"解释在某种特定的意义上就是再创造，但是这种再

---

〔1〕 ［德］威廉·狄尔泰（又译作"笛尔塔"）：《全集》（第5卷），第144页，转引自殷鼎《理解的命运：解释学初论》，生活·读书·新知三联书店1988年版，第11页。

〔2〕 殷鼎：《理解的命运：解释学初论》，生活·读书·新知三联书店1988年版，第103页。

〔3〕 ［德］汉斯–格奥尔格·加达默尔：《真理与方法——哲学诠释学的基本特征》（上卷），洪汉鼎译，上海译文出版社1999年版，第345页。

〔4〕 殷鼎：《理解的命运：解释学初论》，生活·读书·新知三联书店1988年版，第15页。

〔5〕 ［德］汉斯–格奥尔格·加达默尔：《真理与方法——哲学诠释学的基本特征》（上卷），洪汉鼎译，上海译文出版社1999年版，第790页。

〔6〕 殷鼎：《理解的命运：解释学初论》，生活·读书·新知三联书店1988年版，第50页。

创造所根据的不是一个先行的创造行为，而是所创造的作品的形象，解释者按照他在其中所发现的意义使这形象达到表现"〔1〕。因为"前见"是开放而非封闭的存在，解释各方可以借此进入对方视域，经由"理解"形成有共识的"意义"之网，由此各方共同完成解释。

综上，我们发现借由哲学解释学阐发的"解释"要义，对完善和丰富人工智能算法解释的内涵有不少可取之处。如上分析，人工智能算法解释并非寻求一个确定的、先验的"解"，它的指向是解释参与方（包括产品或服务提供商、算法技术开发方以及用户）的理解和意义共识，笔者以为，这在人工智能算法的具体语境下特指人与机器/算法之间的信任。如19世纪法国文学理论批评家罗兰·巴特所言，作品诞生之时作者已死，〔2〕人工智能算法诞生并投入应用之时，即便算法技术开发者也难以完整、精确地以"复原""重现"的方式解释算法应用的原理、目标、伦理价值及潜在风险等因素，这些因素的解释更大程度地来源自用户的内心确信。这是否意味着解释从"作者中心主义"向"读者中心主义"转向？"一千个读者就有一千个哈姆雷特"会导致人工智能算法解释陷入虚无缥缈的主观认知吗？笔者的回答是否定的，因为即便解释之初无法避免"一千个哈姆雷特"现象，但"哈姆雷特"终归是"哈姆雷特"，它是解释面向的基本范畴和起点，同时也是解释各方最终达成的意义共识需重新塑造的形象。依据哲学解释学的进路，人工智能算法解释不是独断的、单向解释，而应是对话式的多元解释，具体而言，解释首先是服务提供商或算法技术开发方重新理解，并向用户传达算法的意蕴，同时用户以其"前见"出发与服务方或开发方阐发的意蕴进行交锋、交融，并最终形成用户内心确信，达至解释各方的意义共识。

（二）算法解释与法律解释的关系

有学者认为，算法解释试图通过"打开黑箱"的方法，深入了解算

---

〔1〕 ［德］汉斯-格奥尔格·加达默尔：《真理与方法——哲学诠释学的基本特征》（上卷），洪汉鼎译，上海译文出版社1999年版，第155页。

〔2〕 参见"作者的死亡"，载［法］罗兰·巴特：《罗兰·巴特随笔选》，怀宇译，百花文艺出版社2005年版，第294页。

法内部的决策逻辑，这一努力将至少面临两个障碍和限制因素：一是技术限制。解释复杂算法决策系统的功能及其在特定情况下的基本原理是一个技术上具有挑战性的问题。同样，解释也可能对数据主体提供很少有意义的信息，从而引发对其价值的质疑。二是权利限制。数据控制方有法律上的利益或动机不去共享算法的信息细节，以避免泄露商业秘密，侵犯他人的权利和自由（如隐私权等），同时也是避免数据主体参与和操控算法决策。[1]倘若算法解释的任务仅旨在法律上的算法归责，能否采用技术已经相当成熟的法律解释替代面临诸多问题和诘难的算法解释呢？回答这一问题需先梳理算法解释和法律解释的关系，笔者拟从以下两个方面展开：

　　首先，算法解释和法律解释有异曲同工之妙。对算法解释和法律解释进行比较，会发现两者有许多共通之处。鉴于两者的外延过于宽泛，在讨论之前有必要对两者的范围进行限定：算法解释仅指法律上构建的用于算法归责的算法解释，法律解释则仅指有权解释中关于算法或算法归责的法律解释（为行文简洁，下文仍以算法解释和法律解释表述），不包括学理解释等非正式解释。如前所述，算法解释是多元解释，而法律解释却在一定程度上体现出“独断性”[2]，因为“解释权”在法律解释中是权力（power）而非权利（right），解释权只能由立法者或司法官行使。然而算法解释和法律解释的这些差异毫不影响它们形成异曲同工之效：算法解释和法律解释都指向归责。算法解释的目的从社会整体效用看在于回应伦理诉求，在具体个案中就算法产品或服务的使用人或相对人而言是为其针对错误的、有害的、有失偏颇的算法输出提供救济渠道，而救济的另一面则是对算法产品或服务的提供商或算法技术开发方的追责。因此无论从整体效用还是具体个案看，算法解释的终极指向是归责。法律解释的目的一般被认为是寻求确定性，以保证法律适用的稳定和一以贯之。“法律解释可以根据已有的各种法律材料对整体法律实践作出最佳解释，从中解释出具有一致性的或整体性的原则体系，然

----

〔1〕　See Sandra Wachter, Brent Mittelstadt, Chris Russell, "Counterfactual Explanations without Opening the Black Box: Automated Decisions and the GDPR", *Harvard Journal of Law & Technology*, Vol. 31, No. 2, 2017, pp. 3-4.

〔2〕　陈金钊：《法治与法律方法》，山东人民出版社 2003 年版，第 216 页。

后，在此基础上对实践问题作出法律上的最佳判断。这个最佳判断就是唯一正确的答案。"[1]笔者以为，法律解释对"唯一正确的答案"之追寻归根结底也是为了归责。哈特论及法律规范的"开放结构"需要解释，举例"禁止在公园内停放或通行车辆"这一规范，需要解释的"开放结构"是自行车、手推车是否属于禁止之列。[2]针对这一规范的解释，根本上还是为了解决什么类型的"车"的所有人或使用人需要承担责任的问题。

其次，算法解释和法律解释不能互相替代。一方面，算法解释不能替代法律解释。如前所述，法律规范存在"开放结构"，语言（包括日常语言和法律语言）的局限性使法律规范无法将所有事实涵摄其中，法律解释将永有用武之地而无从遇见其可以功成身退的那一天。正因实践中"大多数案件（引者注：此处应特指疑难案件）无法获得确定性"[3]，所以能否获得"唯一正确的答案"至今仍为学理难题且其自身并没有"正确答案"。这意味着，即便将来算法解释机制在法律上被构建完善，但彼时法律解释在法律适用过程中仍将发挥作用。另一方面，法律解释不能替代算法解释。目前关于算法责任的法律规制，法律解释就普遍在起作用。例如，上文分析的美国 FTC 通过个案处理的同意令形成类似普通法的"先例"规则，这体现了普通法推理技术的适用。普通法和制定法"最根本的区别在于一个是概念系统，而另一个是文本系统。……就普通法而言，解释只是沾点边，甚至是毫不相关。解释……可能是指在一个传统内发挥作用……还可能指的是更少。"[4]因此，普通法中的概念系统推理我们可以理解为广义的法律解释。再如，关于欧盟 GDPR 的适用和解释最近在法国有一个典型案例。法国国家互联网信息中心（CNIL）

〔1〕 Ronald · Dworkin, *A Matter of Principle*, Harvard University Press, 1985, pp. 136-137. 转引自刘星：《法律是什么——二十世纪英美法理学批判阅读》，中国政法大学出版社 1998 年版，第 201 页。

〔2〕 参见［英］哈特：《法律的概念》（第 2 版），许家馨、李冠宜译，法律出版社 2011 年版，第 124 页。

〔3〕 ［美］理查德·A. 波斯纳：《法理学问题》，苏力译，中国政法大学出版社 2002 年版，第 265 页。

〔4〕 ［美］理查德·A. 波斯纳：《法理学问题》，苏力译，中国政法大学出版社 2002 年版，第 311—312 页。

于 2019 年 1 月 22 日裁定，谷歌向用户提供了不充分的信息，在多个页面上分散提供信息，而且并未在广告个性化的问题上获得有效许可，故依据 GDPR 向谷歌开出了 5000 万欧元的罚单。[1]该案的一个关键问题是：谷歌通过打钩选项预先设置的方式获得用户同意采集数据的行为，是否符合 GDPR 关于同意的规定？CNIL 认为，谷歌所采取的方式与 GDPR 有关同意之定义[2]界定的"具体"（specific）、"不含混"（unambiguous），且体现为"声明"（statement）、"行动"（action）和"意思表示"（signify）的内涵不一致，因此该案中谷歌个性化广告的数据采集行为不合法。这是一例典型的"限缩法文之意义，局限于核心"[3]的限缩解释，将默示同意排除在同意之列。如前文所定义，前两例的法律解释是关于算法归责的法律解释，而不是在法律上构建的算法解释，法律解释的对象是规范文本、法律事实和概念系统的价值因素（前两者对应制定法的文本系统，后者对应普通法的概念系统），算法解释的对象则是算法决策过程或算法决策的输出结果。借用算法解释反对者所言，算法解释是触及"黑箱"或至少与"黑箱"的外部数据有关。因此，关于算法归责的法律解释不是本文所界定的算法解释，既有的算法归责法律解释也因为存在诸多不足[4]而无法替代算法解释本身。另外，倘若需要进行法律解释的事实、行为、条件、标准等在法律解释之前已经在法律体系以外被理解、已形成意义共识，则此时非法律因素已被厘清，法律解释的起点将被提高，从而有助于提高法律解释的精确性。为此我们可以说，算法解释促使法律解释在算法归责上更进一步接近"唯一正确的答案"。

（三）　算法解释的必要性和可能性

1. 算法解释的必要性

有学者表示质疑，不仅打开"黑箱"可能是徒劳的，所谓的"解释权"也不是数据主体所需要的，"在某些情况下，透明度或解释权可能被

---

[1]　参见新浪新闻，载 http://news.sina.com.cn/sf/2019-01-22/doc-ihrfqziz9975281.shtml，访问日期：2019 年 2 月 21 日。

[2]　参见 GDPR 第 4 条第 11 项的规定。

[3]　杨仁寿：《法学方法论》，中国政法大学出版社 1999 年版，第 148 页。

[4]　详见本篇第三部分"人工智能算法既有法律规制的局限"的分析，此处不再赘述。

高估，甚至不相关"[1]。算法解释质疑者通过分析欧盟当前的一些案例，认为解释权往往不是被寻求的一项救济。其中，谷歌西班牙公司的案例，引入了"被遗忘权"，质疑者认为该案说明了数据主体的个人权利救济完全可以以"被遗忘权"替代"解释权"。谷歌西班牙公司一案中，原告要求谷歌删除与他名字相关的排名第一的搜索结果链接，该链接指向一项记录他正在偿还政府长期债务（事实上他早已还清债务）的报纸档案的过时页面。原告在法庭上的诉求是删除"不准确"的数据，而他对谷歌搜索算法为什么持续把过时数据置于其排名首位并不感兴趣。类似谷歌西班牙公司的这些案例说明，解释并不能真正减轻或弥补数据主体所遭受的精神或经济损失，它所起的作用也许只是警示算法开发者不再犯同样的错误。[2]

　　上述质疑者提及的"预防"和"救济"两个因素，是判定一项归责机制是否有效的标准。这一视角是有意义的，但就质疑者依此框架分析"解释权"和"被遗忘权"的结论，笔者不敢苟同。质疑者认为算法解释只有"预防"功能而没有"救济"功能，在笔者看来这恰恰是质疑者所倡导的"被遗忘权"在算法归责上的缺陷。我们不妨把谷歌西班牙公司的案例作延伸设想，在"被遗忘权"规制框架下原告面临人工智能算法决策时是否可以获得救济？假定原告名字相关的过时数据仍未被删除，原告在申请商业贷款时，大数据将该"错误"信息作为因子纳入算法，导致原告的贷款申请被人工智能算法决策系统拒绝。此情况下，原告依据"被遗忘权"主张删除个人数据相关信息的诉求，获得的结果是与其名字相关的过时信息在相关网页中被删除，在此后的算法决策中将不可能分析、处理涉及该过时、"错误"信息的数据，可以避免将来的不当算法决策结果的出现，这体现的是"预防"功能，但质疑者所力证的"救济"功能在此情形下却无法获得满足。因为"被遗忘权"所保护的对象

---

[1]　Lilian Edwards, Michael Veale, "Slave to the Algorithm? Why a 'Right to an Explanation' is Probably Not the Remedy You are Looking For", *Duke Law & Technology Review*, Vol. 16, 2017, p. 43.

[2]　See, Lilian Edwards, Michael Veale, "Slave to the Algorithm? Why a 'Right to an Explanation' is Probably Not the Remedy You are Looking For", *Duke Law & Technology Review*, Vol. 16, 2017, pp. 41-43.

是隐私，因此在质疑者所举例的谷歌西班牙公司一案中，只要相关信息被删除，则"救济"即获实现。但在笔者此处引申的场景中，"原告"的主张在于推翻不当算法决策的结果，此时此刻诉诸"被遗忘权"无法改变商业贷款被拒的结果而达到"救济"目的。另外，算法解释机制的缺失，数据主体在面对算法决策不利结果时，只能主张"被遗忘权"或其他数据保护权利，该等算法保护权利仅针对作为算法决策输入信息的数据本身而与算法过程或算法结果无涉。在如此的"权利—归责"模式下，必然导向对数据控制方数据来源合法性的质疑，从而加剧了人和算法（或数据控制方）之间的对立和矛盾，损害本来就摇摇欲坠的人机信任基础。

2. 算法解释的可能性

如果算法解释是必要的，那如何解决它所面临的障碍呢？如前所述，有学者提出算法解释存在技术限制和法律限制，笔者认为有必要澄清的是，该等限制和障碍仅否定算法透明化或者说打开算法"黑箱"的可能性，而算法解释不等同于算法透明化或打开算法"黑箱"。换言之，打开算法"黑箱"的困难不必然意味着算法解释的可行性低。

美国哈佛大学多位法律学者、计算机科学家、认知科学专家曾于2017 年联合发表了一篇论文，论证以算法解释作为法律归责的可能[1]。该文在论述算法解释操作前，首先明确"解释与透明度不同，解释不需要了解人工智能系统中的信息流"。随后，该文介绍了让解释成为可能的两个技术属性：一是"本地解释"（local explanation，或译为"局部解释"），它是指在人工智能领域中对特定决策的解释，而不是对系统整体行为的解释。算法解释往往通过系统地探究（外部）输入来确定对决策结果影响最大的因素是什么。这种解释是局部的，因为重要因素可能因不同的情况而不同。例如，对于某一个人来说，还款记录可能是他贷款被拒绝的原因，而对于另一个人而言可能是收入不达标的原因。事实上，技术已经开发出一种被称为"机器学习的局部可解释模型"（Local Inter-pretable Model-agnostic Explanations，LIME）的工具，它是可用于解释任何

---

[1] 本段内容的分析除另有标注外，主要参见 Finale Doshi-Velez, Mason Kortz, "Accountability of AI Under the Law: The Role of Explanation", *Berkman Klein Center Working Group on Explanation and the Law*, 载 http://nrs. harvard. edu/urn-3: HUL. InstRepos: 34372584, 访问日期: 2019 年 2 月 21 日。

机器学习分类器的预测的技术。[1]二是"反事实确信"（counterfactual faithfulness），它有助于我们回答类似的问题：是否由某个因素决定输出结果？以及相关的问题：是什么因素导致了结果的差异？譬如说，如果有人被告知收入因素是其贷款被拒绝的决定因素，当他们的收入增加时，他们可能会合理地期望算法系统认定他们现在应获得贷款。"反事实确信"事实上借用了科学哲学和逻辑学关于"反事实条件句"的理论资源，"反事实条件句（counterfactual conditionals）也叫做'虚拟蕴涵命题'，它具有'如果 P 那么 Q'的形式，并且其前件表达一个与现实不符的情况。例如，'如果今天太阳不升起来，那么今天就没有白昼'就是一个反事实条件句。"[2]同时，也有其他学者利用该理论资源论证在人工智能和机器学习中"反事实解释"（counterfactual explanation）的可能。[3]上述两个技术属性有一个共同点：两者的操作均无需了解算法系统如何作出决策，即不必要打开算法"黑箱"。

另外，众多的算法解释实践也证成了算法解释的可能性。例如，"在2018 年 3 月 7 日，谷歌大脑团队的克里斯·欧拉（Chris Olah）公布了一项题为'可解释性的基础构件'的研究成果，该成果解决了神经网络这种最令人难以捉摸的算法的可视化问题，谷歌将其比喻为人工神经网络的核磁共振成像（MRI）。如果说神经网络算法所处理的海量数据及其复杂运算过程会使人脑'超载'，这种可视化解释技术简化了相关信息，使算法的工作状态回到了'人类尺度'，能够被普通人看懂和理解。"[4]再如，一个由科技商业和医学专家组成的团队于 2018 年 8 月在《哈佛商业评论》发表了一篇文章，其中讲述了从产品设计角度防范机器学习算法

---

[1] 关于 LIME 的内容，参见 Marco Tulio Ribeiro, Sameer Singh, Carlos Guestrin, "Why Should I Trust You?: Explaining the Predictions of Any Classifier", 载 https://arxiv.org/abs/1602.04938, 访问日期：2019 年 2 月 21 日。

[2] 陈晓平："科学定律与反事实条件句——兼论'新归纳之谜'", 载《中山大学学报（社会科学版）》2003 年第 S1 期。

[3] See Sandra Wachter, Brent Mittelstadt, Chris Russell, "Counterfactual Explanations without Opening the Black Box: Automated Decisions and the GDPR", *Harvard Journal of Law & Technology*, Vol. 31, No. 2, 2017, pp. 23–43.

[4] Chris Olah, "The Building Blocks of Interpretability", 参见及转引自郑戈："算法的法律与法律的算法", 载《中国法律评论》2018 年第 2 期。

歧视的可能[1]。

综上，理论论证、技术条件以及最新的实践应用等各方面都证明了人工智能（至少在机器学习领域）算法解释的可能性。

（四）　算法解释法律构建的若干要素

通过算法解释进行算法归责，最终要落地为算法解释的法律构建，这是一项浩大的工程，需要法律、哲学、伦理学、计算机科学等领域的专家通力合作方能完成。对此，笔者仅就其中的法律问题提出若干思考。

1. 算法解释的权利内涵

当我们倡导算法解释时，不得不面临的一个问题是：算法解释从法律角度看是一个什么机制？它是一个权利结构吗？或者可以更直接地问：算法解释权利是否存在？笔者的回答是：既存在又不存在。

算法解释目的在于算法归责，算法归责可以回应算法的伦理诉求。所以探究算法解释的性质需回顾算法的伦理诉求：安全保障、机会平等（反歧视）和隐私保护。上述伦理诉求置于法律保护之下，权利便生成。具体而言，如：安全保障诉求可生成生命权、身体权和健康权等民事权利；机会平等诉求可生成平等权、受教育权、免受性别歧视权等公民基本权利以及消费者权益保护方面的诸如知情权等；隐私保护诉求可生成名誉权、荣誉权、隐私权等民事权利，还包括人格尊严不受侵犯等公民基本权利。上述权利与算法解释的关系是什么呢？事实上是在人工智能算法发生作用的具体场景，通过明确产品或服务提供方、算法开发方解释义务的方式把上述权利"激活"。可见，算法归责指向的权利从公民基本权利、民事基本权利到特别主体的民事权利，公法、私法和社会法领域全覆盖，其跨度和纵深决定了不可能创设一项名为"算法解释权"的具体权利。所以说算法解释权不存在，但这并不意味着摒弃算法解释的归责和权利保护路径。如前所言，算法解释是连接算法责任和具体权利的关键一环，只要立法在相关具体权利中增加人工智能算法应用场景算

---

[1]　参见 Ahmed Abbasi, etc., "Make 'Fairness by Design' Part of Machine Learning", 载 https://hbr.org/2018/08/make-fairness-by-design-part-of-machine-learning, 访问日期：2019 年 2 月 21 日。

法控制方或开发方的算法解释义务，即可实现通过算法解释进行归责进而保护算法应用使用者或相对方[1]权益的目的。在这个意义上，算法解释权是存在的且不可缺的。因此，所谓"算法解释权"并不是一项具体的权利而是学理上的概念，但它不会也不应止步于学术研讨中，因为算法解释有明确责任、回应伦理诉求的实践意义。兴许由权利人中心转换为责任人中心角度观之，以"算法解释义务"来替代"算法解释权利"表述似乎更为准确。鉴于既有权利已基本涵盖算法伦理诉求，因此在算法解释的法律构建过程中，重点不在赋权而是归责，即在相关立法中增加、明确人工智能算法控制方（包括产品或服务提供方和算法开发方）的解释义务。

2. 算法解释的实体构成

如前所述，算法解释的法律构建主要通过附加算法解释义务的方式完成。笔者认为，算法解释义务至少应包括两方面内容：

第一，一般解释义务。它主要指算法决策作出前对算法产品/服务提供方或算法技术开发方的前置规制。具体而言是要求在算法产品研发、算法设计阶段即需逐一回应算法可能面临的伦理诉求，即所谓设计保护隐私、设计保障公平、设计保障安全等的要求。如在自动驾驶汽车应用场景，自动驾驶算法是否应该依据人的驾驶习惯区分出积极果断型或谨慎稳健型等不同风格的产品？一般常识认为积极果断型更趋向安全，但在车流密集的道路上，保守风格的自动驾驶汽车是否会影响道路的整体通行效率？另外，针对安全的伦理诉求，自动驾驶算法还要面对"'谁之安全'这一重大价值问题，如果碰撞无法避免时，此'安全'究竟首先是本车的，还是相关可能碰撞对象的？相关算法则究竟是以本车'自我''自保'为中心，还是以他方、保护他者为中心？"[2]如此"电车难题"

---

[1] 此处"相对方"的概念类似于行政法中的行政相对人概念。因人工智能算法不仅在商业领域应用，同时也在公共部门使用，即使在商业应用场景，大数据环境下的算法决策也兼具资源分配的公共职能，因此受算法决策影响的人可能是算法的使用者，也可能是被算法决策施加影响的一方，此即相对方。具体而言，加载人工智能算法的自动驾驶汽车的驾驶员，受算法决策影响，属于算法应用的使用者而不是相对方；在有关机构使用算法自动化决策进行招生、贷款审批等场景，受算法决策影响的属于算法应用的相对方而不是使用者。

[2] 参见高兆明、高昊："信息安全风险防范与算法法则的价值原则——自动驾驶汽车研发的两个实践哲学问题"，载《哲学动态》2017年第9期。

般的伦理冲突问题，也许会一直在学界争论不休，但它不会影响自动驾驶等相关依赖算法决策的人工智能产品的研发和商业投放进度。相反，伦理和价值问题的讨论，会促使研发人员在产品蓝图设计阶段更多地考虑这些问题。更重要的是，每一款产品的伦理和价值嵌入，需要立法明确其必须在产品说明书中进行披露，从而让消费者、用户和算法相对方知悉不同厂家的产品所蕴含的不同"性格"和价值取向。

第二，算法解释义务还包括具体解释义务。它主要是指在算法决策完成后，产品/服务提供方或算法技术开发方应具体的使用者或相对方的要求对算法或算法的输出结果有关的因素进行披露的义务。具体解释义务除了披露算法相关因素的主义务外还应该包括为了救济算法使用者或相对人因算法"不当"决策遭受损害而附随履行的义务，否则单纯披露算法将失去意义。具体解释的附随义务应该包括：①纠正义务，即在算法决策被有关权力机构认定造成损害后，算法应用服务商或算法技术开发方应纠正、调整算法中的相关因素；②重新决策义务，即算法应用服务商或算法技术开发方对"错误""不当"算法决策受影响的相对人，重新依据调整、纠正后的算法进行决策；③停止侵害和赔偿义务，即若纠正算法或重新决策已经不必要或不可能，则算法应用服务商或算法技术开发方应对受影响的算法决策相对人承担停止侵害并赔偿损失的义务。上述各附随义务根据具体不同情况而适用，且算法产品/服务提供方和算法技术开发方的责任是连带责任、分别责任还是补充责任，需要立法根据具体权利行使的场景以及有利于救济的原则进行界定。

3. 算法解释的程序构成

算法解释的程序构成，笔者认为至少有三个要点需要考量：

第一，算法解释的可执行性或可诉性。算法解释通过附加算法解释义务实施，这一算法解释义务需要有公权力介入作为强制保障力量。公权力介入有两种形式：一是行政保障模式，由统一的行政执法部门负责对人工智能算法问题进行立案、调查，并通过类似听证的形式由算法产品/服务提供方、算法技术开发方和算法应用使用者或相对方就算法解释进行阐述和辩论，在此基础上由行政执法部门认定算法责任并监督算法解释义务的执行。二是司法保障模式，即由算法应用使用者或相对方就其具体权利受侵害的情况根据具体的请求权基础提起诉讼或仲裁，由司法机关主导算法解释问题争议处理，并依权利人申请强制执行，要求具体算法责任人履行保护相对人的义务。

第二，算法解释的触发条件。前文已经分析，算法解释是必要且可行的，然而我们不能忽视的是算法解释是有成本的，且成本高昂，它不仅耗损技术资源，而且还占用行政和司法资源。因此，为避免权利人滥用算法解释机制，立法应设定算法解释的触发条件，从而保证算法解释的效率。首先，因为算法解释的目的在于归责、在于救济权利受损方，因此提起算法解释请求的权利人应该是因算法决策而遭受不利影响的一方。仍举贷款审批算法自动化决策的例子，若申请人贷款已获批准，法律不应支持其为了满足好奇心而提起的算法解释请求。其次，借鉴欧盟 GDPR 关于自动化决策的规制[1]，笔者认为提起算法解释的请求方因算法决策而遭受的不利影响应该是直接的和有法律后果的。具体而言，直接的不利影响排斥目的在于排除不可控的间接损失。如基于自动化决策的贷款申请被拒绝而影响购房，因购房交易无法继续履行而产生的定金、违约金和中介费用等损失可算直接影响的损失，而期间因房价上涨导致的再次购房承担的房屋差价即不属于直接影响；有法律后果的影响具体指受"不当"自动化决策影响而导致的具体权利被侵犯，如受损的不是具体权利而是非法定利益，譬如基于自动化决策筛选的相亲对象匹配，算法决策相对方对机器匹配对象不满意或机器匹配错误而导致的相亲失败，相对人受损的不是法律保护的具体权利，相对人就此提起算法解释请求不应获得法律支持。

第三，算法解释的证明标准。前文所论证的算法解释可执行性或可诉性，强制力是其保障，强制力发挥作用的前提是执行算法责任的合法性和合理性，这一合法性和合理性的基础是正当程序（due process[2]）。意味着，算法应用使用者或相对方可在正当程序框架内通过询问、质疑算

---

[1] 欧盟 GDPR 第 22 条 "Automated individual decision-making, including profiling" 规定，对数据主体产生 "法律或严重影响"（legal effects or significantly affects），数据主体有权不遵从、不接受。

[2] See Danielle Keats Citron, "Technological Due Process", *Washington University Law Review*, Vol. 85, 2008; Danielle Keats Citron, Frank A. Pasquale, "The Scored Society: Due Process for Automated Predictions", *Washington Law Review*, Vol. 89, 2014.

法决策相关因素以抗拒算法决策对其发生的效力，而算法产品/服务提供方或算法技术开发方则可通过解释相关因素去回应诘问，以证明算法决策的有效性。事实上，在正当程序中，算法产品/服务提供方或算法技术开发方承担更多的证明责任，他们需要证明算法决策符合法律认定的解释标准，否则他们应向算法使用者或相对人提供救济措施。鉴于算法解释不等同于算法透明化或打开算法"黑箱"，因此要求算法产品/服务提供方或算法技术开发方解释全部输入数据、解释整体算法逻辑、公开源代码等都是不必要的。关于立法应该规定的解释标准，笔者基本赞同以下观点："出于救济的目的，解释的内容应符合两个标准：第一，具有相关性，即必须与相对人所受的具体自动化决策相关；第二，相对人能够理解。最终目的是证实自动化决策可资信赖在此原则上，除了可理解性和相关性，应针对不同的自动化决策内容制定不同的解释标准……"[1]。笔者认为，相关性标准体现了局部解释的原则，能确保算法解释的可行性；可理解性标准则体现哲学解释学推崇的非独断的多元性，即算法产品/服务提供方、算法技术开发方、算法应用使用者、算法决策相对方都是解释方，都有权对一项具体的算法决策进行理解。算法解释的理想图景应该是通过对话，使解释各方视域交融、达至意识共识，算法解释能被各方理解和接受，人机信任得以确立。尤尔根·哈贝马斯曾说："交往理性之区别于实践理性，首先是因为它不再被归诸单个主体或国家—社会层次上的宏观主体。相反，使交往理性成为可能的，是把诸多互动连成一体、为生活形式赋予结构的语言媒介。这种合理性是铭刻在达成理解这个语言目的之上的。"[2]也许，负解释义务的算法将使人工智能有益、向善、可期。

---

[1] 张凌寒："商业自动化决策的算法解释权研究"，载《法律科学（西北政法大学学报）》2018 年第 3 期。

[2] ［德］尤尔根·哈贝马斯：《在事实与规范之间：关于法律和民主法治国的商谈理论》，童世骏译，生活·读书·新知三联书店 2003 年版，第 4 页。

对行政行为未考虑相关因素的审查思路与方法
——基于305份行政裁判文书的实证考察

赵剑文[1]

提　要：学理上，对行政行为相关考虑之范畴有"法规范限定说""默示因素说""实质因素说""法外因素说"四种学说，对未考虑相关因素之行政行为的审查标准，也存在着"滥用职权""明显不当""禁止恣意""专断和反复无常"四种观点。但实证研究发现，法院对上述问题的理解与学理解释之间存有较大差异。结合学理与司法实践，可以认为：在相关因素的范畴界定上，"规范—原意—实效"式的判断模式可以有效应对变化多端的司法实务。在如何判断考虑与否的问题上，法院主要依据但不仅仅依据裁量决定中的说理内容作出推断，只要有一系列标志足以使法官内心确信即可。认定"未考虑"后，法院仍应对裁量决定作出整体评价，"未考虑"本身并不具有独立定性的价值，有助于加强和规范裁判文书的释法说理才是认定"未考虑"的意义所在。

关键词：行政行为；未考虑相关因素；司法审查；利益衡量；裁判文书说理

2004年国务院在《全面推进依法行政实施纲要》（以下简称"《纲要》"）（国发〔2004〕10号）中明确提出："行使自由裁量权应当符合法律目的，排除不相关因素的干扰"。《纲要》的侧重点显然在于规制行政

---

[1]　作者赵剑文，男，四川大学法学院宪法学与行政法学硕士研究生，研究领域为行政法与行政诉讼法，Email：zhaojianwenscu@163.com。

行为的不相关考虑，而相关考虑问题则在一定程度上被忽视。[1]这种倾向性的规定导致针对相关考虑的理论研究存在严重缺失。[2]从我国目前的法规范体系来看，尚未建立起相关考虑制度的整体框架，仅在部分法规范中设置了行政行为相关考虑的制度形式。[3]在相关理论研究方面，学界暂未给予充分关注，部分学者的研究虽对该问题有所涉及，但大多偏好于理论方面的建构，缺少实证研究。[4]有学者认为，法院审判是推动行政法发展的诸多动力之一，法院有适度的造法功能是社会发展的需要，[5]在法律规范未作明确规定且理论研究暂不能为司法实践提供行之有效的实际操作方法之际，考察法院在审判实践中对该问题的认识与理解，无疑能够提供新的研究思路与方法。

基于此，笔者以"中国裁判文书网"作为案例检索的数据源，为使

---

[1] 在传统行政法理论框架下，对行政裁量权的控制多从行为结果的角度展开论述。然而，伴随着行政领域渐趋明显的复杂化、专门化、技术化倾向，传统的审查方法已无法有效回应现实需求。在此背景下，域外部分国家发展出了"过程性审查"这一新的审查方法，以求从过程论的角度对行政裁量权加以规范。格林法官的著名判词曾言："一个被授予了裁量权的人必须正确地要求自己依法办事，他必须让自己注意考虑他一定要考虑的事情，不考虑与之不相关的事情。"对行政行为是否未考虑相关因素，以及是否考虑了不相关因素进行司法审查，正是"过程性审查"的一个重要面向。

[2] 有学者认为，在国内外的行政法学体系中，基本上侧重于行政行为不相关考虑理论的建立，而相关考虑的理论显得较为滞后。就我国而言，相关考虑与变态行政行为有着直接的关系，但由于我国在有关行政行为变态化（例如滥用职权、超越职权等）的研究中存有理论疏漏，因而导致相关考虑问题在理论界基本上仍处于空白状态。参见张淑芳："行政行为中相关考虑的价值及基本范畴"，载《政法论坛》2015 年第 2 期。

[3] 譬如，我国《行政许可法》第 46 条规定："法律、法规、规章规定实施行政许可应当听证的事项，或者行政机关认为需要听证的其他涉及公共利益的重大行政许可事项，行政机关应当向社会公告，并举行听证。"该规定中公共利益即为行政机关应当考虑的因素之一。再如，我国《治安管理处罚法》第 19 条规定："违反治安管理有下列情形之一的，减轻处罚或者不予处罚：①情节特别轻微的；②主动消除或者减轻违法后果，并取得被侵害人谅解的；③出于他人胁迫或者诱骗的；④主动投案，向公安机关如实陈述自己的违法行为的；⑤有立功表现的。"该规定中，诸如违法情节、危害后果、动机、改正态度等均属于行政机关相关考虑的范畴。

[4] 例如，余凌云教授在《行政自由裁量论》一书中对于相关考虑问题作过专门论述。参见余凌云：《行政自由裁量论》（第 3 版），中国人民公安大学出版社 2013 年版，第 80—104 页。其他研究行政裁量问题的专著，比如王贵松教授的《行政裁量的构造与审查》、郑春燕教授的《现代行政中的裁量及其规制》、周佑勇教授的《行政裁量治理研究：一种功能主义的立场》和《行政裁量基准研究》等，均对该问题有不同程度的涉及，但并未进行系统、详尽地论述。

[5] 参见余凌云："法院如何发展行政法"，载《中国社会科学》2008 年第 1 期。

检索出的相关案例更为全面，同时考虑到法官日常习惯用语的差异，笔者分别以"未考虑""未考量""没有考虑""未综合考虑""未予考量"等表述作为关键词进行检索，并将检索范围限定在"法院观点"部分，将案由限定为行政案由，最终共计获取相关行政裁判文书 812 份（截止日期为 2018 年 12 月 31 日）。[1] 经检读，剔除大量存在的重复与无关案件后，最终保留 305 份裁判文书作为本文的分析样本。为保证行文的流畅与简洁，笔者在引用相关案例时将不列明案件的全称，如有需要，可根据案号在裁判文书网进行查阅。

一、"未考虑"问题的学理分析

自 1989 年《中华人民共和国行政诉讼法》实施以来，有关"未考虑相关因素"问题的学理讨论始终没有中断，该问题有诸多具体内容值得学界仔细琢磨与探讨。例如，应如何划定"相关因素"的界限与范畴？换言之，即如何推断某一因素是否为行政机关的该当考虑因素？又如，判断行政机关是否未考虑相关因素往往具有很强的主观评价色彩，古人云："子非鱼，安知鱼之乐？"法院应借助何种审查技术与方法对行政机关的主观思维过程作出评判？再如，当行政行为被法院确认为未考虑相关因素后，应适用何种审查标准作出司法判断？对于以上问题，2014 年修订后的《中华人民共和国行政诉讼法》以及《最高人民法院关于适用〈中华人民共和国行政诉讼法〉若干问题的解释》（法释〔2015〕9 号）（已失效）、《最高人民法院关于适用〈中华人民共和国行政诉讼法〉的解释》（法释〔2018〕1 号）等文件均未给出任何解答。与此同时，学者们的观点则众说纷纭，难以统一。在此，笔者欲对目前存在的具有代表性的学术观点作出梳理与分析。

---

〔1〕 具体而言，笔者选用的关键词以及检索出的案件数量情况为：①未考虑：682 个；②未考量：10 个；③未予考虑：63 个；④未予考量：5 个；⑤未综合考虑：30 个；⑥未综合考量：2 个；⑦没有考虑：15 个；⑧没有考量：5 个，共计检索出 812 个相关行政案件。

（一）"相关因素"的范畴界定

对"相关因素"的学理解释，争议的核心问题在于"相关因素"的范畴应当如何确定。经总结，就该问题，目前学界主要有以下几种具有代表性的观点：

1. 法规范限定说

该说认为，行政机关在作出行政行为的过程中，只应考虑经法规范明文规定的因素。如有学者指出："行政机关行使裁量权时应考虑的事项，应以其法规根据为标准来进行判断，应当尽可能向行为规范的控制方向纯化。"[1]该种观点可谓与以"法律统治"为核心价值的法治理念高度契合，司法实践中亦有部分法院持该观点。[2]但必须指出的是，不论如何强调规则统治的价值，都无法忽略人的能动作用。基于立法者知识、理性和预见能力的有限性，也源于对行政灵活执法之需求的回应，法律规范不应也无法做到将现实生活中各个方面的事物全部框定在自身设定的规则之内，这也正是行政自由裁量广泛存在的重要原因。行政过程应考虑何种因素，往往取决于具体的情境，此时，行政机关主观上的思维过程即被赋予了裁量的性质，该说过于严格地限定了相关因素的范畴，其理想化的法治愿景可能难以获得良好的制度效果。[3]

2. 默示因素说

该说认为，相关因素并不都存在于法律规范的明文规定之中，从整个立法情境中具体条款的内容、范围和目的出发，如果可以探询和推导出某些具有普遍意义的因素，则该因素为法律的默示因素，理应包含在

---

[1]　王贵松：《行政裁量的构造与审查》，中国人民大学出版社 2016 年版，第 74 页。

[2]　例如，有法院在判决中认为："对于上诉人在庭审中提出的杭州市规划局在作出被诉行政行为时未考虑案涉工程对包括上诉人居住的周边建筑的安全影响的意见，根据《中华人民共和国城乡规划法》等规划法律、法规的规定，对拟建建筑周边建筑的安全影响并非建设工程规划许可行为应当考虑的内容。"参见杭州市中级人民法院（2014）浙杭行终字第 223 号行政判决书。

[3]　该说对相关因素的范围限定亦有所松动，持该观点的学者进一步指出："在把握行为规范时，不能局限于各个单行法的零散规定，还应有在整个法律体系中适用某一条文的意识，带有普遍性的考虑事项可能没有规定在特定领域的法条之中。"王贵松：《行政裁量的构造与审查》，中国人民大学出版社 2016 年版，第 75 页。但总体而言，该说的观点没有发生本质的变化。

行政机关的考虑范围之内。该说的一个基本理由在于，授权法往往没有明确拒绝行政机关可以裁量选择自身认为是恰当的考虑因素，那么就应当把授权法上的列举理解为是开放性的，而非穷尽性的、排他性的，从而构成了非封闭式的裁量结构。[1]英国行政法也持该种观点。一般认为，普通法上的越权原则（the ultra vires doctrine）是一个大的范畴，内容极为丰富，如果行政机关没有考虑的事情是法律所明示或默示要求行政机关考虑的事情，则相应行为构成实质的越权。[2]该说恰当地考虑了具有普遍意义和价值的因素，能够将公平观念、比例要求、社会效益等因素纳入行政考量过程之中，有较强的现实意义。但同样需要警醒的是，该说事实上对相关考虑与非相关考虑之界限进行了模糊化处理，如何对立法机关的意图作出合理推测，将取决于法官的专业素养等因素。基于司法裁判的终局性特征，法院过度的主观性裁量将可能对法治形成更大的障碍。

3. 实质因素说

"实质因素说"与前两种学说不同，该说判断相关因素的出发点并非法律规范，而是强调某一因素与行政行为之间的实质关联程度。有学者将行政过程中的诸多因素区分为形式上的因素和实质上的因素。形式上的因素是指被行政机关考虑的且对行为的作出产生影响的因素，而实质上的因素则与行为有天然的联系，必然决定行为的质或者量，一个行为要想合法合理就必须与这些实质因素联系在一起，并受到这些因素的支持。[3]可以认为，该说是对默示因素说的进一步扩展。一方面，该说抛开法律规范不谈，仅从某一因素可能对行为产生的实际效果作出判断，另一方面，该说将抽象的具有普遍价值和意义的原则、观念等因素具体化，具有更强的实践意义。"社会的需要和社会的意见常常是或多或少地走在法律的前面，我们可能非常接近地达到它们之间缺口的接合处，但

---

[1] 参见余凌云：《行政自由裁量论》（第3版），中国人民公安大学出版社2013年版，第82页。

[2] 参见王名扬：《王名扬全集：英国行政法、比较行政法》，北京大学出版社2016年版，第129、146页。

[3] 参见关保英："行政行为中的不相关考虑"，载《社会科学辑刊》2014年第6期。

永远存在的趋向是要把这缺口重新打开来。"〔1〕成文法固有的抽象化、宽泛化特征使之与具体的个案之间始终存在断层,从实质关联程度的新视角出发并作出判断,不失为填补这一断层的一剂良药。

4. 法外因素说

持该种观点的学者将影响行政行为的因素划分为两个范畴:一个是相对内在的因素,如当事人的行为状态、行政法规范的具体规定等,另一个是相对外在的因素,如行政执法的环境、行政执法所遇到的法外因素等。内在因素直接存在于行政法律关系双方的权利义务之中,往往由行政法典则作出明确规定,而外在因素没有法律规范的明确规定。行政行为中的相关考虑指的不是对内在因素的考虑,而是对外在因素的考虑。〔2〕该说虽然将内在因素排除在相关考虑的范畴之外,但它的主要理由在于:内在因素对相对人的权益走向具有决定意义,是行政机关必须予以考虑的内容,因而并无主观上考量的余地。可见,该说的出发点是行政机关考虑某一因素是否存在内心意识的裁度推量之过程,事实上并未完全否定内在因素属于行政机关的考量范畴。故此,该说在本质上仍以法律规范为基础,并适当地对规范以外的因素予以考虑,就此而言,该说介乎于默示因素说与实质因素说之间,强调的是内在因素与外在因素之间的重要关系。〔3〕

(二) 适用何种审查标准

未考虑相关因素的行政行为在本质上属于瑕疵行政行为的范畴,具体而论,法院在认定行政行为未考虑某种应当考虑的因素后,应适用何种审查标准作出判决呢?如果认为未考虑相关因素本身即为一个审查标

---

〔1〕 [英] 梅因:《古代法》,沈景一译,商务印书馆 1959 年版,第 15 页。

〔2〕 参见张淑芳:"行政行为中相关考虑的价值及基本范畴",载《政法论坛》2015 年第 2 期。

〔3〕 实践中,有部分法院的裁判观点与该说相吻合,如有法院认为:"行政主体在作出具体行政行为时,应当考虑法定因素或者常理因素,未考虑法定因素或常理因素作出的具体行政行为应判定为不合理。未考虑法定因素是指未考虑法律、法规及规章规定的应当考虑的因素。常理因素是指法律、法规及规章规定中没有明确规定,但人们在日常工作中处理某类事务时从情理和惯例上一般都要予以考虑的情况。"参见湖北省黄石市黄石港区人民法院 (2016) 鄂 0202 行审 43 号行政裁定书。该段裁判理由所指称的"常理因素"与"法外因素"的范畴大体上并无二致。

准，那么应将该标准纳入 2014 年修订后的《中华人民共和国行政诉讼法》第 70 条中的哪一项，使之成为该标准项下的亚标准？[1]这是行政法学理论必须解决的问题。纵观国内外行政法学理论，目前至少有如下几种观点：

1. 滥用职权标准

未考虑相关因素的行政行为构成滥用职权（或行政自由裁量权）是国内外行政法学理论所普遍认同的一个观点，换言之，即未考虑相关因素是滥用职权的一种具体表现形式。如有学者认为，行政机关在实施行政行为时任意而为，不考虑各种相关因素的，属于滥用职权标准下的武断专横行为。[2]英国和德国行政法上对该问题的见解基本相同。根据英国法院的判例，实质的越权是英国司法审查中适用最多的理由，实质的越权包括不履行法定义务、权力滥用等四种情况，而不考虑相关因素正是权力滥用的主要表现形式之一。[3]而在德国行政法中，滥用裁量权（abuse of discretion）的形式与普通法部分重合，尽管二者的重点存在较大差异，但其同样认为如果裁量决定没有考虑相关因素，那么该决定构成裁量权的滥用，是违法的决定。[4]通说认为，判断某一行为是否构成滥用职权，必须探究行政机关行使权力的意图，考虑主、客观两个方面的因素或条件。与"明显不当"标准相较而言，"滥用职权"更倾向于是从主观角度提出的要求。[5]而对未考虑相关因素的判断恰恰是从行政过程论的角度出发，探询行政机关在裁量过程中的内部心理意识，在这一点上，无疑与滥用职权标准高度契合。但仍需注意的是，确定行政机关

---

〔1〕《中华人民共和国行政诉讼法》（2014 修正）第 70 条规定："行政行为有下列情形之一的，人民法院判决撤销或者部分撤销，并可以判决被告重新作出行政行为：①主要证据不足的；②适用法律、法规错误的；③违反法定程序的；④超越职权的；⑤滥用职权的；⑥明显不当的。"

〔2〕参见罗豪才、湛中乐主编：《行政法学》（第 4 版），北京大学出版社 2016 年版，第 556 页。类似观点参见姜明安："论行政裁量的自我规制"，载《行政法学研究》2012 年第 1 期；胡建淼：《行政法学》（第 4 版），法律出版社 2015 年版，第 659 页。

〔3〕参见王名扬：《王名扬全集：英国行政法·比较行政法》，北京大学出版社 2016 年版，第 146 页。

〔4〕参见［印］M. P. 赛夫：《德国行政法——普通法的分析》，周伟译，山东人民出版社 2006 年版，第 168—170 页。

〔5〕参见姜明安主编：《行政法与行政诉讼法》（第 6 版），北京大学出版社、高等教育出版社 2015 年版，第 518 页。

的主观考量过程有较大难度，导致滥用职权标准不易成立，[1]该观点仍有值得商榷之处。

2. 明显不当标准

如有学者认为，在评价行政行为当与不当时，可以从行政机关的判断过程和判断依据这两个方面进行审查。从判断过程来看，行政机关违法行使裁量权往往是由于未考虑相关因素或考虑了不相关因素，导致裁量结果有失偏颇。因而，没有考虑依法应当考虑的因素是行政行为明显不当的一种具体情形。[2]由于学界较为普遍地认为，将行政行为评价为明显不当是从结果的角度而言的，故此以结果论为中心的审查标准和以过程论为出发点的审查对象之间难免有"貌合神离"之嫌。

3. 禁止恣意标准

现有研究认为，"禁止恣意"意指行政行为必须基于合理、充分的实质理由而作出，并与所要处理的事实状态之间保持适度关系。具言之，"禁止恣意"所禁止的是任何违反宪法基本精神以及事物本质的行为。这里的"事物"包括自然事实、法律关系之既存模式、受法律规范之法律关系、生物学上之特征、心理上之特征以及社会上之特征等。[3]行政机关如若任性、专断，作出行政行为时未考虑以上"事物"的客观性质及意涵，则构成对事物本质的违反，并最终导致行为缺乏合理、充分的实质理由。可以认为，"禁止恣意"标准是从"事物的本质"及"实质的正义"出发，检视行政机关的内心意识。从主观性审查的角度来看，该标准与滥用职权标准之间有较多相像之处。

4. 专断、反复无常标准与严格检视之审查

美国行政法上通常将忽视相关因素理解为不合理行政的一种主要表现形式，[4]进而论之，法院往往适用《联邦行政程序法》第 706 条第 2

---

[1] 有学者在研究"滥用职权"标准时发现，法院极少在滥用裁量权的意义上使用滥用职权标准。施立栋："被滥用的'滥用职权'——行政判决中滥用职权审查标准的语义扩张及其成因"，载《政治与法律》2015 年第 1 期。还有学者发现，法院往往采取"转换型"审查策略来回避"滥用职权"的审查路径。余凌云："对行政机关滥用职权的司法审查——从若干判案看法院审理的偏好与问题"，载《中国法学》2008 年第 1 期。

[2] 参见何海波：《行政诉讼法》（第 2 版），法律出版社 2016 年版，第 314 页。

[3] 参见周佑勇："行政裁量的均衡原则"，载《法学研究》2004 年第 4 期。

[4] 参见王名扬：《美国行政法》，中国法制出版社 1995 年版，第 687 页。

款第 1 项规定的"专断、反复无常"标准审查政策性决定的制定过程，即该决定是否建立在考虑相关因素的基础上。但有研究发现，由于法院对专断、反复无常标准的解释事实上十分宽松，只要行政决定具备最低限度的合理性即能得到法院的支持，此种观念愈发地无法适应司法审查之需要，因此法院对于该标准的理解在此后的判例中不断演化，并最终发展出"严格检视"（hard look）的审查标准。[1]"严格检视"意指法院唯一的职责是确保行政决定严格检视了相关因素以及那些突出的重要问题，如果法院认为行政机关运用了相应的理由和标准严格检视了以上内容，法院就应当维持行政决定，相反地，如果行政机关完全未考虑问题的重要方面，其行为就属于专断和反复无常。总体而言，"严格检视"的审查强度高于"专断、反复无常"，适用该标准更有助于法院发现行政机关思维过程中的遗漏或缺陷。如果能够建立良好的行政行为说明理由制度，并对于纠纷发生后行政机关提供的解释确定相对明晰的合理证明标准，从而将主观性审查转换为法院所擅长的证据审查，则"严格检视"不失为一个可行的审查方法。

二、行政行为典型相关因素之梳理及规范体系化

前文总结并分析了国内外行政法学理论关于"未考虑相关因素"问题的不同观点，不难发现，目前学理上仍存有较大分歧。从实务的角度而言，法院又是如何看待和处理相关问题的？笔者拟通过检索到的 305 份行政裁判文书，并结合前文所作学理上之梳理，对法院的观点及实际操作方法进行分析。

（一）典型相关因素的初步分析

经检读，笔者在相关案例中提炼出 20 种法院认为行政机关未予考虑

---

[1] 参见刘东亮："过程性审查：行政行为司法审查方法研究"，载《中国法学》2018 年第 5 期。

的相关因素（参见表1），从统计数据出发，先对该20种相关因素的基本情况与特点作出简要归纳与总结。

第一，单从出现次数与频率观之，大致可以将20种相关因素划分为三个梯队：第一梯队是最常被法院判定为未考虑的相关因素，其中包括案件事实、基本规则和原则、情节、既存行政行为与相关文书、行政机关与第三人与有过失、立法原意或目的、危害程度、物的特殊性以及案件资料的完整性；第二梯队包括相对人的生活状况、事后措施、过错及其程度、行政政策、公共利益与社会效果、行为性质以及特殊身份；第三梯队则包括裁量基准、相关能力、行政惯例和先例、经验法则。

表 1　行政机关未予考虑因素的出现次数和频率〔1〕

相关因素	出现次数	出现频率	相关因素	出现次数	出现频率
案件事实	53	17.4%	事后措施	14	4.6%
基本规则和原则〔2〕	38	12.5%	过错及其程度	13	4.3%
情节	33	10.8%	行政政策	12	3.9%
既存行政行为与相关文书	33	10.8%	公共利益与社会效果	11	3.6%
行政机关与第三人与有过失	26	8.5%	行为性质	11	3.6%
立法原意或目的	23	7.5%	特殊身份	11	3.6%
危害程度	22	7.2%	裁量基准	10	3.3%
物的特殊性	21	6.9%	相关能力	10	3.3%
案件资料的完整性	21	6.9%	行政惯例和先例	5	1.6%
生活状况	19	6.2%	经验法则	4	1.3%

第二，若以是否存在相应的法规范依据为标准加以区分，则案件事实、基本规则和原则、情节、危害程度、事后措施、过错及其程度、公共利益与社会效果、行为性质这8种相关因素均有明确的法规范依据，

----

〔1〕　由于在部分案件中，法院判定行政机关未考虑的是"多重因素"而非"单一因素"，故而各相关因素出现次数的总和为379次，超过原样本总量。

〔2〕　笔者使用"基本规则和原则"来统一概括比例原则、平等原则、过罚相当原则、等价有偿原则、诚实信用、高效便民、公序良俗等法律原则或一般性概念。

占比 40%。[1]与此同时，行政机关是否应当考虑其余 12 种因素则并无相应的法律依据，但综观相关案例可以发现，法院仍然要求行政机关在具体案件中对此类因素予以考虑。其中，行政机关未考虑既存行政行为与相关文书、立法原意或目的、物的特殊性这 3 个因素的案件不在少数。

综上所述，法院在审判实践中对"相关因素"的范畴界定并不局限于法律的明文规定，[2]在 178 个案件中，上述 12 种"法外"因素均有出现，占样本总量的 58.4%，甚至在部分案件中"法外"因素的数量多达 4 个。[3]可见，在行政过程中涉及"法外"因素的考虑已是常态。但不可否认的是，法定因素仍然在行政行为的相关考虑中扮演着重要角色，诸如案件事实、基本规则和原则、情节等因素的出现频次排在各因素的前列，且在数量上有较为明显的优势。除去法定因素，法院经常考虑"法外"因素对行政行为的实质影响程度，"法外"因素成了法院平衡各方利益、力求实现个案正义、实质化解行政纠纷的有力武器。总体而言，法院形成了一种"规范—原意—实效"式的判断模式，即以法律规范的明文规定为基础，进一步探询条文背后的立法原意和目的，并对部分"法外"内容实质影响行政行为的程度作出评价，综合判断行政机关在具体情形中相关考虑之范畴。

（二）典型相关因素的规范意涵

直观而言，以上 20 种相关因素可谓杂乱无序，难免使人产生困惑。为使上述归纳与总结更加清晰明了，能够为法院具体的实践操作勾画出

---

[1] 比如，我国《行政处罚法》第 4 条规定："行政处罚遵循公正、公开的原则。设定和实施行政处罚必须以事实为依据，与违法行为的事实、性质、情节以及社会危害程度相当。对违法行为给予行政处罚的规定必须公布；未经公布的，不得作为行政处罚的依据。"原环境保护部关于印发《规范环境行政处罚自由裁量权若干意见》的通知（环发〔2009〕24 号）中则明确要求，处罚时不得排除相关因素，应综合、全面地考虑环境违法行为造成的社会影响、行为人的主观过错程度、改正违法行为的态度、措施及其效果等因素。

[2] 但样本中仍有 3 份判决书认为原告提出的被告未予考虑的因素不是法律规定应当考虑的因素，因而对原告的意见不予采纳。考虑到此类判决书的数量有限，因此不能代表审判实践的普遍观点。参见吉林市昌邑区人民法院（2017）吉 0202 行初 53 号行政判决书、杭州市中级人民法院（2014）浙杭行终字第 223 号行政判决书、慈溪市人民法院（2011）甬慈行初字第 21 号行政判决书。

[3] 参见海南省第二中级人民法院（2013）海南二中行初字第 153 号行政判决书。

较为清晰的图像，笔者欲对有关因素作一规范体系化之尝试。在此之前，有必要对部分相关因素的规范意涵进行批判性解析，为后续相关因素的规范体系化奠定认知上的基础。考虑到学界对于法定因素的认知和理解已较为清晰、统一，笔者仅就 12 种"法外"因素的规范意涵作出详解。

1. 既存行政行为与相关文书因素

一个国家的行政体系往往被视作一个系统、和谐的整体，任何行政机关都无法脱离这个整体而独立存在。行政机关作出行政行为时力图保持整个行政体系的和谐与连贯统一是其应尽的责任，该种考虑有利于促成行政系统内部的平衡。基于上述理由，如果既存行政行为已对有关事项作出处理，只要该行为的合法性及效力尚未获得否定性评价，行政机关即不得作出与已有处理内容相左的决定。例如，乡政府对争议山林内林木的权属已作出确权决定并经县政府复议维持，县政府未考虑既已存在的确权决定和复议决定，再次作出新的《权属纠纷处理决定书》，将争议山林确认归另一方所有，即构成对行政系统内部平衡的破坏。[1] 如果将视角拓宽至整个法治体系，则行政机关应当尊重相关的立法和司法行为，尤其是当生效裁判文书或检察文书已对案件事实作出认定，行政机关即应充分考虑相关文书的内容，不得作出与之相悖的行政决定。实践中，行政机关未考虑相关文书因素的案例不在少数。[2] 行政机关对该因素的忽略，一方面，可能导致行政行为主要证据不足，事实认定不清，面临被撤销的风险，另一方面，行政决定与司法文书之间存在冲突和龃龉，无疑与建设法治体系的整体目标严重背离。

2. 行政机关与第三人与有过失因素

过失相抵原则是民法过错理论中的重要原则。一般认为，如果民事法律关系中的受害人对于损害的发生或扩大与有过失，仍责令侵权人承担全部责任明显有悖于法理和公平原则。在行政法领域，如果行政机关与第三人对相对人违法行为的作出存在过错，相应减轻相对人的责任则是一种合乎法理逻辑的斟酌与考量。一般而言，第三人与有过失的情形

---

〔1〕　参见崇左市中级人民法院（2014）崇行终字第 14 号行政判决书。

〔2〕　如三亚市城郊人民法院（2016）琼 0271 行初 296 号行政判决书；洛阳市中级人民法院（2014）洛行终字第 133 号行政判决书。

相对容易辨别和判断，而行政机关自身存在过错的情况则较为复杂。结合实践案例，笔者认为有如下要点可供参考：其一，行政机关的过错对相对人的辨认、预见能力造成不利影响。例如，在一些道路交通管理类案件中，交通部门在路口设置掉头信号灯、允许掉头标志的同时未配置掉头车道，该设置明显不规范、不合理，易使机动车驾驶人发生辨认错误。相对人在辨认困难的情况下误闯红灯，交警大队未考虑自身不当行为即作出处罚决定，该决定显属不当。[1]其二，行政机关的不当行为致使相对人信赖利益受损。例如，按照市政府的规划批复，被告本不应批准原告在相关位置进行项目建设，但其依然向原告发放《建设项目选址意见书》，原告基于对审批行为的信赖而进行了部分项目的建设，法院认为，由于不当审批行为的存在，应当相应减轻原告的主观过错责任，不宜简单地无偿拆除违法建筑。[2]其三，行政机关未正确履行告知义务，致使相对人未在法定期限内通过法定救济途径维护自身合法权益。比如，行政机关在作出复核意见时，仅告知原告诉求途径为申请行政复议或提起行政诉讼，但未告知具体期限。法院认为，复议机关未考虑下级机关存有过错，即简单以原告的复议申请超过法定期限为由作出驳回申请之决定，其行为不符合《中华人民共和国行政复议法》相关规定的精神。[3]

3. 立法原意或目的因素

根据现代行政法理论，行政裁量须准确反映立法者的授权意图已是普遍共识。从比较法的视野来看，德国《联邦行政程序法》第 40 条即明确规定："行政机关被授权依其裁量行为时，裁量活动须符合授权目的，且应遵守法定的裁量界限。"[4]当法律规范未对某一事项作出明确规定，并不意味着行政机关可以随心所欲，此时，运用法解释方法探询立法原意或目的可对裁量权的滥用形成有效规制。就此而言，立法原意或目的构成了行政行为内在的、实质的界限。问题的关键在于，立法原意或目的并非总是明确的。有学者认为，法院从立法中直接推导出规范目的已

---

〔1〕 参见南京市江宁区人民法院（2016）苏 0115 行初 42 号行政判决书；相似案例参见新干县人民法院（2018）赣 0824 行初 53 号行政判决书。

〔2〕 参见日照市中级人民法院（2015）日行终字第 74 号行政判决书。

〔3〕 参见河池市中级人民法院（2018）桂 12 行初 12 号行政判决书。

〔4〕 应松年主编：《外国行政程序法汇编》，中国法制出版社 2004 年版，第 97 页。

成为一项困难的工作，与此同时，政府不再限于简单、机械地适用法律作出行政行为，而更要结合行政经验与价值判断，填补、明晰规范目的，促进法律的生长。相较行政机关而言，法院在发现立法原意或目的方面并无绝对优势，不能简单地以自己对立法原意的判断取代行政判断，司法审查的重心应转移到行政机关得出规范目的之过程。[1]在实际操作层面，如果行政机关明显未探询立法原意或目的，法院即以自身判断确定立法原意，并撤销与该原意相抵牾的行政行为。[2]

另一值得关注的问题是，行政机关应否考虑"立法趋势"因素？"立法趋势"因素是指违法行为发生后、行政行为作出前，相关法律经修改并公布，新法所体现的规范和普遍的法律价值较旧法而言已发生改变，该种立法上的变化趋势应否纳入行政机关的考量范畴？法院的意见在此产生分歧。一种观点认为，基于法不溯及既往原则之考虑，仍应适用旧法作出行政行为。[3]另一种观点则认为，新法虽不能直接适用于过往行为，但此时仍应注意并正确理解法律的变化，在作出行政行为时更加注重符合实质理性和正义，防止形式上合法而不符合新法所体现的规范和普遍的法律价值。[4]笔者赞同后一观点，行政权的实现必须以行政机关有思考地服从立法者的形成意志和调整目的为前提，考虑立法者意志和目的的转变趋势是行政权不可避免，也是不可放弃的任务。为使新旧法律在过渡期的社会秩序更加顺畅和谐，行政机关适当考虑修法带来的规范和普遍法律价值的变化无疑有助于新旧法律的衔接，进而提升相对人对裁量决定的认同程度，降低行政纠纷的发生率。

4. 物的特殊性因素[5]

该因素指行政行为针对的物在性质、用途、内容等方面具有特殊性，则行政机关基于"同等情况同等对待，不同情况区别对待"的平等原则，在作出裁量决定时应对该种特殊性有所考虑。第一，特殊性质。例如，

---

[1]　郑春燕：《现代行政中的裁量及其规制》，法律出版社 2015 年版，第 165—166 页。

[2]　相关案例参见新疆维吾尔自治区乌鲁木齐市中级人民法院（2014）乌中行终字第 63 号行政判决书、佛山市中级人民法院（2015）佛中法行终字第 266 号行政判决书等。

[3]　参见舟山市中级人民法院（2015）浙舟行终字第 16 号行政判决书。

[4]　参见南京市中级人民法院（2014）宁知行终字第 1 号行政判决书。

[5]　为方便整理和归纳相关因素，笔者所指的"物"不限于具有财产属性的有体物和无体物，还包括行政行为针对的政府信息等非财产性质的对象。

被征收的房屋已被宣布为不可移动的文物，行政机关在作出征收补偿决定时即应依据《中华人民共和国文物保护法》进行相应保护，并在价值评估时充分考虑房屋作为不可移动文物的价值，否则将可能违背公平补偿之原则。[1] 第二，特殊用途。在一些案件中，被征收的房屋原本用于经营或出租，而被告在补偿决定中按普通住宅进行产权调换或忽略同期租金损失，法院认为被告未考虑相关因素，补偿决定应予撤销。[2] 还有法院认为，基于厕所的特殊用途，行政机关责令原告将其拆除不符合客观实际。[3] 第三，特殊内容。例如，原告申请公开的政府信息具有复合型属性，在内容上可作区分处理，但被告仅因部分内容涉及个人隐私而整体作出不予公开的决定，相关答复显属不当。[4]

5. 案件资料的完整性因素

该因素意指行政机关应考虑据以作出行政行为的各种案件资料的完整程度，并正确判断相关资料的实质内容和实际效力。第一，相关资料的完整性。在一些案件中，当事人可能通过电子数据、邮寄等方式补充提交证据材料或进行陈述、答辩，该种材料极易被行政机关忽视，基于不完整的案件资料作出的行政行为大多不具有合理性。[5] 第二，相关资料的实质内容。行政机关如果片面考虑相关资料形式上的表述而忽略实质内容，在本质上同样会导致案件资料的部分缺失，因此笔者将该因素归为资料完整性因素的下位因素。例如，有法院认为："被告仅以名称字面表述进行查询处理，而未考虑原告申请的实质内容，既未就原告申请的信息名称与内容不相符进行充分释明，也未要求原告补正其申请，而径直告知原告该信息不存在。被告对原告的政府信息公开申请答复未尽

---

〔1〕 参见南京市秦淮区人民法院（2015）秦行初字第 41 号行政判决书；南京市中级人民法院（2015）宁行终字第 635 号行政判决书。另有法院认为，在进行房屋登记时，应当综合考虑房屋对应的土地性质、建设用地规划许可、建设工程规划许可等因素来确定房屋的性质，房屋登记中心记载的房屋性质应与土地使用证及建设用地规划许可证所记载的土地用途、建设项目保持一致。参见沈阳高新技术产业开发区人民法院（2017）辽 0192 行初 630 号行政判决书。
〔2〕 参见铁岭市中级人民法院（2013）铁行终字第 00010 号行政判决书；海门市人民法院（2014）门行初字第 0087 号行政判决书。
〔3〕 参见衡阳市中级人民法院（2014）衡中法行终字第 33 号行政判决书。
〔4〕 参见海安县人民法院（2016）苏 0621 行初 252 号行政判决书。
〔5〕 参见北京知识产权法院（2016）京 73 行初 3991 号行政判决书；北京市高级人民法院（2013）高行终字第 352 号行政判决书。

到审慎审查、合理关注和全面搜索的义务,违反了政府信息公开相关规定。"[1]第三,相关资料的实际效力。行政行为所依据的法律文件或其他相关文件若已失效,行政机关即应将其排除在考虑范围之外,否则将可能破坏案件资料的完整性,导致裁量决定与法律设定的目标相背离。另外,在部分行政许可案件中,行政机关有职责监督下级机关和管理公共事务的组织依法初步审查、上报许可材料,该规定意味着需要对下级审核的理由、程序等诸多方面作出判断,未考虑以上内容而径行根据存在效力瑕疵的初审结果作出批复,将难以通过"明显不当"标准的检验。[2]

6. 生活状况因素

此因素意指行政机关应当考虑行政行为对相对人的后续生活状况带来的不利影响,如果裁量决定将造成相对人基本生活的巨大困难(extreme hardship),则行政机关应考虑适当改变行为的手段或方式。具体而言,笔者归纳出以下可供斟酌的意涵要点:其一,裁量决定不得导致相对人生活的极度不便。例如,有法院认为:"被告在拆迁裁决过程中,没有考虑到原告年事已高且肢体残疾的特殊情况,在裁决安置房时将原告安置在多层住宅楼的第六层,无疑给原告的生活带来不便。"[3]此时,肢体残疾即为裁量安置房楼层的重要考虑因素,而被告未予考虑,法院因此撤销房屋拆迁裁决。其二,裁量决定不得导致相对人丧失基本的住房权。[4]在部分案件中,法院认为被告在作出拆迁或处罚决定时未考虑相应房屋为原告的唯一居所,如若强行拆除将无法保障原告的居住和生活,对其家庭权益造成重大影响,是为明显不当之情形。[5]其三,如果裁量决定对相对

---

[1] 参见上海市黄浦区人民法院(2011)黄行初字第 206 号行政判决书;相似案例参见南通市港闸区人民法院(2016)苏 0611 行初 111 号行政判决书。

[2] 参见景德镇市中级人民法院(2018)赣 02 行初 62 号行政判决书;湖南省高级人民法院(2016)湘行终字第 784 号行政判决书。

[3] 参见广州南沙区人民法院(2012)穗南法行初字第 29 号行政判决书。

[4] 我国现行宪法中并未明文规定"住房权",而是使用"住宅权"这一表述,两者是否存在区别,学界尚存有争议。较为普遍的观点认为,我国宪法上的"住宅权"虽然强调的是不受侵犯这一自由权属性,但其同时兼具社会权属性,保障公民享有适足住房存在于"住宅权"宪法解释的"文义射程"之内。参见张震:"宪法上住宅社会权的意义及其实现",载《法学评论》2015 年第 1 期。

[5] 参见广东省高级人民法院(2016)粤行再 11 号行政判决书;乐业县人民法院(2017)湘 0921 行初 38 号行政判决书;金华市中级人民法院(2013)浙金行终字第 111 号行政判决书。

人生活的影响尚未达到严重程度，则法院应对之保持尊重态度。[1]

7. 行政政策因素

在我国，行政管理活动与政策的制定往往交织于一体，就政策本身的性质而言，虽然对行政管理活动具有一定的约束力，但本质上仍是一种不具备法效力的规范形式，行政机关应否考虑政策因素学界并非没有争议。通说认为，行政行为应当体现政策精神，但前提是相应政策必须是在宪法和法律的范围内制定的。进一步说，是否所有的政策均能成为行政裁量的根据？换言之，相应政策的制定主体是否存在范围上的限制？此外，行政机关对政策的考虑是否存有限度？以上问题均应引起学界的关注。首先，关于政策的制定主体。有学者认为，除去中央政府及其部门、地方各级人民政府制定的政策以外，中央和地方各级党委制定的政策也是行政机关行使裁量权的重要准则。[2]还有学者认为："政策是一国执政党和最高立法机关等形成的政策，而不是一些地方党委或非权威机构的政策。"[3]从司法实践来看，行政执法应考虑行政机关制定的政策以及党的政策已是法官和学者的共识，[4]但在制定主体的级别上，法院并无特殊要求。在一些案件中，行政机关未考虑的仅为地方政府以通知、会议纪要等形式制定的政策。[5]我国现阶段大多数政策均出自地方党委和政府，地方政策在行政权运作过程中均产生现实约束力，行政执法理应体现地方政策之精神。其次，关于政策的考虑限度。由于政策不是法律规则，其具有延伸或修正的可能，因此在具体情形中，行政机关并非无条件地对现有政策予以考虑，一则相关政策可能违反宪法和法律的规则或原则，二则适用相关政策可能与个案正义形成冲突。[6]总体而言，

---

[1] 比如，被告征收原告的养鸡场，但被告同时依法作出了合理补充，原告因此有能力置办相应规模的养鸡场或其他产业，法院认为被告所作之决定并无不当，应予维持。参见延吉市人民法院（2013）延行初字第 89 号行政判决书。

[2] 参见姜明安："论行政裁量的自我规制"，载《行政法学研究》2012 年第 1 期。

[3] 张淑芳："行政行为中相关考虑的价值及基本范畴"，载《政法论坛》2015 年第 2 期。

[4] 参见佛山市中级人民法院（2015）佛中法行终第 8 号行政判决书；宜宾市中级人民法院（2015）宜行终字第 10 号行政判决书。

[5] 参见广西壮族自治区高级人民法院（2017）桂行终 338 号行政判决书；重庆市第二中级人民法院（2018）渝 02 行初 14 号行政判决书。

[6] 参见上海市浦东新区人民法院（2015）浦行初（赔）字第 23 号行政判决书。

行政机关应当在具体的个案中判断是否考虑相关政策。基于政策的现实约束力，行政机关不考虑相关政策应履行说明理由之义务。

8. 特殊身份因素

现实生活中，相对人可能具备某种特殊的主体身份，若该身份能够直接或间接影响权利义务关系的走向，则行政机关理应考虑。譬如，如果当事人申请公开的政府信息虽涉及商业秘密，但当事人处于相关专利技术的被特许人地位，可能已经掌握相关商业秘密，则行政机关应根据该特殊身份进行个案衡量。[1] 又如，原告从事校园的安保工作，基于保安职业的特殊性，原告于晚间仍需承担相应的工作职责。在该段时间内被第三人打伤应属"工作时间、工作地点、因工作原因"受到伤害，被告片面地根据 8 小时工作制和该校《作息时间表》对原告作出不予认定工伤的决定，法院认为该决定事实不清、证据不足，并作出撤销判决。[2]

9. 裁量基准因素

裁量基准作为行政机关的一种自制规范，已成为我国裁量治理转型期内新兴的重要制度安排。现有研究发现，基于裁量基准同时兼具规则主义和行政自制的双重品格，其在司法过程中呈现出作为"审查依据"和"审查对象"的双重现象。[3] 虽有观点认为，基准仅是行政机关的内部法，不存在对外效力，因而难以获得法源地位。但必须承认的是，基准效力的外部化已愈来愈是一个不争的事实，[4] 司法实践中法院大量引用行政机关制定的裁量基准作为本案的"审查依据"即能很好地印证上述事实。例如，在一些案件中，法院往往将未考虑裁量基准的行政行为认定为违法行为并予以撤销。[5] 如果行政机关有充分理由证明已对裁量基准有所考虑，且有关决定亦处于基准确定的裁量幅度范围之内，即便相对人提出行政机关在其他因素方面的考虑存在缺失，法院的审查强度也往往会产生松动。[6] 与政策、惯例、先例等因素相同，即便认为裁量

---

[1]　参见北京市第二中级人民法院（2017）京 02 行初 121 号行政判决书。

[2]　参见四川省科学城人民法院（2016）川 0791 行初 11 号行政判决书。

[3]　周佑勇：《行政裁量基准研究》，中国人民大学出版社 2015 年版，第 6 页。

[4]　周佑勇：《行政裁量基准研究》，中国人民大学出版社 2015 年版，第 172—173 页。

[5]　参见北海市中级人民法院（2017）桂 05 行终 80 号行政判决书。

[6]　参见广东省高级人民法院（2017）粤行申 1099 号行政裁定书。

基准不具备正式的法源地位，在一般情形下，行政机关仍应充分考虑裁量基准对法律规范形成的细化和量化，惟其如此，裁量基准方能发挥沟通法律规范和个案正义的桥梁作用。

10. 相关能力因素

该因素是指对裁量决定的质或量产生实质影响的相对人的各方面能力。一般来说，相对人的行为能力或作出违法行为时的责任能力状态在行政实体法中有若干表达，但应当明确的是，相关能力因素绝不仅限于以上两种。实践中，如果裁量决定与相对人的能力范围明显不相适应，换言之，即有关决定虽在形式上具有合法性，但根据该决定，相对人缺少实现自身合法权益或履行相应义务的实际能力，则该决定违背合理行政之要求。在政府信息公开类案件中，行政机关应适当考虑申请人的文化程度和网络信息的检索能力。如有法院认为："被告仅告知原告到中国土地市场网直接查询，查询途径告知得较为笼统，未考虑到一般群众查询起来比较困难的问题。因此，被告的回复虽然合法但在查询途径的告知上存在一定的合理性问题。"[1]在另外一起案件中，房产登记部门要求原告对已和自己达成离婚协议，远嫁外地且无法取得联系的前妻提起民事诉讼，待民事判决对涉案房屋的权利再次确认后，才受理原告的登记申请。法院认为房产登记部门未考虑本案的特殊情况，相关答复既不符合便民原则，也不利于化解行政争议，应予撤销。[2]

11. 行政惯例和先例因素

肯尼斯·卡尔普·戴维斯教授在其经典论著中曾指出："处理新事项的正常发展过程是这样的，从没有任何指引的裁量权到先例的某种运用，然后阐明标准，然后更多地运用先例，然后发现宽泛的原则，最后是形成回答大部分主要和次要问题的规则。"[3]该段论述阐明了先例在行政裁量权运行过程中的重要价值和意义。在判例法国家，司法判例对于法院而言具有法律上的约束力，从法律结果论的角度进行推演，行政惯例、先例对于行政机关而言也应当具有法律上的约束力。但在成文法国家，

---

〔1〕 参见邹城市人民法院（2012）邹行初字第33号行政判决书。
〔2〕 参见宜昌市中级人民法院（2018）鄂05行终104号行政判决书。
〔3〕 ［美］肯尼斯·卡尔普·戴维斯：《裁量正义——一项初步的研究》，毕洪海译，商务印书馆2009年版，第257页。

惯例或先例是否具有法律约束力？或曰，惯例或先例是否当然成为行政裁量的考虑因素？答案并不明确。以比较法的视角观之，域外部分成文法国家认为，先例虽然没有约束力，但一般而言仍会得到遵循，主要理由在于：其一，促进法律实践的统一性。其二，避免对类似案件重复评价，从经济的角度看，重复评价不甚合理。[1]我国行政法学者亦较为普遍地认为，若无正当理由，行政机关应受行政惯例或先例的拘束。[2]司法实践中，法院有时可能会引用行政惯例或先例作为判断裁量权的行使正当与否的理由，部分法院的判决即认为，行政处罚不得有"未考虑被处罚者的承受能力或者对不同案件中的相同违法前后处理不一致等情形。"[3]但究其本质而言，行政惯例、先例作为一种不成文法源，并无实定法上的地位和效力位阶，[4]同政策一样，惯例并非不能得到延伸或修正。但为保护相对人合法预期之利益，逸脱于惯例之外同样需要充分说明理由。

12. 经验法则因素

在诉讼法或证据法理论上，通常将日常生活经验称为"经验法则"，其他诸如日常习惯、社会常理、情理等因素亦可归于经验法则之中。从广义上讲，经验法则可以囊括关于自然现象的自然法则、支配人们思维的逻辑法则、社会生活中的道义准则、商业交易习惯等遍及生活各领域的一切法则。[5]行政过程中，如果存在某行业的交易习惯、某地域的惯常做法、某种常识、常理、常情方面的认知，均属行政机关的考量范畴。例如，海鲜产品收购者在接受食药局的检查时无法提供进货时的产品检验证明材料，但根据海鲜行业的日常交易习惯，购进少量活鲜时收购者一般不可能也不会要求销售者提供检验证明材料，而是主要依照日常经验判断产品的鲜活度，进而确定产品是否合格。因此，食药局不能据此

---

[1] 参见［瑞典］亚历山大·佩策尼克：《论法律与理性》，陈曦译，中国政法大学出版社2015年版，第312—313、319页。

[2] 参见杨建顺："行政裁量的运作及其监督"，载《法学研究》2004年第1期；崔卓兰、赵静波："行政惯例：行政自我规范的实践机制"，载《社会科学战线》2013年第6期。

[3] 参见青岛市黄岛区人民法院（2015）黄行初字第22号行政判决书。

[4] 参见章剑生："论'行政惯例'在现代行政法法源中的地位"，载《政治与法律》2010年第6期。

[5] 参见张卫平："司法公正的法律技术与政策——对'彭宇案'的程序法思考"，载《法学》2008年第8期。

认定收购者未履行法定进货查验义务。[1]

(三) 典型相关因素的规范体系化

上文结合相关案例分析了司法实践中行政机关可能面临的典型相关因素及其规范意涵，某种程度上可以为司法判断提供初步的认知基础。但必须指出的是，这些典型因素表面上仍呈现出无序性、混杂性的特征，可能会给司法实践带来实际操作上的困难。笔者认为，以上因素貌似杂乱无章，但它的背后实际蕴藏着规范体系化之基因。以主体、客体、主观方面、客观方面为划分标准，从行政法律关系中各方主体的视角出发，可对上述因素作出整理与分类（参见表2）。

应当明确的是，上文所列举的20种典型相关因素并不具有穷尽性和排他性。随着行政立法的日益增多，行政事务日趋复杂化，行政机关所应当考虑的因素也渐趋多样，典型因素的范畴理应具有开放性。意图囊括现实中所有的典型因素并作出封闭式列举，最终只会是徒劳无功。有学者即指出，为行政行为中的相关因素设计一套"量化公式"会使行政执法过程沦为机械的"投入—产出"般的裁决生产过程，是一种以牺牲行政能动性、创造性为代价的僵化、刻板的做法，显然得不偿失。[2]因此，笔者所作的分类并非没有瑕疵，不排除有其他更加合理、详细、明确的分类方法。总而言之，随着行政法相关理论的发展和行政执法经验的积累，必然会出现更多与个案之间产生充分、合理、实质联系的其他相关因素，故此，需要对相关因素的类型化不断进行补充与更新。

表2　行政行为典型相关因素的规范体系化

主体因素	/	生活状况因素	不得导致相对人生活的极度不便
			不得导致相对人丧失基本的住房权
		特殊身份因素	相对人的特殊职业
			相对人的特殊地位

---

[1] 参见莆田市中级人民法院（2017）闽03行终135号行政判决书。
[2] 参见周佑勇：《行政裁量治理研究：一种功能主义的立场》，法律出版社2008年版，第111页。

续表

	/	相关能力因素	相对人的行为能力和责任能力状态
			其他实现权利和履行义务的能力
客体因素	/	物的特殊性因素	特殊性质
			特殊用途
			特殊内容
主观方面因素	与相对人有关	过错及其程度因素	/
		事后措施因素　。	影响相对人的辨认、预见能力
	与行政机关与第三人有关	行政机关与第三人与有过失因素	不当行为致使相对人信赖利益受损
			未正确履行告知义务
客观方面因素	与相对人的行为有关	案件事实因素	/
		行为性质因素	
		情节因素	
		危害程度因素	
	与行政裁量的规制方式有关	基本规则和原则因素	/
		立法原意或目的因素	包括"立法趋势"因素
		裁量基准因素	/
		行政惯例和先例因素	/
		行政政策因素	各级政府及其部门制定的政策
		既存行政行为与相关文书因素	各级党委制定的政策
	其他应当考虑的因素	案件资料的完整性因素	行政系统的内部平衡
		公共利益与社会效果因素	法治体系的整体和谐
		经验法则因素	相关资料的完整性
			相关资料的实质内容
			相关资料的实际效力
			/
			行业的交易习惯
			地域的惯常做法
			常识、常理、常情方面的认知

三、"未考虑"问题的审查方法

如上文所述，判断行政机关是否未考虑相关因素具有强烈的主观评价色彩，行政裁量作为斟酌、考量的代名词，往往与行政机关的主观意志形成紧密联系。此时，法院需要深入探究裁量者的内心活动。正如学者所言："只有把判决建立在相对客观、可以检验的准绳上，司法审查才有正当性可言。"[1]如果法院的推断并非建立在相对客观、具有强力逻辑证明力与说服力的材料之上，在多数情况下，法院的探究将转化成一种内心的自证过程。因此，如何运用行之有效的审查技术与方法对此作出恰当处理，成了法院无法回避的，也是颇难解决的问题。笔者将结合学者的观点和法院的实操方法对该问题作出具体分析。

（一）如何判断考虑与否

1. 判断的依据、

现有研究认为，借助行政程序中的说明理由制度可有效帮助法院探明行政机关的裁量决定是否在相关考虑上存在瑕疵。如果有关决定未附具理由或说理不充分，法院即能据此推断裁量决定不具有充分理由，超越了权限，并进而转入对行政行为的程序性审查。[2]笔者认为，该种审查技术具有一定的价值和可行性，在现代行政法理论上，关注行政机关的推理过程是不可避免的，"只有依靠行政机关自己的理论说明才有可能使机关的自由裁量式的行动得到确认"，[3]通过审查书面决定中的理由阐述是发现行政机关主观考量内容的重要方式。

但应当指出的是，该种审查技术仍有值得商榷之处：一方面，迄今

---

[1] 何海波：《行政诉讼法》（第2版），法律出版社2016年版，第313页。

[2] 参见余凌云：《行政自由裁量论》（第3版），中国人民公安大学出版社2013年版，第84页。

[3] ［美］欧内斯特·盖尔霍恩、罗纳德·M.利文：《行政法和行政程序概要》，黄列译，中国社会科学出版社1996年版，第63—64页。

为止，说明理由尚未成为所有负担性行政行为的基本程序要求，该制度仅在部分行政法典则中存在若干表达。[1]在特定案件中，当法律没有规定该种程序上之要求时，法院难以据此认定行政行为违反法定程序。可见，转入程序性审查并非解决所有问题的"万能钥匙"。当然，"正当程序"原则或可为之提供相应的规范依据，但"正当程序"目前仍然只是学理上的概念，尚未获得立法的确认。基于"正当程序"内涵和外延的不确定性，司法实践在相关问题上往往难以达成统一认识，法院之间的分歧将严重影响该种审查技术所能产生的审查效应。另一方面，理由的阐明并不总是能完整、正确地反映行政机关的主观心态。例如，当一个行政行为附具了详尽的理由，理由中也确实涉及了相关因素，那么能否认为该因素已经对裁量者的心理产生了影响，而并非只是认识到该因素的存在？笔者认为答案是否定的。相反地，当行政行为未附具理由或理由中未阐明相关因素，能否据此一概认定行政机关未考虑该因素？这同样值得怀疑。综上所述，仅依据裁量决定本身的记载对行政机关的内心意识活动作出判断有较大的局限性，在决定之外寻找其他可供推断的材料就成了司法审查的另一重要出路。

从检索到的 305 份相关裁判文书来看，多数法院仍然是借助裁量决定中的理由说明来判断行政机关对某种因素的考量与否。可见，上述方法在该问题的审查中依旧扮演极为重要的角色。但与此同时，部分法院还运用了其他可供推断的依据或审查方法，这些审判实践中的经验和做法或可为我们提供重要参考。经总结，可将有关依据归纳如下：

（1）要求行政机关作出合理解释。单纯依据裁量决定中的说理内容无法准确作出判断时，一些法院会要求行政机关给出合理解释，如果行政机关无法自圆其说，即可推断出相关考虑的缺失。该种判断方法不失为一个突破口，但我们仍应注意到，在过程性审查中，法院真正应当关注的是行政机关作出裁量决定时的主观思维过程，而事后的解释往往添油加醋抑或缺枝少叶。纠纷发生后，行政机关基于自我保护的心态，其

---

[1]　譬如，我国《行政强制法》第 37 条第 2 款规定："强制执行决定应当以书面形式作出，并载明下列事项：①当事人的姓名或者名称、地址；②强制执行的理由和依据；……"再如，我国《行政许可法》第 38 条第 2 款规定："行政机关依法作出不予行政许可的书面决定的，应当说明理由，并告知申请人享有依法申请行政复议或者提起行政诉讼的权利。"

给出的说明和解释在很大程度上将与原本的意图发生偏离，并最终无法准确反映真实的内心意识。在解释学理论上，事后解释应当受到严格限制，那么事后解释所具备的效力或证明力亦需得到谨慎对待。

（2）一般理性人的标准。此种判断方法以裁量决定的结果作为切入点，如果裁量之结果未考虑相关因素是如此的显而易见，能为一般理性人所轻易发现，则法院可直接作出推断。如有法院认为："陈立禄配偶卢扬见已临近预产期，在其夫接受处罚当天至次日凌晨 2 时许，需要其夫必要的照顾。而斗门区公安局对陈立禄作出拘留 3 日的处罚，显然未考量前述情形，实属不合理，这是具有一般理智的人都能发现的不公正性问题。"[1]法院在此运用的是一种反向推论的逻辑，换言之，即从结果上的瑕疵反推过程的考量缺失。具体而言，可以确定如下逻辑进路：如果考虑了相关因素，一个具有一般理性的人是否还会作出大体相同的裁量决定？是否会排除其他足以达成行政执法目的的处理方式？如果答案是否定的，则该决定显然未考虑相关因素。[2]

（3）与过往同类案件的处理结果进行比较。该判断方法同一般理性人的标准一样，是从结果论的角度入手。在一些案件中，主观考量的缺失并非如"跃入眼帘般地明确"，拥有正常理智的公民不能毫无争议地发现考量过程中存在的瑕疵，此时，一般理性标准的适用将面临阻碍，寻求与行政先例的比较就成了实践中部分法院的另一选择。例如，当行政机关的处罚决定书并未明确表达对原告主观过错程度的考量时，法院在对比该地区相同职能部门对类似违法行为的处罚决定后作出了"已考虑"的判断。[3]一般而言，由于先例得到了人之正义感的支持，其具备的内在价值或体现于其中的"习惯实在性"（the reality of custom）使之可以成

---

[1] 参见珠海市中级人民法院（2017）粤 04 行终 59 号行政判决书。

[2] 在我国《最高人民法院公报》刊登的"苏州鼎盛食品公司不服苏州市工商局商标侵权行政处罚案"中，法院认为，被上诉人苏州工商局在对上诉人鼎盛公司进行行政处罚时，责令其停止侵权行为即足以达到保护注册商标专用权以及保障消费者和相关公众利益的行政执法目的，因此被上诉人作出 50 万元的罚款决定明显未考虑上诉人的主观过错、侵权性质、行为和情节显著轻微、未造成实际损害后果等因素。参见我国《最高人民法院公报》2013 年第 10 期。

[3] 参见舟山市中级人民法院（2015）浙舟行终字第 16 号行政判决书。

为衡量行政行为是否具备合理性的标准。[1]经过与行政惯例、先例的处理结果进行对比，如果行政机关在本案的处理上存在明显差异，法院可据此推断该种差异是基于忽略了某种重要相关因素而形成的。

（4）反复行为中的变化。实践中，行政机关有时会根据相对人的复核申请自行撤销原决定并重新认定案件事实，较原决定而言，新决定的内容已明显有利于相对人。此时，若相对人仍旧不服，在诉讼中主张行政机关未考虑某相关因素，法院大多不予支持。如"原告……认为事故认定书仅以傅生友没有保护现场而认定傅生友负主要责任，第三人负次要责任，没有综合考虑第三人存在占道行驶、无证驾驶等情形，第三人应负主要责任。……本院认为，该事故认定书中记载有傅生友申请复核后再作认定，前面事故认定书认定傅生友负事故全部责任，交警复核后综合考虑了所有情形，撤销原认定，重新作出事故认定，故予以认定。"[2]从理论上讲，行政机关之所以会在反复行为中进行自我纠正，主要源于以下几种理由：①发现新的案件事实；②当事人提交新证据；③考虑了原本被忽略的重要因素。当不存在前两种情形时，行政机关在反复行为中的变化或可成为法院推断的重要依据。[3]

（5）行政行为所依据的具体方案。如果行政行为是依据业已存在的具体实施方案作出的，且行政机关在方案中已对相关因素涉及的事项有所规定，法院即可间接推断行政行为已考虑相关因素。譬如，有当事人认为区政府给予的房屋征收补偿价格未考虑自身已支付的装修成本的问题，法院认为，区政府是按照《房屋征收补偿方案》作出相应的补偿决定，而该方案已经对被征收房屋的装饰物和附属物补偿标准、产权调换装修补助标准等事项进行了规定，故而当事人的主张不能成立。[4]诚然，

----

[1]　参见［美］E. 博登海默：《法理学：法律哲学与法律方法》，邓正来译，中国政法大学出版社 2017 年版，第 452、564 页。

[2]　参见新余市渝水区人民法院（2017）赣 0502 行初 27 号行政判决书。

[3]　另一案件中，被告在第一次对原告作出行政拘留十日的处罚时，并没有考虑其案发时的责任能力状态，后在复议中正是基于该事实被上级机关以事实不清为由撤销。被告在重新调查时委托鉴定机构对原告案发时的精神状态进行鉴定，在鉴定机构作出原告实施毁物行为时处于轻躁狂发病期且控制能力削弱的意见后，被告再行对原告给予行政拘留十日的行政处罚。两次行政行为之间并无差异，法院据此认为第二次处罚明显未考虑相对人的责任能力因素。参见晋中市中级人民法院（2016）晋 07 行终 20 号行政判决书。

[4]　参见重庆市高级人民法院（2016）渝行终 183 号行政判决书。

此种间接推断的方法并非总能准确反映行政机关在具体行为中的考量内容，但总体而言，方案中的规定基本可以证明行政机关已对相关因素引起足够重视，据此推定行政过程具有完整性与合理性不失为一种简单有效的推断方式。

（6）其他可供推断的案卷材料。除上述几类依据外，司法实践中，法院往往还借助以下几种与案件有关的材料进行推断：①被告的答辩意见；②听证会或庭审中的陈述；③鉴定报告书；④行政机关对该案的研讨记录；⑤涉案证据。[1]

笔者认为，以上依据均有可鉴之处，综观司法实践的处理方法可以发现，法院主要依据但决不仅仅依据裁量决定的记载内容作出判断，可供推断的材料具有丰富性、开放性、发展性的特征。只要有关材料与案件之间具有一定的关联性，能够直接或间接反映行政行为的形成和变更过程，均可纳入判断依据的范畴之内。总而言之，只要有一系列标志或客观依据足以使法官内心确信即可，而不问决定本身的记载如何。正所谓任何定义或总结都无法完全涵盖实践中的复杂情形，从学理上归纳出判断依据的一般形式具有一定的意义，但对于应付繁杂的审判实务可能仍是远远不够的。在未来，通过众多零星案件的不断积累，法院可能突破现有做法，在现行法律框架下努力探索新的审查方法，并以判决的方式重新塑造对于该问题的普遍理解。

2. 原告是否承担举证责任

另一值得讨论的问题是，在部分案件中，原告主张被告未考虑相关因素，法院因此转入被动审查，此时，原告是否承担相应的举证责任？对此，学界暂未给予充分关注。从诉讼法理论来看，"谁主张，谁举证"是一般的举证责任分配规则，但在特殊情形下仍存在责任倒置的可能。那么，在此类案件中，是适用一般规则抑或是特殊规则？我国现行《行政诉讼法》并未作出明确规定。司法实践中，法院主要存在以下几种做法：

---

[1] 相关案例可参见龙岩市中级人民法院（2018）闽 08 行终 132 号行政判决书；汕尾市城区人民法院（2017）粤 1502 行审 40 号行政裁定书；平顶山市卫东区人民法院（2010）卫行初字第 47 号行政判决书；北京知识产权法院（2016）京 73 行初 905 号行政判决书；潍坊市坊子区人民法院（2018）鲁 0704 行初 46 号行政判决书。

（1）不予置否的陈述。现实中存在大量案例，尽管原告提出被告未考虑相关因素的类似主张，但法院在判决书中未予回应。换言之，即法院未明确要求原告或被告承担证明责任，但亦未对此进行审查。该做法的正确性值得怀疑。例如，在一起案件中，原告主张被告的征收决定未考虑当事人的实际收入水平，但法院仅在判决中认定"征收额度并无不当"，而并未对原告的主张作出回应。[1]

（2）原告承担严格的举证责任。具体而言，原告需要提供充分证据证明被告未考虑某相关因素，且该因素的缺失对裁量决定的内容将产生实质性影响。如果原告的主张没有事实根据和法律依据，则法院不予认可。如"上诉人庞献争关于行政处罚决定未考虑第三人有意为难上诉人属明显过错情形，未考虑第三人住院治疗并非上诉人'殴打'所致的上诉理由，以及事发时上诉人没有注意第三人身体状况，更没有明显针对六十岁以上人'殴打'的想法的上诉理由，没有事实依据，依法亦不予支持"。[2]

（3）以行政过程中的异议为前提。如果原告在裁量决定作出前未对相关内容提出异议，则法院直接认定原告的主张不能成立。如"原告认为……被告作出补偿决定未综合考虑原告房屋的区位、用途和建筑结构，对原告房屋未以商业用房进行补偿，该具体行政行为内容违法，补偿数额不合理……原告在被告对其房屋进行调查后，所公布出的调查结果以及评估结果均未提出异议。故其现提出该诉请理由不能成立，本院依法不予支持"。[3]

（4）自行结合案件事实对行政机关是否考虑相关因素作实质审查。换言之，原告仅需初步证明被告有"未考虑相关因素"的可能，法院即可要求被告作出合理解释，并可结合裁量决定及其他案卷材料的内容作出判断。如"商标评审委员虽然……未考虑当事人邮寄相关材料的在途时间、在三十日期限截止后立即做出被诉裁定的做法有所不当，但并不构成程序错误，加之即使考虑英雄集团公司以邮寄方式提交的相关材料

---

[1]　参见北京市第一中级人民法院（2011）一中行终字 1782 号行政判决书。

[2]　参见郑州市中级人民法院（2017）豫 01 行终 339 号行政判决书。

[3]　参见榆林市榆阳区人民法院（2013）榆行初字第 00010 号行政判决书。

亦对本案裁判结果没有影响。故而，本院对于英雄集团公司的主张不予支持。"[1]

综合上述几种做法来看，法院在司法实践中并未形成较为统一的立场。有时，法院直接依据"谁主张，谁举证"的一般规则要求原告承担严格的举证责任；有时，又转而要求被告提供合理解释。即便是自行作出实质审查，也往往表现出若干的差异性。笔者认为，部分做法由于明显缺乏适当理由，因而并不具有参考的价值。如上述第三个做法，一方面，从现行法律规范观之，行政过程中的异议多表现为相对人的程序性权利，相对人有行使或不行使的自由。从原理上讲，相对人不因未行使权利而遭受不利影响，以相对人未在行政过程中提出异议为由否定其诉讼主张，事实上间接剥夺了相对人的诉讼权利，实不可取。另一方面，基于原告专业知识的缺乏，将异议程序"拔高"为提出相应诉讼主张的前置性程序，很大程度上将会降低相对人的"诉讼能力"。因此，无论从理论还是实际效果来看，此种做法的合理性均值得怀疑。此外，笔者认为，从规范层面和理论层面进行分析，均能得出不应由原告承担严格举证责任的结论。

首先，从规范层面而言，我国目前有关行政诉讼举证责任分配的规定主要存在于现行《中华人民共和国行政诉讼法》以及最高人民法院发布的《关于行政诉讼证据若干问题的规定》（法释〔2002〕21号）这两个法律文件之中。依据《中华人民共和国行政诉讼法》第34条、第38条、第49条之规定，主要由被告对其作出的行政行为的合法性承担举证责任，原告仅需就起诉符合法定条件、不作为案件中提出过相应申请、行政赔偿或补偿案件中的损害事实等特殊事项承担举证责任。一般认为，被告的举证责任包括对决定的实体合法性与程序合法性的举证责任，而未考虑相关因素的行政行为在结果上往往无法通过合法性标准的检验，被告证明自身决定是在考虑了所有相关因素的基础上作出的，事实上即是从思维过程的角度为其行为的合法性提供解释说明。就此而言，理应由被告证明行政行为"已考虑相关因素"，此为合法性证明的重要组成部分。另外，《中华人民共和国行政诉讼法》（2014修正）第37条规定：

---

[1] 参见北京知识产权法院（2015）京知行初字第6443号行政判决书。

"原告可以提供证明行政行为违法的证据。原告提供的证据不成立的，不免除被告的举证责任。"据此，如果原告提出"未考虑"的类似观点，即便无法提供相应的事实根据和法律依据，法院也不应免除被告的举证责任，并进而直接否定原告的主张。可见，上述第二个做法无法在规范层面获得支持。

其次，从理论层面来看，现有研究一般认为，确定举证规则，应当综合考虑各方诉讼利益、提供证据的可能性与便利程度、盖然性的大小、诉讼角色以及公正等因素。[1]笔者欲从举证能力、制度功能和诉讼角色三个角度进行阐述。第一，在"未考虑"问题上，原告所面临的证明困境较大。从前文分析的判断依据可以发现，由于对被告主观思维的证明存在困难，法院往往转而寻求从客观案件材料中作出专业、理性的推断。在具体的推断方式和推断材料的选择上，法院尚不能形成较为一致的做法，且部分做法存在明显的瑕疵或纰漏。在此情形下，要求并不具备专业法律知识和素养的原告作出合乎逻辑的严密论证几无可能。另外，在此类案件中，原告大多并不掌握能够有效证明行政机关主观考量过程的内部材料，相较而言，行政机关明显更"接近"这些材料并能够"便利地获取"。詹妮·麦克埃文认为："法院倾向于要求承担证明责任面临的困难最小、受到的困境最少的一方当事人提供证据。"[2]极为有限的举证能力使得原告并不适宜在该问题上承担严格的举证责任。[3]第二，从制度功能来看，行政诉讼一般包含化解纠纷、监督行政和法律发展三大功能，而举证责任的分配规则也被认为具有息诉止争的功能。[4]基于原告在该问题上屡弱的证明能力，屡屡受挫的现实将严重影响原告对司法公正的认同感，进而阻碍行政诉讼实质解决纠纷、监督行政之制度功能的

---

[1] 参见张步洪："行政诉讼举证规则的体系解释"，载《国家检察官学院学报》2015 年第 4 期；王振宇、阎巍："论行政诉讼证明责任的重构"，载《法律适用》2014 年第 1 期；徐继敏："行政诉讼证明责任初论"，载《河北法学》2008 年第 1 期。

[2] [英]詹妮·麦克埃文：《现代证据法与对抗式程序》，蔡巍译，法律出版社 2006 年版，第 94 页。

[3] 在 89 个样本案例中，原告主动提出"未考虑"的类似主张，其中有 65 个案例法院均以"没有事实根据和法律依据"为由，对原告的主张不予认可。不难看出，由原告在该问题上承担严格的举证责任，无异于间接剥夺其提出类似主张的权利。毕竟，从保障相对人合法权益的角度来看，提出难以自证的主张可能只是一次"无用的尝试"。

[4] 江必新："完善行政诉讼制度的若干思考"，载《中国法学》2013 年第 1 期。

实现。如果按照"谁主张，谁举证"的一般规则，对于原告而言，不提出"未考虑"的类似主张，转而冀望于法院主动发现并审查被告思维过程上的缺失似乎是更好的选择，这明显与设立举证责任分配规则的初衷相背离。第三，在诉讼法原理上，原告扮演着"进攻者"的角色，由"进攻者"对其主张提供证明，主要是基于对权利安定、防止无理缠讼等因素的考虑。样本案例显示，原告主张的"未考虑"大多仅以诉讼理由的形态出现，换言之，"未考虑"并非原告的最终诉请，法院并不因为"未考虑"主张的成立与否径行作出判决。故此，原告不对类似主张承担举证责任并不当然增加滥用诉权的发生概率，"进攻者"的诉讼角色不能成为原告必然承担举证责任的适当理由。

总体而论，法院并不一致的实践立场，仅是认识上的差异所导致的，还是面向实际的一种"价值衡量"的做法，或许需要建立在更多案例的基础上方能得出结论。

（二）有无单独评价之必要

对于行政审判而言，确认行政行为未考虑相关因素尽管十分重要，但终究不是法院的主要目的。面对该种瑕疵行为，法院应当如何进行评价，进而如何处理其法律效果，或许更加引人关注。如前文所述，学界对该问题同样不能形成较为统一的认识，适用滥用职权标准，抑或是明显不当、恣意行政、专断和反复无常等其他审查标准均有其合理性，但也都存在不同程度的局限或不足。尽管学者们的观点精彩纷纭，但这些观点是否能为司法实践所吸收？考察法院的现实做法仍是必不可少的。

经整理和分析相关案例，笔者发现，在法院的裁判文书中，对未考虑相关因素的行政行为的处理方式是相当具体的。具言之，"未考虑相关因素"并无单独定性的价值，其更多地是以判决理由的形式出现的。进一步而论，法院一般认为，正是由于行政机关未考虑相关因素，才导致行政行为出现实体或程序上的瑕疵，法院所评价的仍然是行为的最终结果而非考量过程。例如，在一起案件中，被告在下达《责令停止土地违法行为通知书》后一直未给予原告正式处罚，原告信访3年之久仍未果，被告的行为致使原告已建成与未建成的板房及材料仍然放置原处，土地硬化依然存在。但被告在信访意见中答复称："鉴于违法行为已停止建设，考虑该问题的具体情况，暂不下达《土地行政处罚决定书》。"法院认为被告的答复未考虑上述客观存在的事实情况，属于回避矛盾与事实的不作为行为。[1]该案中，法院认定行政机关未考虑客观事实因素，但最终被评价为违法的是未考虑该因素后所导致的"不作为"，而非"未考虑"本身。再如，另一案件中，被告作出的建设工程规划许可未考虑与相邻的原告房屋的间距，进而对原告的通风采光造成影响，由于忽略该因素，被告未依据《中华人民共和国行政许可法》第 36 条之规定，履行对利害关系人的告知义务，亦未听取当事人的陈述和申辩，法院据此认为被诉许可行为构成程序违法。[2]该案同前一案件相类似，被告的瑕疵行为虽然是基于未考虑利害关系人因素而作出的，但法院并不单独评价"未考虑"本身。相反地，行政过程中的"未考虑"扮演了证成行政行为程序违法的重要角色，对"未考虑"的判断事实上起到的是提升法院裁判的说理质量与水平的作用。

综观 305 个样本案例，法院无一例外地是在该意义上判断和使用"未考虑相关因素"。笔者认为，如果基于学理上的观点，以"滥用职权""明显不当"等审查标准对之作出评价，恐为时尚早。我们或许可以认为，行政行为未考虑相关因素是滥用职权或明显不当的具体表现形式之一，这种解释似乎并无太大问题。但若从实务的角度出发，该解释是否还具备应有的实践意义和价值？这恐怕是值得怀疑的。若将"未考虑"本身评价为滥用职权或明显不当，按照正常的逻辑推演，所获得的结论是：基于"未考虑相关因素"所作出的行政行为均可构成滥用职权或明显不当。从司法实践来看，这样的推论是值得商榷的，法院不会也不可能对所有此类行为作出统一评价，事实上，修改后的《中华人民共和国行政诉讼法》第 70 条项下的所有审查标准均有被适用的可能。究其根本，原因正在于行政机关主观考量上的瑕疵可能并无单独定性的价值，学理上的差异性评价似乎无法适应变化多端的司法实务。法官在处理具

---

〔1〕　参见南阳市宛城区人民法院（2016）豫 1302 行初 16 号行政判决书。
〔2〕　参见南阳市卧龙区人民法院（2009）宛龙行初字第 47 号行政判决书。

体案件的时候，并不完全借助先验性的学理观点来思考问题，其出发点在于如何简单有效地解决案件纠纷，[1]故此，在结果论的意义上对行为作出整体评价就成了法院的不二选择。笔者并不否认过程性审查的重要价值，但是，如同解决自身基本生存问题后，人们才有可能拓宽生活范围一样，法院首先需要关注的仍然是行政行为对相对人的实体权益是否最终造成损害，抛开结果看过程的做法，在实践中可能并无生存的空间。

四、初步的结论

从以上论述中不难看出，学理观点和个案裁判之间发生龃龉是不争的事实，学者们的见解可谓众说纷纭，各得其理，而法院的裁判也似乎并无统一标准可循。究竟如何对行政行为"未考虑相关因素"作出审查，答案并非毫无争议。但应当肯定的是，我们仍然可以从前文的分析中获得一些初步的认识和结论。

（一）关于"相关因素"的范畴界定

从前文所整理和分析的学者观点来看，不同学者由于各持学术立场，因而对于"相关因素"范畴的界定存在不小的差异。从某种程度而言，千差万别的学理观点有其价值和意义，一方面，它们可以从不同角度加深人们对"相关因素"的理解，另一方面，则可以为法院裁判提供学理上的指引。综观305个样本案例，法院在具体案件的裁判中往往表现出不同倾向，我们尚无法判断各观点对实务的影响程度，对此，笔者所引部分案例已有所证实。但总体而言，审判实践受学理指引的痕迹仍是清晰可见的，法院有时基于实践的需求，甚至开辟出自己的"第三条道路"。如学者所言，法律规则发生作用的真实过程永远是"人—规则"之间的互

---

〔1〕 参见章剑生："对违反法定程序的司法审查——以最高人民法院公布的典型案件（1985—2008）为例"，载《法学研究》2009年第2期。

动过程，[1]学理观点欲最终固定为明确的法律规则，在与实践经验的互动中不断进行自我反思和调整则是不可或缺的。法院的做法多少可以表明，学者与法官之间的互动是彰明较著的，同时也是必需和可行的。

虽然法院没有单纯以学理观点为切入点，努力寻求理论和实践的某种对应关系，但整体而论，从法院的不同处理方式中，仍可抽象出一种"规范—原意—实效"式的判断模式。在当前情形下，该模式能够为法院所普遍认同和接受，并可有效应对变化多端的司法实务。具体而言，对该模式的理解可以从以下几个要点切入和把握：

第一，如果法律规范明文规定行政机关必须考虑某因素，则该因素应属法定相关因素。行政机关对法定相关因素的考虑并无裁量之余地。

第二，如果法律规范未作出明确规定，也并不意味着行政机关可以随心所欲，执法者仍应深入探询相关条文背后的立法原意或目的。若能从立法原意或目的中作出肯定性推断，则该因素为立法者所默示的因素，其同样属于相关因素的范畴。

第三，如果不能从立法原意或目的中获得肯定性推断，抑或是难以探询明确的立法原意或目的，法院则可以从本案的具体情形出发，以不考虑该因素"是否对裁量决定的实体内容及程序产生实质性影响"为标准，作出综合判断。简言之，"因素的实效性"（effectiveness of elements）在此起重要作用。

第四，如果未考虑某因素对裁量决定所能造成的影响十分有限或者可以被克服，换言之，裁量决定的合法性与合理性不因该因素的缺失而遭受明显不利的影响，则法院应谨慎认定"未考虑"。[2]

第五，实践中，能够对裁量决定产生实质性影响的因素主要有生活

---

[1]　王锡锌："行政自由裁量权控制的四个模型——兼论中国行政自由裁量权控制模式的选择"，载尤陈俊主编：《北大法律评论》（第 10 卷第 2 辑），北京大学出版社 2009 年版，第 312 页。

[2]　例如，在"林小梅与海口市规划局、海口市人民政府行政复议一案"中，涉案加装电梯的楼房为早期建设的旧住宅楼，受当时的法律法规及经济条件的限制，在规划、设计及建造过程中，并未考虑到今后加装电梯的需求。被告海口市规划局未考虑加装电梯改变了原楼层的现状，对现有住户特别是一楼住户的日常生活和出行将产生不便，即审核同意了该楼层加装电梯的申请。法院认为："该影响在日常使用过程中通过各方稍加注意即可克服和避免，不足以据此否定被告审核同意加装电梯行政行为的合法性。"参见海口市秀英区人民法院（2016）琼 0105 行初 127 号行政判决书。

状况、物的特殊性、案件资料的完整性、行政政策、经验法则等若干因素。总体而言，可按主体因素、客体因素、主观方面因素、客观方面因素为标准对上述因素作一规范体系化处理，法院可在此划分标准的基础上作出进一步判断，以判决的形式不断丰富和发展相关因素的内涵与外延。

（二）具体的审查技术与方法

1. 关于如何判断"未考虑"

对行政行为的主观性审查是法院所面临的一个恒久的难题。因此，由主观性审查走向客观性审查就成了学者们的共识。从裁量决定本身的说理内容出发，探究行政机关的内心意识活动正是客观性审查的一种重要方式，这一点也为司法实践所接受和广泛使用。但基于行政行为说理由制度尚未在我国的行政法典则中普遍确定等理由，仅仅依靠说理内容作出推断远不能满足复杂的实践需求，法院必须在裁量决定之外寻找其他可供推断的案件材料。从比较法的视野观之，在法国行政法上，法院判断行政机关是否存在不正当目的时，只要有足以使法官的内心达到确信程度的一系列标志存在，法院即可作出认定。此时，不论裁量决定是否有完整、明确的记载，均不影响法院的最终判断。[1]对目的不适当的审查与对未考虑相关因素的审查在本质上具有相似性，两者均需深入考察行政机关的思维过程，故此，法国的经验或能为我们所借鉴和吸收。在个案中，具有开放性和发展性的判断依据将是法院展开过程性审查所不能缺少的"重要武器"。

2. 关于"未考虑相关因素"的法律效果

如前文所述，学理上的观点可能并不具有实践意义和价值。法院的普遍性做法预示着，对"未考虑"似乎并无单独定性的必要，从最终的裁量结果出发作出整体评价才是符合实际的操作方法，但这并不意味着对未考虑相关因素的审查不具有任何价值。此种过程性审查一方面反思了行政行为的推理过程，有学者即指出，如将"反思理性"之理念嵌入

---

[1] 参见王名扬：《王名扬全集：法国行政法》，北京大学出版社 2016 年版，第 540—541 页。

未来可能制定的行政程序法，或能为促进行政行为说明理由制度的发展提供助力。[1]就此而言，过程性审查的制度意义毋庸置喙。另一方面，对"未考虑"的判断可以有效弥补司法裁判释法说理的不足，与最高人民法院提出的"加强和规范裁判文书的释法说理"之目标相契合。[2]法院对行政机关主观考量过程的正当性作出评价，事实上也为自身裁判的形成过程提供了充分、正当的理由。法院如果能够借此契机，以审查"未考虑相关因素"的形式加强论证与说理，而非一味地径行裁判，无疑能够有效提高司法裁判的公信力和可接受性。总之，"未考虑"仅需扮演好应有的角色即可，至于它的法律效果究竟如何，需要根据裁量决定的内容作出具体判断。

（三）审查的基本原则

最后，须简要说明事关正确进行对"未考虑"问题的司法审查的基本原则。一般而言，原则传达的是基本而抽象的价值，从原则上对司法审查进行必要的控制，提供了原则与弹性、策略变化与价值坚守之间平衡的可能性。[3]对此，笔者从样本案例中提炼总结出如下四个基本原则：

1. 利益衡量原则

我国目前的行政法律规范中对"未考虑"问题的规定虽然暂付阙如，但毫无疑问的是，法院在裁判时不能将行政诉讼的立法目的置于脑后，受立法目的的制约可以保证司法审查不会在大体方向上发生偏离。我国现行《行政诉讼法》规定的立法目的有两个：①保护公民、法人和其他组织的合法权益；②监督行政机关依法行使职权。问题的关键在于，两者并不总是统一的关系，相反地，实践中不同立法目的之间形成对峙的情况不在少数。因此，正确运用利益衡量方法作出裁判就成了法官不可或缺的技能与素养。如卡尔·拉伦茨所言："为重建法律平和状态，或者

---

[1]　参见刘东亮："过程性审查：行政行为司法审查方法研究"，载《中国法学》2018 年第 5 期。

[2]　《最高人民法院关于加强和规范裁判文书释法说理的指导意见》（法发〔2018〕10 号）。

[3]　参见王锡锌："行政自由裁量权控制的四个模型——兼论中国行政自由裁量权控制模式的选择"，载尤陈俊主编：《北大法律评论》（第 10 卷第 2 辑），北京大学出版社 2009 年版，第 317 页。

一种权利必须向另一种权利（或有关的利益）让步，或者两者在某一程度上必须各自让步。于此，司法裁判根据它在具体情况下赋予各该法益的重要性，来从事权利或法益的衡量。"〔1〕在具体的个案中，法院是否作出"未考虑"的判断，仍需结合个案情形进行必要的价值衡量。从逻辑的观点看，有时一方的法益并不比另一方享有更大权重，故此，权衡的过程可能无限递推地继续下去。但总体而言，在权衡不同价值原则后，法院即负有遵守最优折衷的全虑性义务。例如，在一起案件中，被告对原告的家暴行为作出拘留 3 日的处罚决定，但原告报警的原因并不仅仅包括被告打人的情节，其真正在意的是被告破坏了夫妻共同经营的生意。法院没有考虑到该因素的存在，径行作出拘留决定可能无法实质解决矛盾纠纷。但从事后效果来看，在本案中，行政拘留可能比调解或要求原告写保证书的方式更为有效，更能防止夫妻任何一方以后出现类似相互伤害的行为。此时，对原告人身权益的保护获得了更大的权重，法院最终没有认定拘留决定未考虑相关因素。〔2〕

2. 司法谦抑原则

对行政行为中的相关考虑进行必要的司法规制，应当成为现代法治的基本标志之一。但从另一角度来看，对行政裁量行为的司法审查，始终应充分强调对行政机关所作判断的尊重，尤其是行政机关的首次性判断权。何海波教授即指出："法院对行政裁量给予适度的尊让，不但是司法和行政两个系统职能分工的需要，也是司法审查获取合法性的策略。"〔3〕如前文所述，为避免以滥用司法裁量权代替滥用行政裁量权，对行政机关主观裁量过程的审查只能借助相对客观的案件材料作出推断，此种"转换型"审查策略虽说可以提高裁判的论证强度和说服力，但最终得出的结论始终只是法院的猜测，即便这种猜测已足以使法官确信"未考虑"是真实存在的。因此，只要裁量决定在实体和程序上并无明显瑕疵，法院即应秉持"严格检视与尊重行政并存"的司法态度，本着司法谦抑主义的立场，作出谨慎判断。此种限制司法干预程度的做法对于维护和保

〔1〕 ［德］卡尔·拉伦茨：《法学方法论》，陈爱娥译，商务印书馆 2003 年版，第 279 页。
〔2〕 参见保亭黎族苗族自治县人民法院（2017）琼 9029 行初 22 号行政判决书。
〔3〕 何海波："论行政行为'明显不当'"，载《法学研究》2016 年第 3 期。

持合法的行政自治具有重要意义。[1]

3. 司法透明原则

司法透明作为现代司法活动的重要理念之一，对提升司法公信力的现实意义毋庸置疑。司法透明要求司法机关及其人员以一种开放的心态（open-minded）接受各方监督，消除因"暗箱操作"引发的司法不公与社会疑虑。具体而言，司法透明主要体现在以下两个诉讼机制之中：一是民主参与，二是审判公开。进而论之，法院应当及时向社会公布有关的司法信息、提高案件审理和执行过程的透明度、增强判决的说理性以及加大裁判文书的公开力度。其中，公开判决理由是审判公开的重要表现形式之一，即法官应当对于自己针对案件事实的认定、证据的取舍等予以充分论证和说明，从而使各方当事人明确知晓判决结果的形成思路。在"未考虑"问题上，除非行政机关主观考量上的缺失是如此地显而易见，能为一般理性人所轻易发现，绝大多数情形下，法官仍需借助其他客观案件材料进行严密地论证。当前我国司法公信力缺失，重要原因正在于法院的判决简单有余，论证与个性化严重不足，以过程性审查的发展为契机，从行政机关主观思维的角度详细论证被诉行为的合法性，有利于提高判决的公信力，有效遏制司法专横。但对于过程性审查自身而言，如果得出"已考虑"或"未考虑"的结论即已缺乏适当理由，不但无法提升判决的说理水平，反而可能对司法权威的巩固造成负面影响。因此，法院应当避免以一句简单的"已考虑"或"未考虑"作出评价。法官如能秉持司法透明的理念，避免判决理由的模糊不清，对于实现作为社会共同福祉的司法公正而言显然有着积极的影响。

4. 合理差别对待原则

平等理念自古有之，古希腊圣贤亚里士多德就将平等置于正义的高度。在当代社会，随着文明的进步，人们对平等已经有了较为全面和深

---

[1] 例如，在"广州市花都区花城街三东村民委员会、广州市国土资源和规划委员会资源行政管理一案"中，法院认为："被申请人在 15%—20% 的幅度内适用 16% 的比例进行处罚，并不能认为被申请人未考虑到申请人与原审第三人配合调查及处理的情节。"笔者认为，"不能认为"一词恰恰体现了法官在对考虑与否的判断上摇摆不定时，主动控制自身审查强度的心态。参见广东省高级人民法院（2017）粤行申 1099 号行政裁定书。当行政机关主观思维过程模糊不清时，法官如何通过"可以认为已考虑""不能认为未考虑""明显已考虑"等不同表述的运用，灵活控制司法审查强度，是一个值得思考的问题。

刻的认识。实现平等已成为各领域所追求的重要价值目标之一，法律制度与实践也不例外。但究竟何谓平等？学者们各执己见。一般认为，平等包括三种情形：一是同等情况同等对待，即反对歧视。二是不同情况区别对待。三是比例对待，即行政机关应当按不同情况的比重来设定相对人的权利义务。[1]可见，当行政行为的背景材料具有同一性时，行为内容的相对确定和统一是行政法治精神的必然要求。与之相对应的是，法院的裁判结果也应当具有前后的一致性。然而，从辩证哲学的角度来看，具体问题应当具体分析，每个行政行为都是相当具体、独立的处理过程，绝不会出现两个完全相同的状态，这也是行政机关需要在个案中考虑应属本案的相关因素范畴的原理所在。机械地追求所谓的平等，有时可能带来不平等的后果，而根据个案情况予以合理的差别对待，反而有助于纠纷的实质化解。因此，法院在审查"未考虑"问题的过程中仍应在正确把握利益衡量原则的基础上，充分考虑各种相关的公私利益，在恰当的情形下适度偏离先例、惯例或裁量基准是可以被接受的。"所有人完全的平等也会如同过大的社会差别和对立一样，与正义背道而驰"，[2]如何通过平等原则创造社会正义，对此，可能并无永恒适用的客观标准。

---

〔1〕　参见周佑勇：《行政法原论》，中国方正出版社 2002 年版，第 60 页。
〔2〕　[德] 伯恩·魏德士：《法理学》，丁晓春、吴越译，法律出版社 2013 年版，第 161 页。

评　论

Comments

上诉权滥用的观念
——以日本民事诉讼法第 384 条的
两个机能的检证为中心

佐佐木平伍郎（著）　　韩靖（译）[1]

提　要： 诉讼当事人违反调整利害关系的合理标准而行使上诉权被视为是上诉权滥用。判断是否成立上诉权的滥用与上诉人是否基于诉讼延长的意图而进行上诉有关。检证日本民事诉讼法第 384 条的两个机能，实际上是深化上诉权滥用的问题。第一个核心点是，是否满足同条所言"延迟诉讼完结的目的"必须要通过诉讼的全过程进行判断。第二个核心点是，具备上诉权滥用这一观念是否成立必须加上上诉人是否具有主观意图这一立场。

关键词： 上诉权滥用；诉讼延长；利害关系；诉讼机能

谨以本文献给勇敢地加入民事诉讼中上诉权的滥用这一课题，并做出出色成果的小室教授[2]。

---

[1]　作者佐佐木平伍郎，日本山形大学教授，鹿儿岛大学副教授，研究领域为民事诉讼法与法理学。
　　　译者韩靖，中山大学司法体制改革研究中心研究人员，研究领域为诉讼法学。
　　　本文中译版的发表得到了作者的授权许可，感谢作者授权，提要和关键词为译者所加。原文刊载信息为：[日]佐佐木平伍郎："上诉权滥用的观念——以民事诉讼法第三百八十四条的两个机能的检证为中心"，载"裁判与上诉"编辑委员会编：《裁判与上诉：小室直人·小山昇先生还历纪念》。
[2]　小室："上诉权的滥用"，载《末川古稀纪念·权利的滥用（中）》第 323 页以下。小室："上诉权的滥用"，载《铃木、三月监·实务民诉讲座 2》第 261 页以下。上述两篇论文如下述，前者作为小室："上诉权的滥用"，载《末川古稀纪念》，后者作为小室："上诉权的滥用"，载《实务民诉讲座 2》引用。

　　显而易见，对于上诉权这一诉讼上权利滥用的观念是否成立存在疑问。换言之，即使在民法学中的权利滥用在法理上妥当，在诉讼法学中是否同样妥当是一个问题。

　　关于这个问题，虽然最初的见解存在分歧，但是近期的学说一般都肯定上诉权滥用的观念成立[1]。笔者认为，这是理所应当的结论。确实，权利滥用的法理和诚实信用原则都应作为合理地调整法主体之间利害关系的标准[2]，法主体被这样的标准所规范是因为他们自身想达成该法律关系所谋求的共同目的。另外，因为将诉讼视为法庭与当事人之间的以得到适当判决为目的的合作关系[3]，所以私法法律关系中的当事人亦被视为为了达到该法律关系的共同目的而受到一定标准的规范。

　　因此，虽然形成了在规范的诉讼中，诉讼当事人违反调整利害关系的合理标准而行使上诉权被视为是上诉权滥用的这个观念，但是并非通过形成观念就可以解决问题。如何将上诉权的行使判断为上诉权的滥用，是根据明文规定而成立的观念还是超法规上成立的观念，如何考虑上诉权滥用的法律效果、对于上诉权滥用有什么对策等问题颇多。

　　在这种情况下，小室老师对该问题的观点，如下展开叙述。

　　首先，关于上诉权的定义，从上诉制度的目的以及诉讼经济等观点出发，与原审中当事人的主张作比较，视为是因为原法官的判决无论是质还是量都不足而产生的对原法官的异议权。在日本的现行法中，在当事人存在不服的情况下，上诉权是理所当然的权利，即使判决在客观上是正当的，对于败诉的当事人来说，上诉权滥用的诱惑是必然包含在上

---

[1]　小室："上诉权的滥用"，载《末川古稀纪念》第 324 页至 325 页。中野："民事诉讼中的诚实信用原则"，载《诉讼关系与诉讼行为》第 40 页以下。

[2]　我妻："公共的福祉·诚实信用原则·权利滥用的相互关系"，载《末川古稀纪念·权利的滥用（上）》第 46 页以下。谷口编：《注释民法（1）》第 66 页至第 67 页。我妻：《新订民法总则》第 32 页以下。几代：《民法总则》第 14 页。

[3]　三月：《民事诉讼法》第 147 页。斋藤：《民事诉讼法概论》第 37 页。中野、松浦、铃木：《民事诉讼法讲义》第 7 页是同一宗旨。虽然这一点是学说的争议点，但是在此不进行讨论。另外，山户木："民事诉讼与诚实信用原则"，载《末川古稀纪念·权利的滥用（中）》第 266 页，即使不将诉讼视为法院与当事人之间的合作关系，诚实信用原则也适用于民事诉讼领域。

诉权中的〔1〕。可以说，上诉权的滥用与为了保护上诉人更正下级法院错误的权利这一上诉本来的目的不一致，其无视判决的正当性，利用上诉来确定遮断的效力，仅仅是为了延长诉讼而进行上诉〔2〕。因此，判断是否成立上诉权的滥用与上诉人是否基于诉讼延长的意图而进行上诉有关。但是，在提出上诉的时候，实际上无法判断是否造成上诉权的滥用〔3〕。所以，对于上诉权的滥用，准备了多种直接以及间接的对策〔4〕。

本文遵循上述小室老师的思路并且希望在此基础上有所突破。这样做的目的是为了回报老师旧日的师恩。因此，如果允许笔者有多个意图，本文在上诉权滥用之名的基础上，欲以检证日本民事诉讼法第384条的两个机能为中心。这样做的原因是，根据老师的观点，诉讼制度的主体资格和使用条件被法律严格地规定，针对满足该资格和条件的人所赋予的诉讼上的权利或者权能，法官在现时无法以超法规超伦理的规范作为一般性手段对其进行限制。所以，对于权利的滥用，必要时，还是要通过单独的具体的明文规定进行制约〔5〕。这与前述老师所提的上诉权滥用的定义进行对比，同条把上诉权滥用这一观念进行了具体化。检证同条的机能，实际上是深化上诉权滥用的问题。此外，上述的工作，如后所述，可以作为解决上诉权滥用的对策。这一点，是本文考察的目的。

一、上诉权的滥用——日本民事诉讼法第384条的两个机能

在此，从上述视角出发，检证日本民事诉讼法第384条的两个机能，考察其包含的诸多问题。

---

〔1〕 小室："上诉权的滥用"，载《实务民诉讲座2》第262页。
〔2〕 小室："上诉权的滥用"，载《实务民诉讲座2》第262页。此外，根据小室："上诉权的滥用"，载《末川古稀纪念》第328页，他的定义是以田中耕太郎博士对上诉权滥用的定义为基础。再者，田中耕太郎："上诉权的滥用及其对策"，载《法的支配与裁判》第371页。
〔3〕 小室："上诉权的滥用"，载《实务民诉讲座2》第262页。
〔4〕 小室："上诉权的滥用"，载《末川古稀纪念》第329页以下。小室："上诉权的滥用"，载《实务民诉讲座2》第264页以下。
〔5〕 小室："上诉权的滥用"，载《末川古稀纪念》第325页。

　　众所周知，此规定正如"布莱克默的建议"所说〔1〕，在停战后受到美国法律的影响，根据昭和二十三年 7 月 1 号法律第 149 号，新设于日本民事诉讼法中。

　　同条根据日本民事诉讼法第 396 条、第 409 条第 3 项以及第 414 条分别被准用于上告审〔2〕、特别上告〔3〕以及抗告〔4〕相关的诉讼程序，担当着广泛制约不当行使上诉权行为的角色。虽然本条背负着伟大的任务，但必须进行探讨的问题亦很多。

　　关于同条，首先应该被指出的是，虽然距离本条成立已经 30 余年，但适用于其的事例非常少〔5〕。虽然如上述所言本条担任着重要的角色，但是适用事例少是一个问题。因此，必须考究适用事例少的原因，为了解答这个问题，需要明确同条相关判例的论理。

　　关于该问题，第一点判例理论是，是否满足同条所言"延迟诉讼完结的目的"必须要通过诉讼的全过程进行判断〔6〕。这是理所当然的结论。原因是，同条所指的制裁是前条根据第 384 条而不允许进行上诉的情况，根据各种最终判决而被进行的同条所指的制裁意味着，上诉审的审理过程自身会成为问题，上诉审和前审审理的全过程也是问题。从结果上来看，同条所指制裁的执行意味着诉讼的全过程被视为问题。

---

〔1〕　最高裁事务总局："关于第一审强化的民事法官会同要录"，载《民事裁判资料》第 33 号第 182 页。本条中，有与其背景有关联的内容，在本条的考察中，也必须对作为母法的美国法进行考察，从此观点出发的详细论述，在斋藤和樱田："上诉权滥用的制裁"，载《判例时报》第 368 号，《判例评论》第 68 号第 27 页以下中。

〔2〕　译者注，上告是指，对第二审法院未确定（未生效）的终局判决（高等法院为一审法院或飞跃上告的第一审判决），以违背法令为由，为谋求撤销原判决而向上告法院提起的不服申诉。下文同。

〔3〕　译者注，对高等法院作为上告审所作的终局判决，通常不准许上告到最高法院。但是，审查宪法问题的终审法院，宪法规定只有最高法院，以违反宪法为由准许上告至最高法院，此为"特别上告"。下文同。

〔4〕　译者注，抗告是指，当事人或诉讼利害关系人为了自身利益，向上级法院要求撤销或变更下级法院的决定或裁判长的命令而进行不服申诉。下文同。

〔5〕　据笔者所知，与同条相关的判例仅有六例，加入了别稿关于此进行的考察，关于这一点，佐佐木平伍郎："滥上诉中延迟诉讼完结目的的意义"，载《判例时报》第 570 号·第 571 号·第 573 号。

〔6〕　佐佐木平伍郎·前列《判例时报》第 571 号第 3 页。

但是，上述所言只是一般情况，必须注意在上告和控诉〔1〕的情况下有若干不同的适用条件。关于上告审，在这种情况下，通过对上告状、上告理由书、被上告人的答辩书等进行书面审理就能够辨明不具备上告理由，不需要根据口头辩论就能够进行不允许上告的判决（法第401条）。而在有上告申请并且判断其是否具备申请理由必须要通过口头辩论的情况下，上告人会在开展口头辩论时采取与对方当事人对立的态度，在这种情况下，不应该以上告申请的不当为由而采取本条的制裁。因此，同条的制裁仅在不进行口头辩论就不允许上告的判决中才可使用〔2〕。换言之，此情况下实质上会成为问题的是，第一审以及第二审的过程。

然而，关于控诉申请会如何成为控诉权的滥用，必须与上面的问题进行区分。也就是说，因为控诉审是由续审的事实审所组成，所以为了认定同条所言目的，不仅是控诉审的过程，实际上第一审的过程也必须进行考虑。关于控诉审中控诉资料的提出，除了日本民事诉讼法第139条第1项以及第255条第1项所规定的制约以外，没有其他明确的制约，而且，前者强调攻击防御方法的提出人具有故意过失，因为其证明在实际上是很困难的，所以在控诉审中，通过控诉人主张并证明新的事实的形式而发生逆转的情况很多〔3〕。以此作为背景，认定控诉审的申请具有延迟诉讼完结的目的比在上告审中的认定更困难。

另外，关于上述的考察，加入以下内容是必要的。即是，诉讼上的和解是民事诉讼中用来进行纷争解决的制度。因此，只要纷争解决存在可能性，诉讼上的和解即使在上告审中也是可能的〔4〕。从其与本文问题

---

〔1〕 译者注，控诉是指，对简易裁判所或地方裁判所所作的第一审终局判决，为了谋求更有利的判决，向上一级裁判所所作的不服申诉。控诉，是申请撤销或变更第一审终局判决，而不是向第二审裁判所提起新的诉讼。下文同。

〔2〕 佐佐木平伍郎·前列同处。宫胁："对滥用上诉的制裁"，载《法律时报》第34卷第9号第77页，也是同样宗旨。

〔3〕 宫胁·前列同处。当然，兼子·民事诉讼法体系第450页所言，这样的控诉审维持应当从理念上得到否定，但是，根据日本民事诉讼法第139条，超过诉讼时效的攻击防御方法的不予受理权是根据法官的裁量而行使的，难以期待其产生充分的效果。民事诉讼产生辩论更新的常习性的这一惯例，导致与民事诉讼法背离的重大后果。关于这一点，泽："民事诉讼与民事诉讼法的背离"，载《民事诉讼杂志》第8号第44页。

〔4〕 兼子·前列第308页。三月·民事诉讼法第447页。菊井和村松·民事诉讼法评论 I 第454页。新堂·民事诉讼法第253页至第254页。

的关系来说，即使作为诉讼案件胜诉可能性为零的人，亦有可能为了谋求和解的可能性而申请上告，在这种情况下，对这样的上告申请进行同条的制裁是不当的。原因是将诉讼上的和解作为制度进行保障的宗旨与根据判决程序所志向的法秩序来处理纷争不同，其以通过双方的互相妥协来解决纷争作为制度进行保障。对于志向于此的上告申请，应当杜绝违法以及不当[1]。此理论对于控诉审也适用。这一点也是使同条适用困难的理由。原因是，以不存在和解可能性为由认定上诉申请不当是非常困难的。

　　无论是在直观还是在较为直观的判例理论中，根据上述考察而明白的令本条适用变得困难的原因都变得不明显。

　　第二点，无论上诉人是否在口头辩论日出席，即使上诉人在口头辩论日出席，但其表示出不与对方当事人所主张的事实进行辩论时，或者即使上诉人在口头辩论日出席并与对方当事人进行辩论，但通过诉讼的全过程可以判断其没有与对方当事人进行对抗的意思，在与对方当事人所主张的事实进行辩论的积极性不被认可时，判例理论认为本条适用[2]。此点必须指出。

　　法院如何通过诉讼的全过程判断上诉的不当性是问题所在。主要是同条所指的不当上诉是上诉人仅以延迟诉讼的完结作为同条适用的绝对条件。需要知道，在上诉人表示出具有上述目的时，或者上诉人的上述目的与上诉人在上诉审中的诉讼活动具有因果关系，并因此导致延迟诉讼的完结时才满足该绝对条件。

　　但是，不能期待上述内容。如果期待前者，就意味着上诉人承认自己的申请不具备理由，如果期待后者，其证明极其困难。因此，法院能否根据直到目前为止当事人提出的证据明确推断出上诉人是否具有上述意思是解决问题的关键。

　　虽然上述的判例理论未必站在此问题意识之上，但是上述的判例本身蕴含的思考是正当的。

---

[1]　佐佐木平伍郎·前列第 4 页。若发生此情况，有上告申请，在该申请是否不当成为问题时，如前述，除了第 401 条是否适用之外，在上告审中是否存在和解的可能性也是法庭的课题。

[2]　佐佐木平伍郎·前列《判例时报》第 570 号第 5 页。

　　由此，为了检证判例理论，笔者已经在前文叙述了不当上诉的观念。接下来，简单地介绍其内在本质。首先，在明确上诉申请具备理由，上诉审的维持具备充分可能的情况下，必然不会存在上诉申请不当的情形。其次，对无法判断是否具备上诉申请理由的情况下，亦是如此。此时，在上诉审中对案件进行审判具有实益，若以上诉申请不当为由拒绝审判是无理由地剥夺该实益。因此，客观上不顾被无理由地驳回而进行的上诉申请可以作为不当上诉的一个重要条件[1]。但是，普通诉讼是关于当事人在私法权利关系上的纷争，所以，理所应当具有确信双方当事人在主观上对立的前提[2]。因此，即使在客观上上诉申请不具备理由，也即对于从最初就能判断在上诉审中败诉的情况下，只要上诉人主观上不认为自己的申请不具备理由，就不应以上诉申请的不当为由否决。而且，根据辩论主义的原则，若上诉人对诉讼对象纷争的确信无法通过辩论当日进行明示，则其确信没有诉讼上的意义。换言之，上诉人在辩论日不出席意味着其对待诉讼的态度不认真[3]。因此，不当上诉是指会因为上诉申请不具备理由而被驳回，同时上诉人不在辩论日出席与对方当事人进行对抗的上诉。如此考虑，判例理论是自身包含正当性的，而且，其包含难以被案件适用的界限，笔者将在后述中详细介绍。

　　在这个情况下，关于是否出席的判断是否针对审理期间内的所有日期呢？并不是这样。在此，只有在会产生问题的日期不出席才会产生上诉人不与对方当事人所主张的事实进行对抗的评价。笔者认为，可以通过在会产生问题的日期不出席来认定无与对方当事人所主张的事实进行对抗的意思。因此，即使在辩论日出席，若可能被认定为无意与对方当事人进行对抗，也可以得到同样的结论。

---

〔1〕　关于这一点，美国的判例"完全无实益的上诉（an appeal is so utterly without merit）"因单纯地使诉讼延迟而广受关注。斋藤和樱田："上诉权滥用的制裁"，载《判例时报》第 368 号第 27 页。

〔2〕　民事诉讼的对象是在私法权利关系上的纷争，对该纷争中双方当事人在主观上对立的确信是必要的，佐佐木平伍郎："简易法庭论（1）"，载《判例时报》第 623 号第 4 页注释（1）。

〔3〕　《民事裁判资料》前列第 176 页，东京高裁奥野的发言："在第一审中缺席，进行控诉并表示出要求重新进行审判，但在第二审中仍然在辩论日缺席，视为当事人缺乏认真对待诉讼的努力——可以放心地适用本条"。

第三点，根据判例理论[1]记载的内容，同条不只是本人诉讼，对于代理人诉讼的情况也适用。因为本人诉讼的案件与代理人诉讼的情况也应排除不当上诉，所以是正当的。

但是，关于这个问题，必须探讨以下两点：

第一，在本人诉讼和代理人诉讼的情况下，上诉的不正当性能否以相同方式进行判断是一个问题。答案是不能。原因是，在本人诉讼时，当事人大多不具备法律素养，但在代理人诉讼时，当事人的代理人是律师，其对于该诉讼内在的法律问题应当是专家。因此，当上诉的不正当性成为问题时，对其的认定，代理人诉讼比本人诉讼的法律责任更为严苛。关于其具体的标准，必须对诉讼代理人总体行为的构成进行探究，而且在所有人都能明确的情况下，才可以判断上诉是不当的[2]。此是因为诉讼代理人所具备的专业性而提出的重要条件，所以在不具备法律常识的本人诉讼的情况下，这一点不会成为问题。换言之，在代理人诉讼的情况下，作为认定不正当性的契机，是否具有行为上的瑕疵的标准以律师及与其同等水平的法律专家的水平进行要求。

第二，关于这一点会成为问题的原因是，由诉讼代理人而导致的不当上诉能否视为由诉讼代理人所提出的上诉，还是视为由当事人本人作为上诉人而提出的上诉。这个问题，与基于本条进行的制裁到底施加在谁身上有关。

主要是，法庭根据本条发出的金钱支付命令制裁，妨碍迅速地完满处理由于不当行使上诉权而导致的私法上的纷争，进一步，作为侵害市民生活秩序这样挑战公益目的的原因，其可以说是一种秩序惩罚的罚金。那么，作为导致罚金的原因，不当的上诉申请行为的非难苟责性是其行为者专属的。因此，为了明确这一点，根据第 81 条第 2 项第 3 号规定，在上诉中比起当事人，其代理人有特别的授权。基于该授权的前提下，

---

[1] 关于最高裁昭四一（才）第 853 号昭四一·二·十八，载《判例时报》第 466·第 26 页，该判例基于本文的前提。关于这一点，佐佐木平伍郎·前列《判例时报》第 570 号第 5 页。再者，根据《判例时报》第 466 号的上述案件的评论，上述案件是对律师伦理的警钟，这是正当的。作为适合的关于律师伦理的文献，有 E. A. Parry："Seven Lamps of Advocacy"（1923），樱田译：《辩护的技术和伦理》。和本文的问题意识的关联请参照上译书第 8 页至第 9 页。

[2] 佐佐木平伍郎·前列《判例时报》第 571 号第 5 页。

代理人因自身的判断而进行不当的上诉时，虽然法庭不会对代理人施加制裁，但判例并没有考虑这一点，从代理人诉讼的案件（建筑回收土地明渡请求案件，最高裁昭四一第 853 号昭四一·二·十八，载《判例时报》第 466·第 24 页）正文中的"上告人对国库支付两万日元"就可以看出。

对判例的理论进行推测，如下所述。实质上，诉讼代理人的诉讼行为效果归属于当事人本人，诉讼代理人所进行的上诉提起的效果，亦对当事人本人产生。因此，若然该申请不当，在法律上该不正当性由当事人本人承担。进一步，在形式上，因为同条的表现，根据第 331 条，不会对代理人施加制裁，所以无法对代理人进行制裁。

从这样的判例立场来看，通过对当事人本人施加制裁，事实上能够一定程度限制不当上诉，必须对此进行评价。而且，如上所述，同条的制裁存在罚金的形式，从宪法的宗旨来看，只要存在法律的规定就必须根据法定程序对特定的人进行征收。另一方面，根据本条的意见，不当控诉的主体只能是当事人本人，应接受制裁的也是当事人本人，不会对代理人采取行动，因此，上述判例理论的后半部分是正当的。

但是，该判例理论的前半部分是不正当的。当事人本人因代理人提起上诉而承担的法律后果，即"移审的效力"和"停止的效力"，以及因上诉申请而产生的诉讼上法律关系的改变，与作为产生有问题制裁的原因即申请上诉的非难苛责性这一行为属性不同。问题是，同条对于上述这一点产生了混同，难以看出其立法形式具有充分理由[1]。

总结上述考察，接下来明确问题的所在。

日本民事诉讼法第 384 条第 2 项的判例理论对上述内容进行了详细论述，即在审理过程中，上诉人在辩论日缺席以及在辩论日出席但欠缺与对方当事人所主张的事实进行对抗的积极性的情况下，可以认定为"仅以延迟诉讼的完结为目的的上诉"。因此，此想法的正当性以及其应扎根于民事诉讼的本质已经得到了详细论述。

但是，必须认识到上述判例理论具有下述的界限，而且，该界限增

---

[1]　菊井和村松·民事诉讼法评论 II 第 598 页，兼子·条解民事诉讼法上第 907 页，对于本条，应像第 331 条那样，修改为施加对代理人进行制裁，这是正当的。

加了将本条适用于案件的难度。

第一，只要在上告审中存在诉讼上的和解的可能性，虽然作为诉讼程序会明显得知败诉结果，但是因为和解是可能的且当事人都因希望进行和解从而申请上诉，所以此时不能以该申请不当为由否决。此观点在上文已经进行论述。

第二，关于上述作为民事诉讼对象的私法上的纷争存在主观上确信的对立，与判例所强调的上诉申请人不与对方当事人所主张的事实进行对抗的态度之间的关联必须进行下述讨论。

大体上，上诉人不与对方当事人所主张的事实进行对抗的意图可以通过两种方式进行认定。一种是，如判例所言，上述的意图如实表现。另一种是，作为诉讼策略主张虚假的事实，进行虚假的抗辩并进行证据的申请，虽然形式上是与对方所主张的事实进行对抗，但实质上完全没有对抗的意图。如前文所述，不能期待前者发生。但在现实中必须考虑存在具备后者那样理由的上诉。原因是，在形式上，基于日本的法制，只要上诉申请满足一定的条件就没有提早防范的手段〔1〕，作为实质问题也必须考虑这样的上诉。虽说如此，当金钱债务是诉讼标的时，上诉人通过上诉的提起可以长时间地免除执行，也就是说其中一方存在通过运作获得远超法定利率收益的可能性。因此，在此情况下，加上双方当事人的证据申请而导致的证据调查，在上诉人所主张的事实得不到证明而败诉时，法庭必须判断上诉人是否因相信对方当事人所主张的事实没有依据而进行对抗，抑或是上诉人是否没有与对方对抗的意图，仅仅是将与对方当事人进行对抗作为战术对待。但是，笔者认为，并不是这样的。原因是，在那种情况下，上诉人的诉讼行为因不当被否定时，上诉人知道自身的主张不具备理由，需要根据自身没有与对方当事人进行对抗的意图来判断，将认定是否具有该意图作为问题解决的前提事实上非常困难。即使判例尝试如上进行理论构成，但当事人非常容易将其进行规避并免受同条所规定的制裁〔2〕。

---

〔1〕　这是小室先生所强调的。关于这一点，小室："上诉权的滥用"，载《末川古稀纪念》第329 页至第 330 页。

〔2〕　这一点很早就在实务中被指出，例如，《民事裁判资料》前列第 176 页。

应如何对此结果进行评价是一个问题。以下这一点必须指出。

必须说的是，第384条第2项的法条构成和与其相关的判例理论之间的距离。前者为了认定上诉的不当性，必须究明上诉人是否具有"延迟诉讼完结的目的"，而判例则是，对上诉人是否与对方当事人所主张的事实进行对抗开展评价。因此，两者之间存在一定距离。原因是，依照同条文理构成而进行的事实认定困难[1]。从此意义上，判例理论具有作为该问题对策的意义，而且，判例理论即使内含界限，但如上所述，对于不当上诉的处理应评价为志向于民事诉讼的本质。因此，判例理论为同条的适用赋予了客观性，令其获得正确的方向，此是应该被指出的第二点，其虽然表明同条将上诉人的主观意图作为必需的重要条件，但其作为立法理论是存在问题的。

因此，如何解决上述问题，必须进行下列讨论。

这一点会成为问题是因为如上所述，"无视判决的正当性，利用上诉来确定遮断的效力，仅仅是为了延长诉讼而进行上诉"这一对上诉权滥用的概念规定存在问题。确实，在如此行使上诉权的情况下，可以将其认为是滥用。虽说如此，作为使用上述的上诉人意图判断是否成立上诉权滥用的契机，将显著地损害上述概念规定的现实性。这一点，从上述日本民事诉讼法第384条第2项的立法理论的考察就可以看出。此考察表明，需要在客观上认识上诉权滥用的重要性。关于这一点，刑事诉讼规制第1条第2项具有"诉讼上的权利需要诚实地行使，不能滥用"的规定。当然，刑事诉讼法学与民事诉讼法学的志向目标不同，从而在实践方法上也不同。但是，两者都具有作为构成法秩序的一环为法秩序一般包含目的而奉献的宿命。因此，权利滥用在刑事诉讼中被禁止的原理，同样适用于民事诉讼中[2]。

与上述考察相关联，对"诉讼上的权利，根据行使的资格、条件、

---

[1] 这样的关于第384条第2项的评论是普遍的。例如，《民事裁判资料》前列第182页议长发言、斋藤和樱田前列第27页。

[2] Sauer, Grundlagen des Prozessrecht 2. Aufl. (1929) 意图考察民事以及刑事诉讼法共通的体系，为了令此想法成立，必须从规定两者共通的视角出发，笔者在本稿中选择的也是两者作为整体应服务于法的目的的前提。再者，关于这一点，参照中田："关于判决的形式上的作用"，载《诉讼以及仲裁的法理》第118页。

方式等被严格地用法律进行规定，将符合以上条件的权利行使，不应由法官根据权利滥用法理的超法规伦理规范进行裁量而被限制"这一上述概念规定的伏笔进行简单的考察，如下所述。关于前者，因为具有诉讼法的统一强制性，所以不能以法律规定以外的任何形式进行设计，当然，需要包含正当性。不仅如此，为了令诉讼关系的发展存在可能，不能将信任关系的保护以及欺诈行为的禁止这样伦理上的要求视为麻烦而进行排斥[1]。关于后者，因为禁止权利滥用的规定富有弹性，若适用，会发生大概率是适用人存在主观或者任意的危险。可将此看作是法官的信用性问题，从此观点出发，在现时讨论司法制度的发展，现时的裁判应说是以对法官有可及的信用作为基础[2]，即是法官对问题的法理具备深刻的洞察，能将其果断地适用于案件并准确地处理诉讼关系才是重要的。从以上的考察中，也能得知对上诉权滥用在客观上的认识是可能的。

二、结语

本文考察结束之际，在与问题所相关联的范围中，通过表 1 以及表 2 对审级别的案件结果进行区分。由此可以得出，上诉案件中，在被撤销原判的概率极低的同时，因为无理由而被驳回的概率非常高。虽然根据田中耕太郎博士所言[3]，不能据此断定不当上诉非常多，但是仍然可以推测出其非常多。在这种情况下，关于上诉权滥用定义的重要性无需多言。

另一方面，根据本文的考察，作为不当上诉的一种，上诉权滥用在

---

[1] 这是鸭良弼教授所强调的。关于这一点，鸭良弼："刑事程序与诚实信用原则"，载《刑事诉讼中的技术和伦理》第 49 页至第 50 页，与此对应。

[2] 三月教授强调，不管是诉讼物论还是辩论主义的动向，也强调这样的观点是其基础。关于这一点，三月："新诉讼物理论"，载《民诉研究》第 3 卷第 201 页以下，三月："围绕辩论主义的最近动向的若干问题"，载《民诉研究》第 5 卷第 229 页以下。还有鸭·前列第 50 页。

[3] 田中耕太郎："上诉权的滥用及其对策"，载《法的支配与裁判》第 377 页。

客观上是上诉的申请不具备理由以及上诉人对对方当事人所主张的事实不进行对抗的情况。这种对问题的理解，是由应将本文献给的小室老师所提倡的，其构筑是为了能通过对本条机能的检证而得到以下结论。该结论是，如日本民事诉讼法第 384 条第 2 项所见，具备上诉权滥用这一观念是否成立必须加上上诉人是否具有主观意图这一立场，因为存在该强度的主观性，所以此立场不能充分地发挥机能[1]。如此一来，基于此立场能更容易地判断上诉权的滥用，此是在具有不少把握能判断上诉权滥用的客观状态时，对上诉权滥用的一种对策[2]。进一步，此立场如前所述，包括小室老师所说的上诉权滥用情况，只要站在此立场，就能深化老师关于此问题的主张，这一点已经提及。

表 1　审级案件终局区分：简裁第一审案件[3]

		昭和三十五年	昭和四十年	昭和四十五年	昭和五十年
控诉审	判决 撤销 驳回	44.4% 11.5% 32.9%	46.5% 13.4% 33.1%	45.1% 14.2% 30.5%	43.9% 12.1% 30.7%
上告审	判决 撤销原判 驳回	80% 8.9% 79.2%	91.9% 7.2% 84.7%	90.3% 8% 82.3%	90.7% 8.2% 82.2%

[1]　关于德国的权利滥用（Schikane）禁止规定，因其非实用性而对客观上的利益衡量问题进行改变，矶村："权利滥用禁止规定对客观利益衡量的发展"，载《末川古稀纪念·权利滥用上》第 64 页。在此提出的问题意识，在本稿中也适用。

[2]　考察上诉权滥用的对策是非常重要的，因为背离本稿的问题意识，在本文中不作涉及，在此仅简单提及。对此点进行了广泛的考虑的有，小室："上诉权的滥用"，载《末川古稀纪念》第 331 页以下。即是说作为滥上诉的对策，直接引入英美法的裁量上诉制度，间接上是采用上诉理由书提出的强制主义，而且，从人的角度，一般私人贯彻遵法精神，法曹则是根据民事诉讼法运用民事诉讼等。在那之后的小室："上诉权的滥用"，载《实务民诉讲座》第 266 页中，不存在限制滥上诉的直接对策，第 272 页中，作为现行法的解释论，不存在间接上防止滥上诉的最终手段，此说明了问题的困难。再者，坂井："控诉制度的诸多问题"，载《民事诉讼杂志》第 10 号第 54 页以下、斋藤和樱田："上诉权滥用的制裁"，载《判例时报》第 368 号，《判例评论》第 68 号第 27 页以下，论述了滥上诉的对策。

[3]　根据《司法统计年表民事篇》。

表 2　审级案件终局区分：地裁第一审案件[1]

		昭和三十五年	昭和四十年	昭和四十五年	昭和五十年
控诉审	判决	48.6%	48%	44.4%	46.5%
	撤销	10.9%	11.7%	11.3%	12.6%
	驳回	37.7%	35.8%	32.5%	32.9%
上告审	判决	91%	91.4%	95.2%	95.8%
	撤销原判	3.4%	4.4%	6.3%	3.2%
	驳回	87.6%	87%	88.9%	92.5%

　　不必说，不能通过上述内容完全解决问题。此时，上诉人不与对方当事人进行对抗并不是在事实上不对抗，而是能否看见对抗积极性的问题，如何评价上诉人在何种情况下是不与对方当事人对抗或者如何能够看出上诉人并不是在对抗这个问题尚未解决。在此，作为诉讼上权利滥用的客观标准，刑事程序主张：第一，因为需要保护构成该诉讼关系的相互信任，所以是否属于诉讼上的权利滥用需要判断是否属于背叛该信任的行为。第二，构成诉讼关系的人进行某种诉讼行为时，事后的诉讼行为是否因为该诉讼行为而违反诉讼程序等问题[2]。这样的主张在民事诉讼中是否妥当，在上诉权行使时是否相同需要进行探究？

　　无论是对于上诉申请不具备客观上的理由这一点，还是对于上诉人不与对方当事人进行对抗这一点，以及在何种情况下适用，如何对其进行认定等的判例学说正在增加，因此确定上诉权滥用的观念非常重要。据此，能够在机能上阻止不当上诉，减轻上诉法庭的负担，使诉讼进一步迅速化，此是本文的考察在现实中的意义。

---

[1]　根据《司法统计年表民事篇》。

[2]　鸭良弼："刑事程序与诚实信用原则"，载《刑事诉讼中的技术与伦理》第 61 页。原本鸭教授，作为诚实信用原则的客观标准提出了本文的主张，虽然诚实信用原则与权利滥用禁止的法理以不同的历史背景进行发展，但两者的机能在现实中并不对立，川岛："权利滥用的意义的考察"，载《末川古稀纪念·权利滥用上》第 149 页所言。本文已经考察该认识在诉讼法学中也妥当，在此，鸭教授提出的主张也适用于诉讼上的权利滥用。

争 鸣

Academic Debate

论科斯定理不是侵权法经济分析的理论基础

提　要： 现今占据侵权法经济学理论主流的是以波斯纳为代表的经济分析流派。这种理论宣称其是基于对科斯定理的拓展与运用所建立的，但这其实是一种对科斯定理的误用。侵权法经济分析理论事实上是以庇古为代表的新古典经济学外部性理论在侵权法领域的套用，其把侵权法规则单纯地理解为内化侵权行为外部成本的工具，主张只要有损害发生就需侵权法介入来内化外部成本。这种不顾具体情形主张只要出现外部性就需要法律介入来内化外部成本的理论正是科斯所极力反对的"庇古传统"之变形。科斯定理的真正意涵在于如何在正交易成本的真实世界中分配权利才能避免更严重损害，因此科斯的理论其实是一种法律界权论而不是侵权法理论。

关键词： 科斯定理；外部性；损害相互性；交易成本；权利分配

一、问题的提出

美国著名的大法官奥利弗·温德尔·霍姆斯曾说过："理性研究法律者，在今天是那些只熟悉法条的人（black-letter man），而未来则属于那些掌握统计学和经济学的人。"[2]一百多年过去了，这句话至少在某种程

---

〔1〕　作者黄竹鋆，男，南京师范大学法学院法学理论专业 2018 级硕士研究生，西南政法大学法学学士，研究领域为法律经济学。Email：ww7923301@163.com。

〔2〕　O. W. Holmes，"The Path of the Law"，*Harv. L. Rev*，Vol. 110，1997，p. 1001. 对 "black-letter man" 一词学者有不同的译法，许章润老师译为 "心智狭隘、刻板的法条主义者"，而简资修老师则译为 "知文字者"。笔者查阅了 Black's Law Dictionary，发现该词典并未收录

度上变成了现实。在美国，法律经济学（law and economics）作为一门法学与经济学的交叉学科，是最前沿的法学研究领域，[1]现如今排名前 80 的法学院也都在教授法律经济学。[2]在中国和欧洲，由于大陆法系传统的影响等原因，虽然法律经济学不如其在美国受到重视，但也产生了巨大的影响。[3]在这股强大的智力思潮中，侵权法经济学理论毫无疑问是其中的焦点。

在法律经济学中，除了与经济学紧密相连的管制公法（如反垄断法）外，侵权法经济学理论是经济学在法律领域应用得最成功、最完善的典型，不仅如此，法律经济学这门交叉学科的真正诞生就被认为始自罗纳德·哈里·科斯和圭多·卡拉布雷西运用经济学理论对侵权法问题所作的分析。[4]虽然科斯和卡拉布雷西都被奉为法律经济学的开山鼻祖，但对法律经济学的发展来说科斯无疑是更重要的一位。科斯在《社会成本问题》（The Problem of Social Cost）一文中所阐述的思想被乔治·斯蒂格勒提炼并命名为"科斯定理"（Coase Theorem）。[5]科斯定理被誉为法律经济学之基础理论，对这门学科之后的发展产生了巨大的影响，虽然这样的影响不一定是以科斯自己意愿的方式。[6]事实上，虽然科斯被尊为侵权法经济学理论的创始人，但其后以理查德·A. 波斯纳、威廉·兰德斯、斯蒂文·萨维尔等人为代表的主流侵权法经济学理论（以下称为"侵权法

（接上页）"black-letter man" 一词，只有相近的 "black-letter law" 一词，意为用来表示被法院普遍接受的或体现在某一特定司法辖区制定法中的基本法律原则，是一种非正式用语。结合霍姆斯的文义和两位译者的译法，笔者将 "black-letter law" 一词译为 "只熟悉法条的人"。参见［美］霍姆斯等：《哈佛法律评论：法理学精粹》，许章润编译，法律出版社 2011 年版，第 17 页；简资修："经济分析作为法律科学"，载《中国法律评论》2019 年第 2 期。See *Black's Law Dictionary* (5th ed. 1979).

[1]　Richard A. Posner, *Economic Analysis of Law*, 9th ed., Wolters Kluwer Law & Business, 2014, Preface.

[2]　Stephen J. Spurr, *Economic Foundations of Law*, 3th ed., Routledge, 2019, Preface.

[3]　欧洲法律经济学协会成立于 1984 年，而美国成立于 1991 年。中国也出版了很多法律经济学的专著，不少大学的法学院都开设了与法律经济学有关的课程和研究中心。

[4]　William M. Landes, Richard A. Posner, *The Economic Structure of Tort Law*, Harvard University Press, 1987, p. 6.

[5]　R. H. Coase, *The Firm, the Market and the Law*, University of Chicago Press, 1988, p. 14.

[6]　R. H. Coase, *The Firm, the Market and the Law*, University of Chicago Press, 1988, p. 174. 科斯认为 "科斯定理" 所描述的零交易成本世界正是其所极力反对的，不想反而引起了经济学家和法律经济学家的广泛重视。

经济分析理论"）却和科斯的法律经济学思想关系不大。波斯纳和兰德斯认为科斯在《社会成本问题》中表明了普通法是一种内化外部成本（external cost）的机制，[1]因此他们宣称侵权法经济分析理论是基于对科斯定理的应用与拓展建构的，譬如波斯纳和兰德斯认为科斯定理是侵权法责任规则的规范理论，并通过对火车头产生火花至损案例的边际分析来论证其观点；[2]波斯纳和罗伯特·考特也都认为科斯在《社会成本问题》中处理的是外部性和侵权损害问题。[3]但这些观点其实都是对科斯定理或说科斯法律经济学思想的误读。侵权法经济分析理论的核心——"外部性（externality）—法律干预"模型正是科斯所极力反对的"庇古传统"（the pigouvian tradition）之变形。[4]侵权法经济分析理论由于忽视了科斯法律经济学中对现实世界的关心，因此某种程度上只是新古典经济学（neoclassical economics）中外部性理论在侵权法领域的简单套用，完全忽略了现实世界中的侵权法是怎样以及如何运作的，故而这种理论也被学者称为"制度空心的理论"，实际上是对科斯界权法律经济学思想的一种"偷渡"。[5]

侵权法经济分析理论真实的理论基础是什么，该理论对科斯定理的误用是怎样的？作为法律经济学之基础理论的科斯定理的真正意涵是什么，科斯真的意在解决侵权行为的外部成本问题吗？二者之间的错位又是如何发生的？只有解答了这三个问题才能更好地理解为什么科斯定理不是侵权法经济分析的理论基础。本文接下来将先对侵权法经济分析理论做一个简要的回顾，为的是展现该理论从被认为诞生自科斯对侵权法问题的分析到如今被经济分析流派占据主流的转变过程，以便之后更好地理解二者的区别。在考察侵权法经济分析理论的理论基础和科斯定理的真正意涵之后，再论述为何现如今占据该理论主流的经济分析流派并

[1] William M. Landes, Richard A. Posner, *The Economic Structure of Tort Law*, Harvard University Press, 1987, p. 7.

[2] William M. Landes, Richard A. Posner, *The Economic Structure of Tort Law*, Harvard University Press, 1987, pp. 31–38.

[3] Robert Cooter, "The Cost of Coase", *J. Legal Stud.*, Vol. 11, 1982, p. 1.; Richard A. Posner, Gary Becker, "The Future of Law and Economics", *Rev. L & Econ.*, Vol. 10, 2014, p. 236.

[4] R. H. Coase, "The Problem of Social Cost", *J. L. & Econ.*, Vol. 3, 1960, p. 39.

[5] 简资修："权利之经济分析：定分或效率"，载《法令月刊》第 68 卷第 9 期。

不是基于科斯定理或说科斯的法律经济学思想所建立的，即"青"不出于"蓝"。最后是一个简要的结语。

二、侵权法经济学理论的简要回顾

一般认为，真正尝试着运用经济学理论来处理侵权法问题的人是霍姆斯大法官。他在 1881 年出版的名作《普通法》（The Common Law）中提到，从侵权法的标准看来所谓的过错责任和严格责任的唯一区别在于严格责任为事故提供了一个保险。[1]不过霍姆斯大法官虽然做出了这种尝试，但正如波斯纳所看到的："霍姆斯对现代经济分析法学最重要的贡献……在于他的功能主义以及与其密切相联系的他对法律形式主义和自然法的敌意。"[2]

现代侵权法经济分析理论的开创性研究始于 1960 年左右。1958 年亚伦·戴雷科特创办了著名的《法律经济学杂志》（Journal of Law and Economics），1961 年科斯在该杂志上发表了他最负盛名的论文——《社会成本问题》。科斯在这篇文章中驳斥了庇古有关外部性的观点，他认为由于损害相互性（reciprocal nature of harm）以及交易成本（transaction cost）的存在，庇古主张私人行为产生的外部成本均需通过政府干预来内化的观点是完全错误的。[3]卡拉布雷西于同年发表了《有关风险分配和侵权法的一些思考》（Some Thoughts on Risk Distribution and the Law of Torts）一文，[4]这是第一篇专门运用经济学理论来研究侵权法问题的论文。虽然卡拉布雷西在这篇文章中表述了和科斯在《社会成本问题》中所提出

---

[1] O. W. Holmes, *The Common Law*, Harvard University Press, 1881, pp. 94-96.

[2] ［美］皮特·纽曼主编：《新帕尔格雷夫法经济学大辞典》（第 2 卷），许明月等译，法律出版社 2002 年版，第 273 页。本书关于霍姆斯大法官的词条是波斯纳所编写的。

[3] R. H. Coase, "The Problem of Social Cost", *J. L. & Econ.*, Vol. 3, 1960, pp. 1-44. 虽然文章标注的年份是 1960 年，但刊登此篇文章的 Journal of Law and Economics 当期实际上出版于 1961 年。

[4] Guido Calabresi, "Some Thoughts on Risk Distribution and the Law of Torts", *Yale L. J.*, Vol. 70, 1961, pp. 499-553.

的理论相类似的观点，但其并未着重论述。[1]他主要关注的是如何通过侵权法来实现风险分摊（risk spreading）和资源配置（allocation of resources）的社会目标，以及企业责任（enterprise liability）该如何运用的问题。1970 年，卡拉布雷西出版了第一本专门论述侵权法经济学理论的专著——《事故的成本：一种法律与经济的分析》（The Costs of Accidents：A Legal and Economic Analysis），他在这本书中的关注点既不是法院如何或者是否试着使用侵权法规则以内化意外事故的外部成本，也不在于评价一个既存的侵权法体系，而是从正义与公平以及减少（三级）事故总成本这两个主要原理开始构造一个全新的、有效率的处理意外事故的侵权法体系。[2]

　　在科斯和卡拉布雷西之后，波斯纳于 1972 年发表的一篇论文中研究了 1875 年至 1905 年间美国联邦巡回上诉法院系统做出的 1528 份侵权案件的判决，并以此论证普通法中的过失标准和其他的归责原则（比较过错责任原则、自担风险原则等）都是为了实现安全和谨慎目标而进行的有效率的配置资源方法（通过内化侵权行为外部成本的方式）。[3]1973 年，波斯纳出版了《法律的经济分析》（Economics Analysis of Law）一书，[4]这本书被誉为法律经济学史上的里程碑之作，也是该领域最为人所熟知的著作，极大地推动了法律经济学的发展与发达。[5]在这本书中

[1] Guido Calabresi, "Some Thoughts on Risk Distribution and the Law of Torts", *Yale L. J.*, Vol. 70, 1961, pp. 534-535. "The first question in the law of nuisance is whether the alleged nuisance should be enjoined. In the modern view enjoinability depends on the damage the nuisance causes compared to the cost of eliminating the nuisance, taking into account, however, the social benefits of the activity which causes the nuisance … They would charge the nuisance with the damages it caused and, if the nuisance could pay them and still stay in business, they would take this as a good 'market place' indication that the benefits to be derived from the activity were sufficiently great to justify its existence." 部分为笔者所加。

[2] Guido Calabresi, *The Costs of Accidents：A Legal and Economic Analysis*, Yale University Press, 1970, pp. 24-33. 卡拉布雷西提出的三级事故成本是指：第一级是减少事故发生概率与严重程度的成本，即预防成本；第二级是减少事故发生后所造成的社会成本，即事故损失。该级事故成本又可包括初次损害成本和二次损害成本；第三级是处理事故的管理成本。

[3] Richard A. Posner, "A Theory of Negligence", *J. Legal Stud.*, Vol. 1, 1972, pp. 29-96.

[4] Richard A. Posner, *Economic Analysis of Law*, 9th ed., Wolters Kluwer Law & Business, 2014. 本书第一版出版于 1973 年。

[5] Gerald J. Postema, *Legal Philosophy in the Twentieth Century：The Common Law World*, Springer, 2011, p. 182.

波斯纳运用新古典经济学的理论和分析方法完整地阐述了普通法视角下的侵权法经济分析理论，包括过失标准、因果关系、归责原则等问题，并将著名的汉德公式（Hand Formula）边际化，实现了侵权法上过失标准的数理化和模型化。[1]同年，约翰·普雷瑟·布朗发表了《责任的经济理论》（Toward an Economic Theory of Liability）一文，在这篇文章中他以经济分析的方法重述了普通法的八种归责原则，并第一次提出了双边事故社会成本（social cost）最小化的法律经济学模型：

$$\min_{X,Y} Cs\ (X,\ Y) = W_x X + W_y Y + A\ [1 - P\ (X,\ Y)\ ] \tag{1.1}$$

布朗直言该模型是模仿了新古典经济学的生产函数而得来的。[2]该模型奠定了之后侵权法经济分析理论事故模型的基础，不论是波斯纳和兰德斯的双边事故模型还是萨维尔的单边事故模型，其实都只不过是这个模型的变形而已。[3]1987 年，波斯纳和兰德斯出版了侵权法经济分析理论的代表作，也是对之后的侵权法经济分析理论影响最深的作品——《侵权法的经济结构》（The Economic Structure of Tort Law）。在这本书中他们认为普通法视野下侵权法的经济目标就在于财富最大化（wealth maximization），[4]基于此他们提出了侵权法的双边事故模型，即最小化事故社会成本的最优注意水平（过失标准）模型：

$$L\ (x,\ y) = p\ (x,\ y)\ D + A\ (x)\ + B\ (y)\ ^{[5]} \tag{1.2}$$

同年，萨维尔出版了《事故法的经济分析》（Economic Analysis of Acci-

[1]　Richard A. Posner, *Economic Analysis of Law*, 9th ed., Wolters Kluwer Law & Business, 2014, pp. 220–226.

[2]　John Prather Brown, "Toward an Economic Theory of Liability", *J. Legal Stud.*, Vol. 2, 1973, pp. 323–349. 式（1.1）中 X, Y 分别代表事故的双方，W_x 是 X 的单位预防成本，W_y 是 Y 的单位预防成本，A 是事故所造成的损失，P 是事故被避免的概率。

[3]　Mark F. Grady, "Discontinuities and Information Burdens: A Review of the Economic Structure of Tort Law by William M. Landes", *Geo. Wash. L. Rev.*, Vol. 56, 1988, p. 658.

[4]　William M. Landes, Richard A. Posner, *The Economic Structure of Tort Law*, Harvard University Press, 1987, p. 16.

[5]　William M. Landes, Richard A. Posner, *The Economic Structure of Tort Law*, Harvard University Press, 1987, p. 59. 可以看出这个模型是布朗模型的变形。

dent Law）一书。在该书中，萨维尔同样讨论了侵权法中的重大问题，例如责任与威慑、责任承担、因果关系等。萨维尔与前人最大的不同在于他把侵权法经济分析理论彻底地数理化了，书中除第一章导论外每一章最后都附有数学附录，附录中萨维尔用数学工具来详细解释其在正文中所做的论述，譬如被众多法律经济学教科书广为引用的单边事故成本最小化的函数模型图。[1]正如波斯纳所说的，萨维尔是对法律现象进行数学建模的重要人物，但他是一个经济学家而不是法学或法律经济学家。[2]在此之后，波斯纳在 2001 年出版的《法律理论的前沿》（Frontiers of Legal Theory）中提出了他极富争议的"模拟市场"（mimic market）论，波斯纳基于其对科斯定理的理解做出了两个重要的推论，第一个推论是法律在注重提高经济效率的意义上应当尽可能地减少交易成本；第二个推论是，在法律即使投入了很大努力而市场的交易成本仍旧很高的领域，法律应当通过将产权配置给对他来说价值最大的使用者，来"模拟市场"。[3]这两个推论都是波斯纳侵权法经济分析理论的重要基础。2004 年萨维尔出版了《法律经济分析的理论基础》（Foundations of Economic Analysis of Law）一书，这是一本全面论述法律经济分析理论及其运用的专著，但其中有关侵权法的部分除简化了相应的数理分析外基本上沿袭了他之前出版的《事故法的经济分析》一书的思路。[4]除美国之外，欧洲和中国也出现了很多论述侵权法经济分析的论文、专著和教科书，但它们基本上是沿着波斯纳、兰德斯以及萨维尔的进路展开的，故不赘述。[5]

---

〔1〕 Steven Shavell, *Economic Analysis of Accident Law*, Harvard University Press, 1987, p. 35.

〔2〕 Richard A. Posner, Gary Becker, "The Future of Law and Economics", *Rev. L & Econ.*, Vol. 10, 2014, p. 236.

〔3〕 ［美］理查德·A. 波斯纳：《法律理论的前沿》，武欣、凌斌译，中国政法大学出版社 2003 年版，第 6 页。

〔4〕 Steven Shavell, *Foundations of Economic Analysis of Law*, Harvard University Press, 2004.

〔5〕 Robert Cooter, Thomas Ulen, *Law and Economics*, 6th ed., Addison-Wesley, 2011, pp. 187–276; Stephen J. Spurr, *Economic Foundations of Law*, 3th ed., Routledge, 2019, pp. 158–186; Michael Faure, *Tort Law and Economics*, Edward Elgar, 2009. ［德］汉斯-贝恩德·舍费尔、克劳斯·奥特：《民法的经济分析》，江清云、杜涛译，法律出版社 2009 年版，第 118—314 页；王成：《侵权损害赔偿的经济分析》，中国人民大学出版社 2002 年版；李婧：《侵权法的经济学分析》，知识产权出版社 2016 年版；孙大伟、沈映涵："更有效率的侵权法规则的可能性——经济分析理论在侵权法领域的适用性研究"，载《法制与社会发展》2010 年第 5 期。

除了以上几位在法律经济学领域声名卓著的大师外，还有一位经济学家对侵权法经济分析理论的发展起着不可忽视的作用，他就是加里·斯坦利·贝克尔。贝克尔如此重要的原因不在于其如波斯纳一般直接运用经济分析方法分析了整个普通法体系，而在于——与科斯相反——他认为经济学之所以有别于其他社会科学的原因在于经济学的分析方法而不是其研究对象（市场）。[1]他把最大化行为（maximizing behavior）、市场均衡（market equilibrium）、偏好稳定（stable preferences）的综合假设及其不折不扣地运用视为经济分析方法的核心，由此吹响了"经济学帝国主义"（economic imperialism）入侵其他社会科学的号角。贝克尔认为人的行为是一个整体，不能条块分割，因此可以运用经济分析方法来解释所有人类行为，而不仅仅是人的市场行为（market behavior）。人的政治行为、犯罪行为等非市场行为（nonmarket behavior）均可用经济分析方法来统一理解，[2]贝克尔虽未言明，但侵权行为自不例外。贝克尔所言的经济分析方法是以波斯纳为代表的侵权法经济分析理论重要的甚至有可能是最重要的一环。

三、侵权法经济分析理论的理论基础

通过上述对侵权法经济分析理论的简要回顾可以发现，虽然科斯和卡拉布雷西是侵权法经济分析理论的奠基者，但之后的主流侵权法经济分析理论却偏离了二者所创立的法学和经济学双向交互（bilateral）的传统。占据当今侵权法经济分析理论主流的经济分析流派宣称其理论基础来自于对科斯定理的扩展与应用，仍在科斯所创立的传统之中，[3]但事实并非如此。侵权法经济分析理论把零交易成本世界（the world of zero

---

[1] Gary S. Becker, *The Economic Approach to human behavior*, University of Chicago Press, 1976, p. 5.

[2] Gary S. Becker, *The Economic Approach to human behavior*, University of Chicago Press, 1976, pp. 3–14.

[3] William M. Landes & Richard A. Posner, *The Economic Structure of Tort Law*, Harvard University Press, 1987, p. 7.

transaction cost) 作为其理论背景，并推论当现实世界的高交易成本阻碍了侵权行为导致的外部性被自发的市场交易消除时，就需要法律介入并"模拟市场"来内化这种外部性，从而达到资源的最优配置。法律在此成了一种内化外部性的工具，其本质完全是外在的。[1]这种不考虑具体情况，主张只要存在外部性就需要法律介入的法律经济学理论正是科斯所极力反对的，是一种庇古的福利经济学在侵权法领域的"借尸还魂"。[2]为了更清楚地展现侵权法经济分析理论对科斯定理的误用，有必要揭示其真正的理论基础。侵权法经济分析理论把侵权行为所产生的后果视为一种外部性，而侵权法作为一种政策工具（policy instrument）的目标就是通过责任的运用去消除高交易成本处的外部性，从而使得预防事故的成本和事故损失之和最小化，也即社会成本最小化。[3]因此，何为外部性以及法律是如何作为一种内化外部性的工具就显得至关重要了。

（一）外部性

外部性是一个经济学名词，最初由保罗·萨缪尔森提出，[4]是指消费或生产活动对他人造成的间接影响，并且这种影响不能通过价格体系消除。[5]外部性因此被视为是导致市场失灵（market failure）的原因之一。外部性又可分为外部收益（external benefit）和外部成本，[6]外部收益是指某一主体的行为使他人获益却没有得到报酬，因此这种收益是"外部"的，譬如街头表演者的表演给他人带来了快乐。外部成本则是指某一主体的行为使他人遭受损害却不需赔偿，因此这种损害所导致的成本是"外部"的，譬如侵权行为所导致的损害。由于外部成本的存在导致了私人成本和社会成本的分离，资源配置未达最优，因此需要政府或

---

〔1〕 Gerald J. Postema, *Legal Philosophy in the Twentieth Century: The Common Law World*, Springer, 2011, pp. 182–184.

〔2〕 简资修："法律作为合约安排"，载《交大法学》2015 年第 3 期。

〔3〕 Robert Cooter, Thomas Ulen, *Law and Economics*, 6th ed., Addison-Wesley, 2011, p. 190.

〔4〕 R. H. Coase, *The Firm, the Market and the Law*, University of Chicago Press, 1988, p. 23. 但"外部性"一词所蕴含的思想内涵不是萨缪尔森最先提出的。

〔5〕 The New Palgrave Dictionary of Economics (3th ed. 2018).

〔6〕 外部收益也称正外部性（positive externality），外部成本也称负外部性（negative externality）。

法律的干预来内化外部成本使得私人成本等于社会成本从而实现帕累托效率（Pareto Efficiency）。[1]

（二）法律作为一种内化外部性的工具

与传统的普通法不同，[2]侵权法经济分析理论把侵权法视为一种内化侵权行为外部成本的工具，其实质是新古典经济学外部性理论在侵权法领域的应用。这种理论认为由于侵权行为所产生的外部成本没有被加害人纳入自身的行为可能性考量，因而加害人对预防事故发生的注意水平不是社会最优注意水平，此时需要法律的介入——通过侵权责任的运用来使加害人内化其外部成本（赔偿）并威慑潜在的加害人，从而使得加害人及潜在加害人的注意水平达到社会最优。[3]下面以萨维尔的单边事故模型和波斯纳、兰德斯的双边事故模型来详细说明之。

事故发生后，若想要事故中的某一方承担责任，首先必须回答一个问题：谁在何种意义上是应当承担责任的？这就需要侵权法有一个判断当事方是否需要承担责任的标准——过失的标准。萨维尔的单边事故模型是这方面的典型，该模型基于以下六个假设：①存在一个单一的利益，按照这一利益，所有的变量都已经被定义；②主体是风险中性的；③社会福利的标准是主体预期效用之和；④加害人和受害人互不相识；⑤所有的加害人和受害人都是同质的；⑥只有受害人受到损失。[4]现在定义：

x = 加害人预防事故发生的注意水平，且 $x \geqslant 0$。

p = 事故发生的概率，$p(x)$ 是 p 有关 x 的函数，$p(x)$ 随着注意水平的提高而降低，即 $p'(x) < 0$，由于边际效用递减，所以 $p'' < 0$。

---

[1] Hal R. Varian, *Intermediate Microeconomics: A Modern Approach*, 9th ed., W. W. Norton & Company, 2014, p. 664.

[2] 传统的普通法认为侵权法的目标有四个：①补偿受害人的损失；②威慑被社会认为是不理性的事故和行为；③将事故的成本分配给引起事故的人；④重新认知社会道德中的对与错。See Alan B. Morrison, *Fundamentals of American Law*, Oxford University Press, 2004, pp. 239-240.

[3] 侵权法经济分析理论假设了侵权法可以产生威慑的效果，但侵权法事实上是否能够起到威慑的作用存在不同的结论。See W. Jonathan Cardi etc., "Does Tort Law Deter Individuals? A Behavioral Science Study", *J. Empirical Legal Stud.*, Vol. 9, 2012, pp. 567-603.

[4] Steven Shavell, *Economic Analysis of Accident Law*, Harvard University Press, 1987, pp. 32-33.

A ＝事故发生后所产生的损失，以货币衡量。p（x）A 为事故的预期损失。

w ＝单位注意成本，为了便于计算设其为常数。wx 是加害人的预防成本。

SC ＝事故的预期社会总成本。

PC ＝加害人的私人成本。因此可得：

$$SC = wx + p（x）A \qquad\qquad (2.1)$$

该模型图示如下：

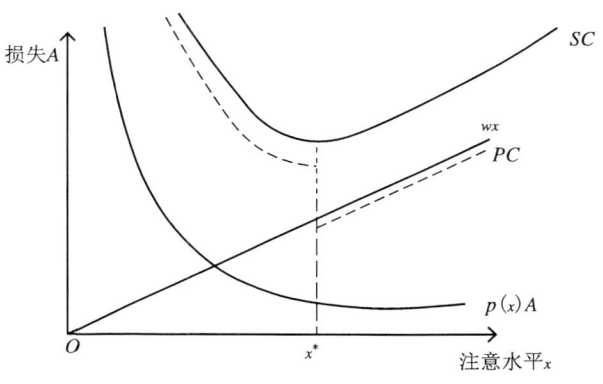

图1　单边事故模型图

从图1可以看出，加害人的预防成本 wx 线是一条从原点出发的线段，随着注意水平的提升单调递增；因为 $p'' < 0$，所以事故的预期损失 p（x）A 线是一条随着注意水平的提升以递减的速率递减的曲线。将 wx 和 p（x）A 相加即可得到事故发生的预期总成本 SC 曲线。由于 wx 的单调递增和 p（x）A 的递减，所以 SC 是一条先递减再递增的曲线。从图中可以发现，当 SC 处于最低点时有注意水平 x＊，也即社会最优注意水平是x＊。从数学上也可以得出该结论，对式（1.1）求一阶导数并令其等于零即可得到：

$$w = -p'（x）A \qquad\qquad (2.2)$$

这意味着只有当加害人再投入一单位的预防成本等于所能降低的事

故预期损失时有最优的注意水平，即 x ＊。在过失责任制下，[1] 当加害人的注意水平在社会最优注意水平 x ＊左侧时他具有过失，因此他需要承担自己的预防成本和事故的预期损失，如图 1 中 x ＊左侧的虚线所示；当加害人的注意水平大于或者等于社会最优注意水平 x ＊时他不具有过失，因此不用承担事故的预期损失，只需承担自身的预防成本，如图 1 中 x ＊右侧的虚线所示。法官会"逐案"（case by case）找到社会最优注意水平 x ＊，并通过责任的运用来激励加害人从事对社会而言最优的注意水平。从图中也可以看出加害人的私人成本 PC 在社会最优注意水平 x ＊时是最低的，因此理性的加害人会有激励去改变自己的注意水平直到其等于社会最优注意水平，此时个人最优等于社会最优，侵权法内化外部成本的目标得以实现。[2]

同萨维尔的模型一样，波斯纳和兰德斯的双边事故模型也是当事故双方注意的边际成本等于边际收益时有社会最优注意水平，只不过增加了被害人的注意水平这个变量而已。他们的模型同样可用函数图表示如下：

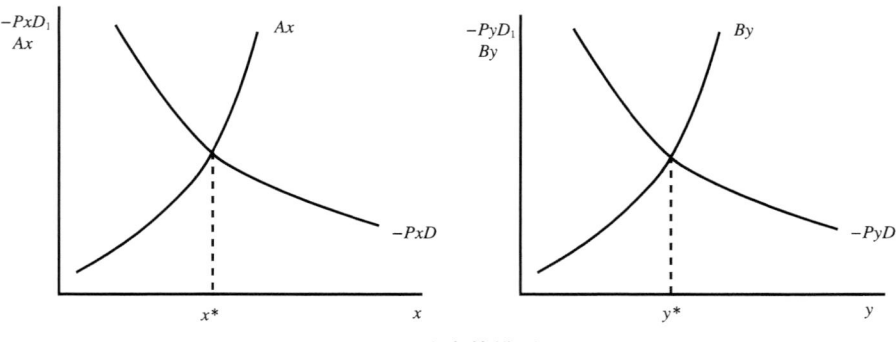

图 2　双边事故模型图

从图 2 可以看出对加害人而言有最优注意水平 x ＊，对受害人而言也有最优注意水平 y ＊，当二者都处于各自的最优注意水平时，事故的社会

[1]　此处仅以过失责任制为例，其他责任形式的分析遵循同样的思路。

[2]　Steven Shavell, *Economic Analysis of Accident Law*, Harvard University Press, 1987, pp. 33–36.

成本会最小化，私人最优等于社会最优，上式（1.2）有最优解。[1]

萨维尔和波斯纳、兰德斯的事故模型清楚地展现了侵权法经济分析理论其实是新古典经济学外部性理论在侵权法领域的应用，只不过内化外部成本的主体从政府变成了法律而已，其主张只要有损害产生就需干预的本质并未改变，可以说是只见经济学而不见法学。这种最初由庇古开创的外部性理论正是科斯在《社会成本问题》中所极力批判的对象。

四、科斯定理的真正意涵

科斯为法律经济学这门学科公认的创始人，那么被认为凝结了其思想精华的"科斯定理"自然也被视为法律经济学最基础的理论，斯蒂格勒把科斯定理定义为："……在完全竞争条件下私人成本等于社会成本。"[2]不过科斯定理更为人所熟知的表述则是：在权利被很好界定且交易成本为零的条件下，不论法律最初如何分配权利，市场会决定最后的资源配置，并且这种配置将会是有效率的。[3]科斯定理的这种表述因此也被学者称为法律无关论。[4]虽然科斯定理和《社会成本问题》都已被广泛地征引，但科斯却说："零交易成本世界已经通常被描述为'科斯世界'（Coasian world），没什么比这更远离我的真意了。零交易成本世界正是我所期望劝说经济学家们离开的现代经济学的世界。"[5]要澄清侵权法经济分析理论对科斯定理的误用，必须表明何为科斯定理的真意。

[1] William M. Landes, Richard A. Posner, *The Economic Structure of Tort Law*, Harvard University Press, 1987, pp. 58-62. 该模型的推导本质上和萨维尔的模型一致，对式（1.2）求一阶偏导数并令其等于零即可得，详细过程此处不再赘述。

[2] George J. Stigler, *The Theory of Price*, Macmillan Publishing Company, 1987, p. 120.

[3] The New Palgrave Dictionary of Economics（3th ed. 2018）.

[4] 艾佳慧："法律界权视野下的科斯定理：厘定、推进与不足"，载《财经法学》2018 年第 6 期；艾佳慧："科斯定理还是波斯纳定理：法律经济学基础理论的混乱与澄清"，载《法制与社会发展》2019 年第 1 期。

[5] R. H. Coase, *The Firm, the Market and the Law*, University of Chicago Press, 1988, p. 174.

（一）　联邦通信委员会

《社会成本问题》虽然是理解科斯定理的基础文本，但这篇文章的主旨思想其实已经在科斯之前的一篇文章《联邦通信委员会》（The Federal Communications Commission）中略微提及，[1]《社会成本问题》的写作目的之一也在于回答《联邦通信委员会》发表后所引起的争论，[2]因此有必要先考察《联邦通信委员会》，以便于连贯理解科斯的思想。

在科斯写作这篇文章时的美国，一个人或一个组织想要运营一座无线电广播站，必须获得联邦通信委员会（Federal Communication Commissions，FCC）的许可，为的是解决无线电波频谱自由使用所产生的频谱之间相互影响的问题。科斯认为造成无线电波频谱使用混乱的原因在于没有建立起对无线电波的排他产权（exclusive rights），这同土地没有合适的界定产权产生的问题一样。[3]针对该如何分配无线电波频谱的产权这一问题，科斯不赞同 FCC 以行政手段进行分配的方式，他认为由于无线电波频谱的特性，相同或相邻频谱间的使用权会相互干扰和影响，只允许一个人使用某一频谱会造成对其他使用者的损害。[4]由于损害相互性的存在以及政府监管成本及其垄断倾向，[5]重要的是比较使用政府和使用市场来配置权利的成本，何者才是成本更低的方法。[6]在价格机制运转良好的情况下（交易成本很低或为零），法律对权利的最初分配并不会决定该权利的最终配置，市场会使该权利流向对其最有价值的人手里。如果无线电波频谱的权利已被界定且内容是清晰的，同时该权利可以自由转移，那么市场会使无线电波频谱的使用权流向对其最有价值的人手中，因而无需 FCC 的介入。

科斯进一步认识到上述理论也可以运用于处理其他的损害相互性问题。科斯以斯佳奇斯诉布里奇曼（Sturges v. Bridgman）一案为例来更深

---

〔1〕　R. H. Coase, "The Federal Communications Commission", *J. L. & Econ.*, Vol. 2, 1959, pp. 1–40.

〔2〕　R. H. Coase, "The Problem of Social Cost", *J. L. & Econ.*, Vol. 3, 1960, p. 1.

〔3〕　R. H. Coase, "The Federal Communications Commission", *J. L. & Econ.*, Vol. 2, 1959, pp. 25–26.

〔4〕　R. H. Coase, "The Federal Communications Commission", *J. L. & Econ.*, Vol. 2, 1959, p. 26.

〔5〕　R. H. Coase, "The Federal Communications Commission", *J. L. & Econ.*, Vol. 2, 1959, p. 16.

〔6〕　R. H. Coase, "The Federal Communications Commission", *J. L. & Econ.*, Vol. 2, 1959, p. 18.

入地阐述他的观点。在本案中，糖果制造商使用机器的噪声和震动使得在隔壁工作的医生无法正常进行诊疗，因此医生把糖果制造商告上了法庭。[1]该案乍一看似乎是个侵权法的问题，即机器所产生的噪声和震动是否侵犯了医生正常营业的权利，且如果是又应该怎样进行赔偿的问题，用经济学术语表述就是糖果制造商的生产行为是否产生了外部成本，若是该如何内化该行为的外部成本。但事实是，允许糖果生产商继续使用他的机器，那么医生会受有损害，相反，禁止糖果生产商继续使用他的机器，那么糖果生产商会受有损害，这就是问题的相互性本质。由于谁拥有继续行为的权利并未明确，因此重要的不是认定谁侵害了谁的权利，也不是如何内化外部成本，重要的是如何分配权利才能避免更严重的损害。[2]权利的界定是市场交易的前提，权利不确定则无法进行市场交易，在该案中正因为权利未明确界定所以才有纠纷产生，否则糖果制造商和医生会达成交易从而不需诉诸法庭。[3]同样的，权利的界定也是侵权案件发生的前提，在未明确权利的归属前无所谓侵权问题，因此此案事实上涉及的是界权问题而不是侵权问题，重要的是比较不同界权方案的成本和收益。科斯的这种观点使得他与以庇古为代表的新古典经济学在处理外部性问题时的理论产生了分歧，尤其是他指出了市场在处理此类问题时的可能性，由此引发的争论使他有必要进一步阐明自己的观点。

（二）社会成本问题

"社会成本"这个概念是指某一行为的私人成本（private cost）和外部成本的总和。[4]当行为人某一行为的成本不由其全部承担时才会出现私人成本和社会成本分离的问题，即"社会成本问题"，[5]因此《社会成本问题》开篇就说道："本文关注的是那些会对他人造成有害后果

---

[1] R. H. Coase, "The Federal Communications Commission", *J. L. & Econ.*, Vol. 2, 1959, p. 26.

[2] R. H. Coase, "The Federal Communications Commission", *J. L. & Econ.*, Vol. 2, 1959, p. 26.

[3] R. H. Coase, "The Federal Communications Commission", *J. L. & Econ.*, Vol. 2, 1959, p. 27.

[4] The New Palgrave Dictionary of Economics（3th ed. 2018）.

[5] 对于科斯这篇文章题目的含义，艾佳慧认为科斯想表达的是"社会成本"这个概念本身是有问题的。参见艾佳慧："科斯定理还是波斯纳定理：法律经济学基础理论的混乱与澄清"，载《法制与社会发展》2019年第1期。

(harmful effect) 的工商企业的行为。"[1]科斯使用"有害后果"一词而不是"外部性"即表明了其对庇古外部性理论的不赞同。[2]在有关外部性问题的标准案例——工厂排放烟气造成的污染——的处理方法上,以庇古为代表的新古典经济学认为解决方法有三种:①让工厂对损害负责,即赔偿;②对工厂征税;③让工厂搬迁。[3]这些方法都需要政府或法律的介入,政府和法律在此成了内化外部成本的工具,但科斯认为如何内化外部成本不是问题的本质,他指出:"正在讨论的问题通常被认为是 A 损害了 B,并且必须决定的是:我们该如何限制 A?但这是错误的,我们正在处理的问题具有相互的性质。避免对 B 的损害会造成对 A 的损害,真正的问题是必须决定:是允许 A 损害 B 还是允许 B 损害 A?问题在于避免更严重的损害。"[4]

和他在《联邦通信委员会》中所展示的观点一样,科斯认为重要的不是如何去内化外部成本而是如何避免更严重的损害——当工厂产生的污染会杀死河里的鱼时,不应该马上想方设法地去内化工厂的外部成本,而是要比较禁止工厂生产或消除污染所造成的损害和污染对鱼所造成的损害何者更大。如何进行这种比较呢?正如科斯所言,这必须是在总体(total) 和边际(margin) 的意义上考量的。[5]

在重申了"损害相互性"的理论后,科斯花费较大篇幅探讨了价格体系运作无需成本也即零交易成本条件下出现有害后果时可能的解决方法。科斯以著名的牧民走失的牛对农民的庄稼造成损害为例——这也是在阐述科斯定理时最常用的例子——论证了在零交易成本的世界中不论牧民是否要为他的牛对农民的庄稼所造成的损害负责(即牧民是否有权利损害农民),农民和牧民都会通过市场交易来实现各自产值的最大化,那么社会产值也将最大化,而无需诉诸政府或法律的干预。因此科斯得出结论:在价格体系运作无成本的情况下,最终的结果(产值最大化)

---

[1]　R. H. Coase, "The Problem of Social Cost", *J. L. & Econ.*, Vol. 3, 1960, p. 1.

[2]　R. H. Coase, *The Firm, the Market and the Law*, University of Chicago Press, 1988, p. 27.

[3]　R. H. Coase, "The Problem of Social Cost", *J. L. & Econ.*, Vol. 3, 1960, p. 1.

[4]　R. H. Coase, "The Problem of Social Cost", *J. L. & Econ.*, Vol. 3, 1960, p. 2.

[5]　R. H. Coase, "The Problem of Social Cost", *J. L. & Econ.*, Vol. 3, 1960, p. 2.

与法律安排无关。[1]

科斯对上述案例的分析是在零交易成本的假设下进行的，但如其所言，这显然是一个很不现实的假设（a very unrealistic assumption）。[2]科斯对零交易成本世界的描述只是为了更好地讨论在正交易成本（positive transaction cost）的现实世界中我们该如何更好地处理某些行为的有害后果，[3]正如对零摩擦力的假设是为了更好地处理有摩擦力的真实世界中的问题。在零交易成本的世界中，法律权利可以通过市场来进行重新分配（rearrangement）从而达到最优配置，但一旦把交易成本纳入考虑，这种对权利的重新分配只有在其收益大于成本时才会发生。[4]因此，在正交易成本的世界中法律对权利的最初配置有可能是最好的，但前提是通过市场对权利进行改变和组合以期达到产值最大化的成本过高，以至于这种重组不会发生。[5]所以在科斯看来在考虑了交易成本的前提下，法律对经济起着不可忽视的作用（而不仅仅是"模拟市场"的作用）。针对法律对经济的影响，科斯指出："正如我们以及看到的，在市场交易成本过高时情况是如此不同，以至于很难改变已经由法律所确定的权利安排。在这种情况下，法庭直接影响着经济活动。因此法庭应当理解他们决定的经济后果，在不给法律本身造成太多不确定的情况下把这种后果纳入他们的决策考量。甚至在可能通过市场交易改变法律界权的情况下，由于可以降低对进行这种交易的资源的使用，减少对这种交易的需求也是明显可欲的。"[6]

为了进一步论证自己的观点，科斯又考察了在普通法下某一行为对他人造成有害后果的很多案例。在处理这些案例时，经济学家们都主张要求政府的介入，而这正是忽略了交易成本得出的结论，在处理此类案件时必须考虑到禁止这些有害行为所获得的收益以及为了禁止这些有害行为而放弃的其他收益（机会成本）。实际上这些案例中的法院并非都如

---

[1] R. H. Coase, "The Problem of Social Cost", *J. L. & Econ.*, Vol. 3, 1960, pp. 2-8.

[2] R. H. Coase, "The Problem of Social Cost", *J. L. & Econ.*, Vol. 3, 1960, p. 15.

[3] R. H. Coase, *The Firm, the Market and the Law*, University of Chicago Press, 1988, p. 15.

[4] R. H. Coase, "The Problem of Social Cost", *J. L. & Econ.*, Vol. 3, 1960, pp. 5-16.

[5] R. H. Coase, "The Problem of Social Cost", *J. L. & Econ.*, Vol. 3, 1960, p. 16.

[6] R. H. Coase, "The Problem of Social Cost", *J. L. & Econ.*, Vol. 3, 1960, p. 19.

经济学家所期望的那般选择了利用法律内化有害行为的外部成本，而是
比较了这样做的成本和收益后再做出的决定，虽然是以一种不那么明显
的方式。[1]科斯进而认为："事实上经济学家们倾向于认为需要政府采取
纠正措施的情况，往往是政府行为的结果。"[2]

　　科斯在提出自己的理论主张后开始转而以此为基础批判庇古的福利
经济学。科斯认为现代经济学处理外部性（有害后果）问题的基本思路
继承自庇古的《福利经济学》(The Economics of Welfare)。[3]庇古在他的
书中举了一个广为人知的例子：火车引擎产生的火花会对铁路周围的木
材造成损害，而这种损害在英国得不到赔偿。对此，庇古认为政府应该
介入从而①纠正这种"自然"的状态；②铁路应该被强制去补偿那些受
到损害的木材所有者。[4]科斯认为庇古的第一项建议是基于对事实的误
解提出的，而第二项提议则是不必要的。[5]科斯在考察了英国真实的情
况后发现，在当时的英国，只有当政府介入时铁路才不需对其造成的损
害进行赔偿，而没有政府介入时铁路都需要赔偿其所造成的损害。[6]这
就是庇古对事实的误解。同样的，科斯在基于实际情况的基础上论证了
铁路不对其所造成的损害进行赔偿未必就是不可取的，一切都取决于具
体的情况。[7]科斯认为庇古的错误在于他误解了问题的本质，问题不在
于铁路在对损害负责时是多开一趟火车还是开一列更快的火车或是安装
一个除烟装置，而在于铁路是否要对损害负责。庇古的进路构想了一个
比我们所生活的世界更美好的世界，因此当现实世界与这个美好世界不
同时我们就需要去纠正它，但更切实的做法是设想一个实践上可行的安排，
在修正现有不足的同时不引发其他更严重的损害（损害的相互性）。[8]科
斯把经济学中这种只要出现了有害后果就要求强制赔偿或征税（内化外

[1]　R. H. Coase, "The Problem of Social Cost", *J. L. & Econ.*, Vol. 3, 1960, pp. 27-28.

[2]　R. H. Coase, "The Problem of Social Cost", *J. L. & Econ.*, Vol. 3, 1960, p. 28.

[3]　R. H. Coase, "The Problem of Social Cost", *J. L. & Econ.*, Vol. 3, 1960, p. 28.

[4]　A. C. Pigou, *The Economics of Welfare*, Palgrave MacMillan, 2013, pp. 114-116.

[5]　R. H. Coase, "The Problem of Social Cost", *J. L. & Econ.*, Vol. 3, 1960, p. 29.

[6]　R. H. Coase, "The Problem of Social Cost", *J. L. & Econ.*, Vol. 3, 1960, p. 31.

[7]　R. H. Coase, "The Problem of Social Cost", *J. L. & Econ.*, Vol. 3, 1960, pp. 31-34. 科斯的论
　　证思路与之前提到的案例相同，此处不再详述。

[8]　R. H. Coase, "The Problem of Social Cost", *J. L. & Econ.*, Vol. 3, 1960, p. 34.

部成本）的做法称为"庇古的传统"，他认为这种做法出现的原因在于没有比较可供选择的社会安排下的社会总产品，[1]因此科斯最后总结道："在设计和选择社会安排时我们应该考虑总的效果。"[2]

五、侵权法经济分析理论对科斯定理的误用

考察了《联邦通信委员会》和《社会成本问题》两篇文章后可以发现，科斯定理的真意并不在于零交易成本的理想世界而在于正交易成本的真实世界。把交易成本和损害相互性纳入考量之后，有害后果的处理是否需要政府或法律的介入取决于具体的情况而不是抽象的分析，并且这种考量必须是在总体和比较的意义上进行的。而新古典经济学的外部性理论继承自庇古的福利经济学，主张只要出现外部性就需要通过政府或法律来"模拟市场"，从而内化由于高交易成本而无法由市场自发消除的外部成本。为什么要"模拟市场"？因为这种理论隐含了市场不论在什么情况下都是资源配置最优方式的假设，但很明显这种假设忽略了使用市场这种资源配置机制的成本因而是错误的。科斯早在1937年发表的《企业的性质》（The Nature of the Firm）一文中就清楚地阐述了运用市场来配置资源也是需要成本的。[3]科斯虽然论证了在零交易成本条件下市场是一种有效率的资源配置机制，但在这种条件下不论是政府还是法律或者是其他的配置资源的手段都同样是有效率的。科斯真正关注的是在正交易成本的情况下何种配置资源的方式相对而言是更好的，市场的存在是为了降低交易成本从而繁荣交易，[4]但没有理由认为市场在任何情况下都比政府或法律更好，同样也没有理由认为政府或法律在任何情况下都比市场更好。[5]还是那句话，一切都取决于具体的情况。

---

[1] R. H. Coase, "The Problem of Social Cost", *J. L. & Econ.*, Vol. 3, 1960, p. 40.

[2] R. H. Coase, "The Problem of Social Cost", *J. L. & Econ.*, Vol. 3, 1960, p. 44.

[3] R. H. Coase, "The Nature of the Firm", *Economica*, *New Series*, Vol. 4, No. 16, 1937, pp. 386–405.

[4] R. H. Coase, *The Firm, the Market and the Law*, University of Chicago Press, 1988, p. 7.

[5] R. H. Coase, "The Problem of Social Cost", *J. L. & Econ.*, Vol. 3, 1960, p. 18.

　　很显然，侵权法经济分析理论误用了科斯定理。该理论主张当某一主体的行为对他人造成损害时，若该主体的注意水平没有达到理想世界中的社会最优注意水平则该主体在侵权法上是有过错的。此时，法律就需介入，通过责任的运用强制加害人赔偿受害人来内化外部成本，以此达到社会的最优资源配置。同新古典经济学一样，这种理论仍然把重点放在了零交易成本的"科斯世界"，认为由于市场是唯——种有效率的资源配置方法所以法律需要去"模拟市场"来内化侵权行为的外部成本，但这忽略了法律介入的交易成本因而并非科斯所提倡的比较制度分析（comparative institutional analysis）。[1] 的确，科斯在上述两篇文章中所举的例子看似都是侵权法的案例，或者说这种案子在法院的审理过程中就是以侵权案件来处理的。但侵权发生的前提是权利已经界定了，但在科斯所举的案例中权利却是未确定的。在斯特奇斯诉布里奇曼一案中争议之所以会发生就在于究竟是糖果制造商有继续使用他机器的权利还是医生有在原处营业的权利，这本质上是一个界权问题而不是侵权问题，问题的关键在于比较选择介入（界权给医生）还是选择放任损害的发生（界权给糖果制造商）会有更多的社会总产品（损害更小）。若以侵权法经济分析理论的思路来处理这个案例则会是：由于糖果制造商的机器产生的震动对医生造成了损害，因此糖果制造商要停止使用他的机器并赔偿医生的损失——因为在"市场"中医生和糖果制造商会达成一个协议，但由于高交易成本阻碍了交易的发生——这样一来糖果制造商才会把其对医生的损害纳入自己行为的考量，从而选择一个对社会而言最优的行为方式和水平，这种做法假定了医生拥有不受损害的权利，但事实上权利是未定的。可以看到，在处理同一问题时科斯和侵权法经济分析理论采取了不同的做法，科斯的法律经济学其实是一种法律界权理论而不是侵权法理论，把科斯定理认为是侵权法经济分析的理论基础完全是划错了重点。

　　科斯的法律经济学理论是基于他对真实世界的考察所建立的，而侵权法经济分析理论则是从几个基本假设抽象推论出的理论体系。这二者根本是不同的进路，为何波斯纳等人会认为科斯定理是侵权法经济分析

---

[1]　Steven G. Medema, *Ronald H. Coase*, Palgrave MacMillan, 1994, pp. 81-82.

的理论基础呢？

简资修认为这种错位的根源在于主流法律经济学家们对科斯定理的推论犯了否定前件之逻辑错误（fallacy of denying the antecedent）。按照通常对科斯定理的理解，在零交易成本条件下无论最初的权利如何分配，最终的资源配置都将是有效率的，他认为侵权法经济分析理论因此推论在正交易成本条件下资源一定没有得到最优配置，所以法律要介入来"模拟市场"以纠正资源的错配。但是 P→Q，不代表~P→~Q，[1]零交易成本条件下资源会得到最优配置不能推出正交易成本下资源一定没有得到最优配置，因此该理论犯了否定前件之逻辑错误，法律在此不是必须介入的。[2]这固然可算作一种解释，但并不是一种足够合理的解释。正交易成本条件下资源当然不是必定没有得到最优配置的，因此法律也不是必须介入的。但没有理由认为主流的法律经济学家如波斯纳会犯这种简单的逻辑错误，毕竟波斯纳在《法理学问题》（The Problems of Jurisprudence）一书中曾花费不少篇幅专门讨论过法律推理，[3]更没有理由认为其他支持侵权法经济分析理论的学者都犯了同样的逻辑错误。

一种更为合理的解释是，身处普通法传统中，不满繁复、无逻辑、碎片化的判例式法学研究方法和教学，新古典经济学以其简洁、优雅的数理化和模型化分析方法为体系地、统一地理解法律带来了可能，因此捕获了以波斯纳为代表的法律经济学家们的学术之心。[4]一种融会贯通的法律理论是具有强大诱惑力的。不论正确与否，不可否认的是，以新古典经济学为其理论基础的主流法律经济学是如今最能体系化理解法律的学说并具有很强的可操作性和可验证性，[5]波斯纳曾这样描述法律经济学的优点："法律经济学已经影响了很多法律领域，并且改变了法律的教学。……各个法律领域的研究传统上都是相互独立的……然而只需对

---

[1] 下雨（P）必定有云（Q），但不下雨（~P）不一定没有云（~Q），否定前件不能否定后件。

[2] 简资修："权利之经济分析：定分或效率"，载《法令月刊》第 68 卷第 9 期。

[3] Richard A. Posner, *The Problems of Jurisprudence*, Harvard University Press, 1990, pp. 37–123.

[4] 艾佳慧："连续性思考的'神话'——侵权法经济分析模型之反思"（未发表）。

[5] 市面上找不到能以一种统一的法律理论写就的囊括全部或绝大部分法律领域的法学教科书，除非这种法律理论是以新古典经济学为理论基础的主流法律经济学，譬如波斯纳的《法律的经济分析》。

整个法律领域和法律规则重复运用很少的几个经济学原则——如不确定性条件下的决策，交易成本，成本—收益分析，风险厌恶，正、负外部性——就可以为学生描绘一个更统一的法律体系，帮助学生掌握法律各部分间的联系并把法律当成一个整体来理解……这种方法能使法律被作为一个系统来看待、把握和研究……"[1]。

　　这段话清楚地展现了主流法律经济学的吸引力之所在，这也是主流法律经济学何以能如此成功的原因，但这不是科斯法律经济学理论的优点。科斯只为我们提供了"看"的原理而没有提供"做"的技术，只靠科斯的经济学理论是没办法分析整个法律体系的，[2]但新古典经济学可以。一方面，只需基于新古典经济学的几个基本假设和对其分析方法的无差别运用就可以对法律进行统一的理解和分析，而侵权法毫无疑问是这幅"大一统"法律图景的预设部门法。[3]另一方面，按照通常对科斯定理的理解，零交易成本条件下除了对权利进行初始界定之外，法律是无关紧要的。正因如此，侵权法经济分析理论主张在事故发生后（高交易成本处）的法律干预只是"模拟市场"而已，这当然是通常所理解的科斯定理在侵权法领域的运用。因此，科斯作为法律经济学的创始人并看似在《社会成本问题》中着重讨论了零交易成本条件下的侵权法问题，那么把通常所理解的科斯定理"嫁接"为是侵权法经济分析的理论基础也就顺理成章了。

六、结语

　　科斯曾对经济学入侵其他社会科学的现象评论道："……在进入其他

---

[1]　Richard A. Posner, *Economic Analysis of Law*, 9th ed., Wolters Kluwer Law & Business, 2014, Preface.

[2]　科斯的重要性某种程度上体现在他是主流经济学理论的异议者，他自己并没有创建一套完整的经济学理论。

[3]　Rose 教授曾指出某些"大一统"的法律经济学理论其实预设了特定的部门法。See Carol M. Rose, "The Shadow of The Cathedral", *The Yale Law Journal*, Vol. 106, No. 7, 1997, pp. 2175-2200. 波斯纳和兰德斯也说《侵权法的经济结构》的写作目的在于通过检验侵权法规则来测试普通法的效率理论。See William M. Landes & Richard A. Posner, *The Economic Structure of Tort Law*, Harvard University Press, 1987, Preface.

社会科学时，经济学家们会重复其在经济学中的成功和失败。"[1]侵权法
经济分析理论的成功之处在于把侵权法中的过错标准、责任规则、赔偿
数额等重要内容数理化、模型化了，为理解侵权法提供了一种统一的视角
和强有力的分析工具，为侵权法研究带来了方法论上的革新。这种理论的
不足之处则在于这是一种未考察真实世界的——借用科斯讽刺新古典经济
学的话——"黑板法律经济学"（blackboard law and economics），[2]虽然
这不意味着侵权法经济分析理论的完全失败，[3]但这至少意味着这种理
论并非如其宣称的那样成功，也并非来自科斯基于对真实世界思考的理
论。侵权法经济分析理论是新古典经济学在侵权法领域的"成功"运用，
但这种理论只见经济学而不见法律，正如卡拉布雷西所说的这是"法律
的经济分析"而不是"法律经济学"，这是一种经济学对法学的单向"入
侵"，而真正的法律经济学应该是法学和经济学的双向交互。[4]科斯也说
过，法律和经济的关系是十分复杂的，想要真正地理解法律或经济必须
同时对二者有深入的理解。[5]法学和经济学都应该是与实践密切相关的
学科，法律经济学没有理由不是如此。

[1] R. H. Coase, *Essays on Economics and Economists*, University of Chicago Press, 1994, p. 42.

[2] R. H. Coase, *The Firm, the Market and the Law*, University of Chicago Press, 1988, p. 19. 科斯
把那种在黑板上演示得很完美却在现实中无效的经济学理论称为"黑板经济学
（blackboard economics）"。

[3] 艾佳慧："连续性思考的'神话'——侵权法经济分析模型之反思"（未发表）。艾佳慧认
为侵权法经济分析理论的最优模型可以在一定程度上适用于污染、医疗以及产品责任问
题。

[4] Guido Calabresi, *The Future of Law and Economics: Essays in Reform and Recollection*, Yale Uni-
versity Press, 2016, pp. 1~7.

[5] R. H. Coase, *Essays on Economics and Economists*, University of Chicago Press, 1994, p. 45~46.

阅读经典

Reading of Classic Works

邻保哭啼：从《盟水斋存牍》看晚明社会舆论对地方司法的影响

谭家齐[1]

提　要：明代的基层法庭基本上是个开放的系统，无论原告与被告的对质、对犯人的刑求、向证人取证的问话，甚至对犯人的施刑，皆不阻止大众临场观察。虽然对旁听有肃静的要求，但对原告与被告双方的家人邻里出于真情的呼冤哭号，并未有明令禁止。在审判进行中，更常要求在场邻里提供犯人的品行信息，甚至为犯人作保，以作定罪量刑的参考。此外，地方法庭在判决案件后，在上呈卷宗供高级法庭覆审的同时，也要将审语张贴于法庭门外，以备双方及公众访查跟进。将司法置于阳光之下，除保证官吏不能只手遮天，也可说是一种邀请公众参与审判的设计。本文以晚明推官判牍《盟水斋存牍》等为研究核心，探讨当时地方法官在审理不同种类的案件时，如何受司法开放性所影响，以及法庭在司法原则、人证物证，以及大众舆论间出现矛盾之时，有何坚持及取舍。

关键词：《盟水斋存牍》；晚明司法；大众舆论；审讯；基层法庭

荷兰汉学家高罗佩对中国传统法制史做了不少开创性研究，也利用法庭知识撰写了一系列《狄公案》（A Judge Dee Mystery）侦探小说。虽然清代以前的中国法制，确实存在刑求及凌迟等血腥的元素，但高罗佩对这套在中国长期行之有效的系统评价很高，因为"上级机构对基层法庭监督甚严，而公众舆论（public opinion）也起到防止前线法官滥权与贪暴的把关作用"。公众舆论对法庭的影响力，体现在法官不可私下审问及

---

[1]　作者谭家齐，香港浸会大学历史系助理教授，Email：kctam@hkbu.edu.hk。

刑讯人犯，所有讯问与尸体及证据的勘验，都必须在法庭或案发现场中，于众目睽睽下公开进行。审讯结束后，更硬性规定将详细报告及证词等文件交上司复核。[1]他也指出虽然有少部分与叛乱有关的审讯会秘密进行，但这些都被视为非常的手段，执行的官员往往受到激烈的指控。其实《尚书·吕刑》便已指示审判要"简孚有众，惟貌有稽"，就是要合乎大众意见。如果法官一意孤行，判决不孚众望，便会惹来百姓的不满与抗争，令上级官员注意可能的冤情，间接使法官难以逆民意来断狱。[2]

　　在晚清时不少外国访客目睹中国法庭的种种"暴行"，包括刑讯、杖打、枷号及各种的死刑，也见到法官在公堂上对与讼双方及证人拍打惊堂木的审讯，似乎将中国法庭的落后表露无遗。不过，为何那些外国人可随意观察有关的程序呢？惊堂木的设置是针对什么人呢？衙役在升堂时那些威武、肃静等口号是叫给谁听的呢？如果审讯闭门进行，一律禁止旁听，以上一切便可省事。可是，传统中国历代政府始终坚持司法程序要公开进行，以便民众监督法官的审判，以此保证前线官员不能只手遮天。本文以晚明广州府推官颜俊彦（1580 年—1666 年）的判牍《盟水斋存牍》为主要史料，[3]探讨当时地方法官在实际审案时，如何受司法开放性影响，以及法庭在司法原则、人证物证，以及大众舆论间出现矛盾之时，有何坚持及取舍。

一、公开审语并让百姓监督审理效率

　　明代司法的开放性，除了让百姓旁听之外，最明显的表现在于地方法庭判决案件后，在上呈卷宗供上级法庭覆审的同时，也要将审语张贴于法庭门外，以备与讼双方及公众访查跟进。颜俊彦在《盟水斋存牍》

---

〔1〕　Robert van Gulik, *The Chinese Maze Murders：A Judge Dee Mystery*, Chicago University Press, 1997, p. 316.

〔2〕　R. H. van Gulik, *Crime and Punishment in Ancient China：T'ang-Yin-Pi-Shih*, Orchid Press, 2007, pp. 49, 60-61.

〔3〕　有关颜俊彦生平及《盟水斋存牍》的刊印与流传，参见谭家齐："待罪广李：颜俊彦生平及《盟水斋存牍》成书的纠谬与新证"，载《汉学研究》2011 年第 4 期。

中，有谕示"申饬衙门诸弊"，向当地百姓详细交代在任后发现的衙门积弊及解决方案，其中针对"做文书使费之弊"，有如下安排：

> 凡事件审明，当发审语，三日内即出，文书不许停阁时日。审语既出，自与通国共见之，不许秘藏勒索。乃有等乡愚，被人哄诱，用几文钱做招繇叙得好些，所以又有一番使用。不知审断已定，招繇不过敷衍审语而已。上司看审语，何尝看招繇？用钱于无用之地，此做文书使费之可省也。[1]

此处指出审语在司法运作上的重要性，虽然胥吏有机会在发出之前勒索钱财，但审语"当发"并公开使"通国见之"，即是明代司法制度原来的硬性规定。在"谕清理事件"中，他也强调"独于听理词讼，随到随审，随发审语。不敢停留片刻，耽阁小民。"[2]

不过，从颜推官的谕示可见，要处理当时衙门的弊端，除了强调将审语公开之外，亦在于处理词讼的效率。在劝谕百姓不要为同一案件重复诉讼的"禁迭诉"中，颜俊彦便申明："本厅于民间词讼，片纸只字，不敢不竭其目力，竟阅首尾，亦不敢不即与发行，沉阁顷刻。"[3]对于情节迫切的案件，在前述"谕清理事件"规定："守候日久，人犯已齐者，限十日内次弟上号编审，不许迁延捱阁。"[4]为确保审案效率，他更主动要求群众监督："延捱不审，罪在本厅。候审者不妨面督我，令我瞿然知省。"[5]

当然，并非每位法官都有同样的胸襟，不过让平民参与提点，确对增加司法程序的公信力有所帮助，民意的元素也是前线法官在回应上司质疑时极强的辩解后盾。

---

[1]（明）颜俊彦：《盟水斋存牍》，第 342 页。
[2]（明）颜俊彦：《盟水斋存牍》，第 344 页。
[3]（明）颜俊彦：《盟水斋存牍》，第 666 页。
[4]（明）颜俊彦：《盟水斋存牍》，第 344 页。
[5]（明）颜俊彦：《盟水斋存牍》，第 344 页。

二、鸣冤：旁听亲邻对审断的介入

在明代基层法庭的审讯中，无论原告与被告的对质、对犯人的刑求、向证人取证的问话，甚至对犯人的施刑，皆不阻止大众临场观察。虽则法庭中有对旁听者肃静的要求，但对原告与被告双方的家人邻里出于真情的呼冤哭号，明代律法中并未有明令禁止，而法官也不敢大力弹压这些抗争，以避免在覆审时陷入偏私或暴虐的指控。大众舆论在审判中的角色，可见于颜俊彦处理"强盗李权绍等"一案时，对前审此案的法官未顾"公论"草率结案的批评：

> 当日海防厅之审，亦止言行劫之处，众分之赃，有供在案。未有实据，只以无结，为公论所不容。[1]

由于判决的过程与结果都是公开的，百姓自然有他们自己的见解。不过法官也须关心有关的公论，其中产生的舆论更有机会成为判决良莠的指标。

对于大众介入审判的详细描述，乃见于一起题为"强盗王亚四傅裔聪等"的冤案。此案的主要案情，是沿海哨兵不问情由的拘捕大批良民，将他们当成海盗来交差，导致被捕良民的亲邻在开审时集结在法庭内外申冤，详情如下：

> 审得刑官谳狱，一出一入，小不详慎，以人命为儿戏，子孙定歼焉，无噍类，可悲可惧者，无如此官。阅王亚四一案，益不能不令人肌粟股粟也。夫把哨等官以侦探缉捕为职，见似贼者，擒之如鹰鹯之逐鸟也，宜也。及上台以人命至重，不即骈首竿示，而以付之有司，则不得不细细研审，一一分别，亦有司职也。夫亚四等二十九人，该把哨所称纵横海上，奋击阵获者也。果尔，为地方一旦除此大憝，地方宜快心此举，

---

[1]（明）颜俊彦：《盟水斋存牍》，第622页。

以手加额。

可是当日没有看到邻里的欢庆气氛，颜俊彦反而面对愁云惨雾及极大的呼冤叫屈：

而廷讯之日，诸父老百余人合口称冤，声震天地，使卑职对之目瞪神呆，口不能出一语，笔不能下一字。

颜推官并非不谙世情，明白这些人可能是犯人买通来影响判决，所以仍是谨慎面对此一场面。不过由于鸣冤者的人数实在多得不似寻常，令他不得不考虑此为冤狱的可能性：

粤中即不能无贿结，宁有群百余人如出一口，愿以身代，而听狱者堪充耳置之乎！

这里的挣扎让我们明白当时的法官，不可能只见旁听者中有人鸣冤，就改变对案件的处理，因为有钱有势者可轻易动员邻里去向法官施压。[1]颜俊彦却因为见到鸣冤的群众数量庞大，众口一词而且情辞恳切，甚至愿以身代，在情在理难以充耳不闻，因此便重新仔细考虑案情。颜俊彦细听邻保的证词，很快便发现了案中的疑点。此外，邻保更可为无辜犯人作保，促成刑官作出释放或减刑的判决：

傅裔聪之为傅慧聪，黄少纲之为王亚四，有里保梁大有等结称良善。初九日遇官兵获贼，概解在案。关尚敬、罗光益、邓景宽、刘朝成四犯，有里保何台陟等结称良善，在沙耕草官兵混捉在案。容茂庄与梁婆稳、陈仕任等割禾，载送田主李秀才、赵友禄家，至顽州海面被贼劫掳告县，案存兵司。邻佑廖永吉等有结。冯帝俸、傅东彩往香山贩买瓜菜，在南港沙口被贼劫掳，母陈氏、梁氏告县，里保胡钿等有结。梁诚宪、梁尚林则李众成等结其岁佃香山青鹤湾捕鱼供课矣。温誉良则梁仲济等结其

---

[1] 如在"诬盗张庚成""详熊成恩盗案批防厅就案审"案中，张庚成便纠合水客，制造舆论去诬告与他争论雇工细事的熊成恩强盗罪行，支持他的盐商甚至在官司失利时，诬颜推官纵盗。参见（明）颜俊彦：《盟水斋存牍》，第683—685页。

看守箬塘被掳告县矣。冼才吉、梁朋裕、则林茂等结其初七往大员洲事基至暗洛涌被掳告县矣。张亚福、梁亚蘧、梁亚六、黎积贤、郑亚佑、梁彦昭之被掳，以李大伦等奔报而投司中县有案，里保李众成等之结，可按也。梁英彦、黄道胜以渡夫被掳告县有案，里保李安等愿以百口保其无他，可覆问也。庐敬宣之贩卖蓬叶被掳告县有案，里保何嘉权等誓以身赎其结，可备也。

原来绝大部分的"盗匪"皆有当场的邻里愿担保他们为良民。

止梁茂敬、周朱恩、关广湖三人无里保结良，而茂敬称种蔗被掳告县有案，朱恩、广湖称香山人，素为良民，可发县查勘。出于彼口，似不足凭，然欲即正典刑，亦须再予一查可也。

从上可见哨兵捕风捉影，指良民为盗的马虎态度。地方受到如此滋扰，法官如不小心疏导百姓不满，后果也可大可小。颜俊彦遂为他按群众意愿建议释放这批犯人，作出如下解释：

以群情汹汹，不敢谓二十六人冤而此三人独当也。至刘观哥则已经勘释，应付里排领束，不须更置笔舌其间。总之，杀人于市，众共弃之，三尺归之朝廷，非刑官所可臆为出入。

百姓在法庭内外鸣冤对法官在心理上的影响力，颜俊彦更绘影绘声地加以描述：

夫诫者在堂，质者在廷，呼者在门，累累俘囚，遍体腐烂，死期甚迫，何力以驱此百余人使获贼若子，恋恋不舍乎！事诚大不可解，则职亦唯有以不可解者听上台之裁决，若欲以二十九人之性命快其笔下之一逞，毋论此二十九人者将诉之上帝，冥谴难逃而殃及子孙。先世一脉从一官而斩，职之所大惧也。倘把哨等官反而诘职曰：武夫力而拘诸原，刑官从而免诸国。是诚无所逃罪，亦甘之矣。[1]

————————

[1]（明）颜俊彦：《盟水斋存牍》，第 238—239 页。

面对呼天抢地喊冤的群众，法官也担心促成冤案受到冥谴，宁愿为释放冤囚而得罪同僚与上司了。假若没有这百多名乡邻到庭上鸣冤，颜俊彦是否能找出哨官的谬误与贪暴，将数十个无辜百姓及时释放？这似乎仍是个疑问。可能民意只是他批评哨官胡乱拘捕良民的修辞，避免直斥其非的尴尬。不过，从颜俊彦的详细描述，我们明白在晚明的地方法庭中，为自己的亲友鸣冤，表达对他们有利的意见，虽然未必可左右法官的判决，但绝对是当时百姓理所当然的权利，甚至可说是一种帮助法官定案的义务。

三、邻里作保与民意汇聚

在前述王亚四一案中可见，法官会在审判进行时要求在场邻里提供犯人的品行信息，甚至为犯人作保，以作定罪或减刑的参考。在颜俊彦处理的另一宗奇案"人命郭卿等"，更明确交代了在场亲邻于司法程序中为犯人作保的角色。这宗涉及一虚一实两宗命案的冤狱得以水落石出，令颜推官得到当时在粤官场领袖的赏识。案件源于广东连州的知州收到一道匿名状子"白头帖"，称该州生员郭卿、郭耀兄弟殴死他们的庶母双姑。此等杀母的逆伦大罪，州官自然不敢怠慢，立即拿人审问。谁知道双姑仍然健在人世，这闹剧似乎亦应就此结束。

不幸正在此时，州中发现一具年轻女性尸体，年龄貌状都与双姑相似。州官便咬定尸体必然与郭卿案件有关，于是不只不肯放人，更将郭家上下三十多口押至法庭，一一以严刑迫供，要他们指出庭上的双姑不是双姑，而是郭卿在事发后买来扮演庶母名为"金娘"的少女。颜推官的审语中描述其中惊心动魄的情况："又审郭安同爱兰、月桂、秋恩之口供打死，口供别买金娘，而郭安以十岁之童仆，熬夹打之苦刑，安得不诘之打死则打死，诘之金娘则金娘也？二婢一使怵于郭安之终夜忍夹，又安得不惟郭安之口供为口供也？"年轻仆婢熬刑不过，便胡乱招认，如上级法庭未能见到其中错误，郭卿等人便需面临死刑。此时法庭内外一片血泪交织的悲惨景象，令颜推官确认此案定有别情："一家数十口良贱老稚，敲肌击髓身无完肤，廷询之日，冤声振天血泪成河，令人酸心扼腕如坐凄风苦雨中，因不能竟牍。"

幸好案件是交由颜俊彦覆审，便揭示出其中的问题来：很多证人能证实眼前出身乐户的双姑，确是嫁入郭门的媳妇，而"金娘"根本就是众仆婢在迫供中杜撰出来的人物。颜推官明白其中诡谲，破案的诀窍便是找出那具女尸的真正身份与死因，这样才可以坚实的证据表明初审的错误。

另一边厢，广州人士钟罗山因拐带侄女钟五娘逃往连州，正巧在近日被捕，其亲兄钟振廷更在廷上指认了钟罗山。经颜俊彦审问下，便明白那具尸体不是双姑也不是金娘，而是在逃走过程中被钟罗山下手杀害的钟五娘。

覆审的巡案御史在看毕颜推官的审语后，在批示中严厉批评初审的州官：

人命不凭双方之告理，十排之首证，而舍一白头帖以为吹索。质问不鞫实情实证，而以暴怒淫刑之性，逼人招认。且深文罗织，锻炼周内，以申报各上司。而阅者且以为摘发之能，株连胪列，一斩十一徒，以砌成铁案。而不顾满纸之霜飞，此亦为吏者之奇酷也。[1]

颜俊彦借认尸一事，既能雪五娘之冤而又发双姑之诬，一箭双雕，故被传为佳话。而巡按御史则说明人命案件是否接受审理，犯人的认定与拘提，前提条件是要有"十排之首证"。换句话说，就是先要咨询邻里的意见，才决定开审与否。若反对者充斥于法庭内外极口鸣冤，正代表了开审的决定得不到百姓的共识与支持。

若犯人获得邻里作保，法官自会调节对他们的态度。颜推官在前引"强盗李权绍等"提请上司对李权绍等的控罪，由强盗改为"强盗不得财"，因为"里甲陈王道等力结其冤，似应开其一面，以不得财配之，亦不为纵也。"[2]犯人有邻里的公论支持，国家套用在他们身上的刑罚，便不能不以轻柔为主了。

---

〔1〕（明）颜俊彦：《盟水斋存牍》，第 268—270 页。
〔2〕（明）颜俊彦：《盟水斋存牍》，第 622 页。

四、民意对判案的支持作用

在"抢掠欧珏等"一案中，颜俊彦批评初审此争产命案的新会县署县官撰写的审语用字游移不定，处置一塌糊涂，要求将该案发还由新到的正印知县重审。他借此强调审理此等涉及财产的案件时，搜集民意的关键性：

> 合无请批该县，博采舆论，细揣原情，分别具招，使入者不冤，出者不漏，乃成信狱耳。[1]

只有考虑了舆论因素的判决，才可被视为"信狱"。

民意在司法制度中的角色，亦包括在冤情出现时以鸣冤的行动加以介入。此外，也可表现在对于罪大恶极的坏人，未能尽法惩罚所生的抗议。鸣冤表示百姓认为用法太重甚至不应法办。另一方面，抗议法有未尽，则表示用法太轻令坏人受刑不足，以至逍遥法外。法官对前者充耳不闻有可能造成冤狱，对后者不假思索地接纳，却也同样未必符合法律与公义，因此法官对舆论影响的取舍更要小心翼翼。对前线法官来说，如果民意与自身对案件及罪犯的理解一致，则判决有大众舆论作后盾，既顺众议亦对上司更具说服力，因而在判牍资料中，常会发现官员征引有关民意以支持自己的判决。

此类民意对判案起支持作用的重要例子，是颜俊彦打击地方土豪的重案"访恶何汉臣"。何汉臣是广东香山县的大恶霸，有关他的案卷如汗牛充栋，"总其罪而数之，殴母也，殴兄也，毒人也，私拷也，投献也，霸占也，抢割也，汉臣一身能分受之乎？"作为巡方的耳目，[2]当颜推官为预备巡按御史覆审案件而到达香山时，当地居民对法办何汉臣极表雀跃，"被访之日，顶香欢呼，填街塞巷。"邻里对恶棍的厌恶之情，更在

---

[1] （明）颜俊彦：《盟水斋存牍》，第618页。

[2] （明）颜俊彦：《盟水斋存牍》，第5页。

审案过程中表露无遗，"廷质之时，俱挥涕发声，谓放之出柙，肆毒必甚"，由此可知何汉臣在邻里之中的恶劣印象。颜俊彦也视汉臣为香山之"孽魁"，这些民意正好让他顺水推舟来惩治此恶霸。

只是何汉臣所犯的"以其事皆因田土，姑以强占之律配之"这些较轻的判刑未能让旁听群众满意，但颜俊彦总不能只听民意而滥刑："即在廷诸人犹以为未快，职以持法贵平，如是而止可也。"〔1〕虽然法官或多或少会注意旁听者对判决的满意程度，但因为民意不直接反映案件的真相，民众要求对犯人千刀万剐也未必符合律例规定，因此也不应视为理刑时唯一的指标。

五、排除舆论影响的独立审判

明清中国的司法制度，并不是以群众投票或充当陪审团的角色来论断案件，民意只是法官判案及量刑时参考的其中一项因素，对律例适当地诠释与运用，才是法官最要坚守的原则。因此，在《盟水斋存牍》的案例中见到颜推官有"力排众议"的判决，其中反映了对公义与真相的追求，不是一时一地服从多数的决定，而是独立于舆论与当下处境的原则。〔2〕

除了耳闻目见的人证证词外，传统中国司法程序也重视凶器、赃物等物证。不过，当人证物证俱存疑甚至缺乏时，审厅中群众对被捕人犯的意见，似乎是法官判案当下可供参考的凭借。前节所述，就是当众口一词为犯人的无辜喊冤时，就算其余证据确凿，法官都得犹豫反思，甚至将案件列为"矜疑"处置。若在相反的情况下，亲党乡里在庭上群情汹涌地指斥犯人有罪，而各样人证物证却阙如的情况下，法官是否又要听从民意审结案件呢？

---

〔1〕　（明）颜俊彦：《盟水斋存牍》，第 492—495 页。

〔2〕　此议题的初步讨论，见 TAM, Ka-chai, "Justice in Print: Prefectural Judges of Late Ming China in the light of *Mengshui zhai cundu* and *Zheyu xinyu*", Thesis for the Doctor of Philosophy, Oriental Institute, University of Oxford, 2009, pp. 259-66。

颜俊彦在"强盗刘益之"一案中，便详述了在民意与证据之间出现矛盾时，法官应遵守的"独立"原则。案中有人报称遇上强盗，刘益之与监故冯于禄驾独橹小舟经过附近水域，便被急于邀功的哨兵拘捕。不过有关劫案疑点重重，"况未见行劫，又无事主，无赃无证，捕兵亦不得张大邀功，而仅以夜禁夕船解，情事止此而已。"刘益之大概本来不受邻里欢迎，"族党下石，群指为贼。夫本犯既为众弃，固属无良，然混称各处失盗而无事主实证，何以死本犯之心？"法庭中的观审者甚至提请刑讯刘益之，"当时到官，招劫招徒皆无一实，谓非刑讯不可也。"而初审此案的县官，则坚持司法制度不可沦为邻保对付"众弃"者公报私仇的手段，于是反对在未有实证之下拟定死罪："陈知县初审即云赃无可凭，只有两人游艇，是的不可重拟。"

当然，要顾及舆论也不可轻放犯人，"纵之非法，议以'强盗已行不得财'之律，甚为得情。"不过地方舆论对覆审仍是极有影响的，"乃后之谳者，竟以众恶为不必察，悬坐重狱，则过矣。"包括颜俊彦在内的多名覆审官员，却皆支持初审，两广总督便指出"刘益之为里排所弃，原非善类，第党止二人，又无赃证，改配允宜。"巡按御史也认为"刘益之虽素行不良，保约共弃，而获无一赃，辟难悬坐，以不得财配之，亦罪疑惟轻耳。"[1]虽然逃过一死，但刘益之在没有铁证下被较轻之律法定罪处分，乃是因邻里的舆论对法庭构成压力所致，而且个别法官也乐于利用群众意见，"以众恶为不必察"地处理疑难案件。

此外，从颜俊彦审理此案的经验可见，不少法官或因惧怕舆论，未敢将作为群众眼中钉的矜疑犯人当庭释放，折冲办法就是将他继续幽禁。这种群众的压力，或多或少也令明代的淹禁问题日趋严重。[2]

在科学鉴证等查缉手段未曾出现的传统中国，对于完全没有证人的案件，除了犯人自吐案情的口供外，似乎只能靠邻里对于被捕人犯的"人格"证明来判断是非。可是案件若涉及人命及死刑，法官只跟从大众舆论来审决，便是过于儿戏了。因为法庭应是寻访犯罪事实，伸张正义的

---

[1]　（明）颜俊彦：《盟水斋存牍》，第248—429页。
[2]　参见谭家齐："《盟水斋存牍》所反映的晚明广东狱政缺憾及司法问题"，载《中国文化研究所学报》2013年第57期。

神圣领域，并不是实施"大多数人的暴政"、借法官之手除掉百姓眼中钉的修罗场。任职推官的颜俊彦即强调"职刑官也，所知者刑名而已"，[1] 故此多番坚持法庭是必须独立于舆论的。

"毒药谭亚奇"一案，便充分展现了这种原则。此案是广东新会人陈维贤及谭亚奇等人以造药毒众，"祸及一邑，惨通于天"，虽则"造毒事败"，但已令当地居民惶恐愤怒，必欲将涉案罪犯及其家人"除恶务尽"，更有曰"蛇蝎之种不妨并锄而去之"。可是颜俊彦深入梳理初审卷宗，虽同意主犯陈维贤及谭亚奇等证据凿凿，只是"查此案狂毙者已男妇九人，倘果情真，诚足稍快众怒"。然而维贤父所猷及弟维宁因乡居而不知情，不应引律中连坐规定"同居家口虽不知情，并流二千里安置"来处置。对被捕后查无确据的犯人陈开纯与刘三婆，颜俊彦更刻意地以无奈语气，表达他不得不因舆论压力而"姑依原拟"，以新会县初审时定的从犯罪名处置他们。对其他确与罪行无关之人，他更大胆认为"相应摘释"。这种倾向开释犯人的判决，令对此案"群起共攻"的新会人士十分愤慨，批评颜俊彦纵"元凶出柙，阖邑震惊"。

覆审的按察司看了审语后，对颜俊彦也有批评，"即该厅看词有'姑依'二字，此何等狱，而'姑'之云尔乎？"这批评其实是颜俊彦为借上司权威，以抵抗舆论之活路，在再审时他便解释：

国家设刑官以理刑狱，而纵元凶以惊阖邑，方席槁场待罪之不遑，敢复操不律抱牍以从事乎？陈开纯、刘三婆，职研审时固知其冤，然不敢轻易祝网，早虑及持论者之绳其后也。使并开一面，阖邑之震惊也滋甚，职益无以自容矣。

他解释在判决时要考虑舆论因素，故此不能直接议释明明无辜的囚人，而必得等待上司出面支援。其实此案也间接揭示了颜推官前此不少审判，早令他饱历新会县舆论的洗礼，而这层不孚众望的压力，也许就是他必须利用"姑"字的手腕，引导上司为他背书的原因：

职尝听新会之大狱，卒未尝不题之，而始未尝不受弹射甚矣。会邑

---

[1]　（明）颜俊彦：《盟水斋存牍》，第 444 页。

之惯有公论，而职不幸数撄其锋也。

晚明百姓会对地方法庭的判决甚至法官本人形成舆论，也应该并不是新会独有的风尚。

在总结对此案的疑虑时，颜俊彦不忘向上司及新会的群众，强调他坚持司法程序必须独立于舆论的重要性："倘更有直捷简易之法，则一言以蔽之，曰：国人皆曰可杀，则杀之。抹去中间，然后察之，一语庶足厌阖县之惊乎？非拘牵文法之吏所能及也。"[1]在明代灭亡前夕，最少有部分地方法官坚持司法程序的独立性，不能因民意而不理证据及疑点等因素，也不能因为平息众怒，而在对真相与律法的坚持上过分地让步。在讨论大众舆论对司法判决的影响时，颜俊彦更有感而发：

总之，公论可付之通国，三尺须还之朝廷。汉廷尉能以天下之平，争天子之怒，而今日之使刑官，必不敢稍参其末议。噫，亦太甚矣！况职初未尝别竖一议，不过持平于情罪，取衷于律例。

作为临民之法官，应该在刑狱问题上代表民意向天子力争，抑或代表国家的法制而不惧百姓的愤怒？这似乎是个永远的两难处境。颜俊彦告诉我们晚明推官的自处之道，首先是坚持以法律原则为本，"持平于情罪，取衷于律例"，然后才尽量注意民意的向背，作出有限的调节。可以说，法官没法完全掌握案件的全部事实，既不可以臆测断案，也不可妄听民意，他们可持守以回应各方责难的原则，就只余下对法律程序的尊重及对律例的深切认识了。

六、长官意志：民意对法官的间接影响

除了当庭对案情与审判提出异议外，地方人士对审判的反对意见，亦可透过对审官的上级官员施加影响，间接地让前线法官受压而改变有

---

[1]　（明）颜俊彦：《盟水斋存牍》，第476—478页。

关判决。前引"访恶何汉臣"一案所以延宕多时才可开审，是因为此恶棍"多方闪烁，不能得其到官一质成焉。捕之稍急，而代为请者又接踵进也。"〔1〕由此可见，何汉臣等地方恶棍在管理"司法风险"时最简单的方法，就是买嘱法官的上司与同僚，令有关审讯根本不能展开。此外，"争军田谭进吾等"更说明了地方上的"大力者"，也可向法官直接施加不同压力，以左右审判："使问官不得申其法。而谳者之词，亦觉有含隐吐于笔端。"〔2〕

不过，上级官员因应民意及风俗原因，对前线法庭判决提出商榷，也不全因有地方势力介入。在"奸淫邝学鹏"一案，可见上级官员会因"众怒难犯"，而对原审判决作出重拟的要求。此案乃陆氏母女二人，同为邝学鹏所淫的和奸事件：

审得邝学鹏与陆氏有奸，并通其女，为黎寿喜所见，女羞自缢。乃陆氏不恨学鹏之因奸致死，而返迁怒于寿喜主人之黎昌奇。昌奇双瞽，岂行奸之人哉？淫妖母女聚麀，又架词渎宪，罪不胜诛。除陆氏痛饱桁杨外，学鹏杖不尽辜，请加责枷示，以徇国中之行淫者。

按《大明律》规定，和奸罪行最重只判杖刑，颜俊彦便依法判断。不过母女同侍一奸夫的淫行光怪陆离，令社会舆论哗然。覆审的巡按御史虽未明言广东舆论认定判刑过轻，但似乎是对"国中"舆论的情况有所顾忌，便要求颜俊彦再拟更重的刑罚：

察院梁批：邝学鹏因奸致死人命，一杖是否蔽辜，仰再尽法究详。

只是妇人与他人通奸事发，羞愧自尽，按律法奸夫止须坐奸罪。颜俊彦在覆审中便有如下回应：

覆审得邝学鹏私陆氏而并通其女，致女奸露羞缢，鹏之罪不胜诛也。但和奸杖，羞忿自缢即因奸致死，难置重典，合仍原拟。请加责枷示，以儆宣淫，庶法之平。覆详候夺。

〔1〕（明）颜俊彦：《盟水斋存牍》，第 492 页。
〔2〕（明）颜俊彦：《盟水斋存牍》，第 585—586 页。

　　不管上司认为罪行在道德上多么可耻，也不问罪行是否为舆论所不容，审判的颜俊彦仍只可依律法中规定的杖刑处理，最多加上二十板子及枷号等补充性刑罚，令广东的百姓可见奸夫被额外的处分。巡按御史最后也接受此等安排，批示："邝学鹏、陆氏姑依拟杖警，邝学鹏仍加责二十杖，枷号示众。"[1]

　　正是这种坚持法理为本的原则，令前线法官饱受上司及大众的批评。不过，在成熟的司法制度中，法官也不能随波逐流，必须坚守按律例与既定程序来审判。从《盟水斋存牍》中，我们至少见到部分晚明的司法官员，敢于坚持与高举"持法贵平"的"专业"原则。

七、结论

　　在《盟水斋存牍》的一千多个案例中，虽然只有小部分因大众舆论而影响判决，但也见到广州府推官颜俊彦努力守护律例及司法原则，不随波逐流地以民意来定犯人罪名。可是，不管他是否听从舆论，也不管他是否面对辛辣的评论，颜俊彦始终没有以逆耳言论而入批评他的百姓之罪，没有以手中权力当庭惩处那些高声呼喊的异见。他若不是从善如流，就是苦心自辩不遵民意的理由。这既显示了这位推官的胸襟与治狱的手腕，也表现了舆论介入司法时的巧妙平衡：只要不涉及跨过正常覆审程序的"越诉"，或没有当街拦截官员鸣冤的"冲突仪仗"，在晚明的地方法庭中，大众是可合情合理地对案情表达意见的。在阳光下的法庭，亦不容许个别法官只手遮天，百姓在司法程序中的介入与监督，至少迫使各级法官小心翼翼地审理案情，也必得言之有据地交代判决。

　　然而，舆论的介入是否可助提升司法的质素，帮助寻求真相与执行公义呢？从颜俊彦的思考与纪录，便知不能为此提供一刀切的答案。所谓"水能载舟，亦能覆舟"，民意之于审判亦有类似的意义。在鸣冤和减刑议题上，法官吸纳大众的意见对判决作出相应的修订，虽可能带来纵

---

〔1〕　颜俊彦：《盟水斋存牍》，第 517 页。

盗或开释凶徒的风险，但犯人既得邻里公论的支持，对他们施行较轻的处分，至少不会激起众怒。晚明的法官似乎乐于在此类案件中，顺水推舟来"市恩"。

只是百姓并不一定乐见犯人获得轻判，有时候公论是要加重惩罚干犯众怒的"凶徒"，不见流血民众怒气不解。法官在处理此等加重刑罚或"绝不轻贷"的民意时，必须更为小心谨慎。对于民意与自身意见一致的判决，也需注意加重用刑的程度，是否与律例规定一致，不能让自己及大众因逞一时之快而牺牲律例的原则。对于自身有怀疑及异议的案件，更不可"国人皆曰可杀，则杀之"，宁愿坚持"持法贵平"的原则，"宁失诸轻"地承担百姓与上司的"弹射"。

总之，如果真相可以愈辩愈明，大众舆论至少在与讼双方之外，提供第三方的意见，让法官在纷乱的案情中见到更多有关犯人及案件的信息，起码提供了犯人的人格证据，肯定他们是素行端正抑或是惯于作奸犯科的人。颜俊彦选择在疑难时让罪嫌不足者免于即受极刑，虽然未必可完全伸张正义，但至少可减少更多冤狱的发生。这似乎就是传统中国的创制立法者，将法庭开放的最基本意图吧！

附：《中山大学法律评论》注释体例

一、一般规定

1. 全文采用脚注，注释序号以阿拉伯数字上标。

2. 引用文献的必备要素及一般格式为"［国籍］责任者与责任方式：《文献标题》（版本与卷册），出版者及出版时间，起止页码。"

3. 所引文献若为撰著，不必说明责任方式，否则，应注明"编""主编""编著""整理""编译""译""校注""校订"等责任方式。

4. 非引用原文者，注释前应以"参见"引领；非引自原始资料者，应先注明原始作品相关信息，再以"转引自"引领注明转引文献详细信息。

5. 引证信札、访谈、演讲、电影、电视、广播、录音、馆藏资料、未刊稿等文献资料，应尽可能明确详尽，注明其形成、存在或出品的时间、地点、机构等能显示其独立存在的特征。

二、注释范例

1. 著　作

徐忠明：《情感、循吏与明清时期司法实践》，上海三联书店 2009 年版，第 56 页。

2. 论　文

左卫民："地方法院庭审实质化改革实证研究"，载《中国社会科学》2018 年第 6 期。

3. 集　刊

季卫东："审判的推理与裁量权"，载《中山大学法律评论》2010 年第 1 期。

4. 文 集

陈光中："中国刑事诉讼法的特点"，载《陈光中法学文集》，中国法制出版社 2000 年版，第 123 页。

5. 教 材

王利民主编：《民法学》（第 7 版），中国人民大学出版社 2018 年版，第 96 页。

6. 译 作

［美］迈克尔·D. 贝勒斯：《法律的原则——一个规范的分析》，张文显等译，中国大百科全书出版社 1996 年版，第 13 页。

7. 报 纸

徐显明："增强法治文明"，载《人民日报》2017 年 12 月 27 日，第 7 版。

8. 古 籍

沈家本：《沈寄簃先生遗书》（甲编），第 43 卷，第 123 页。

9. 学位论文

石静霞："跨国破产的法律问题研究"，武汉大学 1998 年博士学位论文。

10. 网络文献

周强："最高人民法院院长周强作最高法工作报告"，载 https://www.chinacourt.org/article/detail/2018/03/id/3225365.shtml，访问日期：2018 年 12 月 9 日。

11. 外文文献

（1） D. James Greiner, Cassandra Wolos Pattanayak and Jonathan Hennessy, "The Limits of Unbundled Legal Assistance: A Randomized Study in a Massachusetts District Court and Prospects for the Future", 126 *Harvard Law Review* 901 (2013).

（2） Larissa van den Herik and Nico Schrijver (eds.), *Counter-Terrorism Strategies in a Fragmented International Legal Order: Meeting the Challenges*, Cambridge University Press, 2013, pp. 123–125.